高职高专规划教材

税务会计

主　编　刘秀荣　徐　严
副主编　陈丽莉　亓民洁　郑蕊蕊　张　健

中国石油大学出版社

图书在版编目(CIP)数据

税务会计/刘秀荣等主编. —东营:中国石油大学出版社,2010.8
ISBN 978-7-5636-3213-8

Ⅰ. ①税… Ⅱ. ①刘… Ⅲ. ①税收会计 Ⅳ. ①F810.42

中国版本图书馆 CIP 数据核字(2010)第 151474 号

书　　名：税务会计
作　　者：刘秀荣　徐　严

策划编辑：宋秀勇（电话 0546—8392139）
责任编辑：郭珊珊
封面设计：九天设计

出 版 者：中国石油大学出版社(山东 东营　邮编 257061)
网　　址：http://www.uppbook.com.cn
电子信箱：yibian8392139@163.com
印 刷 者：沂南县汇丰印刷有限公司
发 行 者：中国石油大学出版社(电话 0546—8392139)
开　　本：180×235　印张：18.375　字数：368 千字
版　　次：2010 年 8 月第 1 版第 1 次印刷
定　　价：30.00 元

前言 PREFACE

税务会计是适应纳税人经营管理的需要,从财务会计、管理会计中分离出来,融税收法令和会计核算为一体的特种专业会计。

财政部于2006年颁布了新的会计准则,近几年来,企业所得税、增值税,无论从结构还是内容上都作了较大调整,对消费税、营业税等税种也重新进行了修订。为了及时反映税收法律制度和会计准则改革的最新成果,满足税务会计教学的需要,我们编写了该书。该书根据税法的最新规定,结合《企业会计制度》及新实施的具体会计准则,对每一税种的核算进行了详细讲解,并辅之以大量案例加以说明,每章课后都配有相关习题,帮助学生加深理解学习内容和加强运用能力。

本书由刘秀荣、徐严任主编,陈丽莉、亓民洁、郑蕊蕊、张健任副主编,各章分工如下:第一章由徐严编写,第二章、第三章由亓民洁编写,第四章由郑蕊蕊编写,第五章、第八章由刘秀荣编写,第六章、第七章由陈丽莉编写,第九章由张健编写。本书最后由刘秀荣总纂定稿。

本书在编写过程中参阅了许多近年来出版的同类教材和杂志,在此向他们表示感谢。

由于作者水平有限,编写时间仓促,税法制度处于不断完善之中,书中的疏漏和不足之处在所难免,敬请同行专家和读者予以批评、指正。

编 者
2010年7月

目录 CONTENTS

第一章　总论 ··· 1
　第一节　税务会计概述 ·· 1
　第二节　税收与税收制度 ·· 8
　第三节　纳税的基本程序 ··· 20
　本章复习题 ·· 26
第二章　增值税会计 ·· 30
　第一节　增值税概述 ·· 30
　第二节　增值税计算 ·· 40
　第三节　增值税会计处理 ··· 56
　第四节　增值税专用发票的管理与纳税申报 ···························· 71
　本章复习题 ·· 78
第三章　消费税会计 ·· 86
　第一节　消费税概述 ·· 87
　第二节　消费税计算 ·· 91
　第三节　消费税会计处理 ··· 98
　第四节　消费税纳税申报 ·· 104
　本章复习题 ··· 107
第四章　营业税会计 ··· 111
　第一节　营业税概述 ·· 111
　第二节　营业税计算 ·· 117
　第三节　营业税会计处理 ·· 124
　第四节　营业税纳税申报 ·· 127
　本章复习题 ··· 129
第五章　城市维护建设税及教育费附加会计 ···························· 134
　第一节　城市维护建设税概述 ··· 134

第二节	城市维护建设税计算与会计处理	136
第三节	教育费附加计算与会计处理	137
本章复习题		139

第六章　关税会计　141

第一节	关税概述	141
第二节	关税计算	147
第三节	关税会计处理	152
第四节	关税纳税申报	156
本章复习题		157

第七章　企业所得税会计　160

第一节	企业所得税概述	160
第二节	企业所得税计算	163
第三节	企业所得税会计处理	183
第四节	企业所得税纳税申报	193
本章复习题		200

第八章　个人所得税会计　204

第一节	个人所得税概述	204
第二节	个人所得税计算	214
第三节	个人所得税会计处理	227
第四节	个人所得税纳税申报	229
本章复习题		230

第九章　其他税种会计　235

第一节	资源税会计	235
第二节	城镇土地使用税会计	243
第三节	土地增值税会计	248
第四节	房产税会计	257
第五节	印花税会计	261
第六节	车船税会计	267
第七节	契税会计	272
第八节	耕地占用税会计	277
第九节	车辆购置税会计	280
本章复习题		284

第一章 总 论

 引导案例:斩断虚列成本的黑手

日前,芜湖市国税局接到群众举报,称该市辖区内某公司涉嫌偷税,市稽查局随即对该公司进行了检查,经查该公司经营业务单一,仅为采购砂石提供给高速公路承建商,其砂石进销差价颇高,经营利润却很低,检查发现该公司列支了大量的运输费用,单位运输成本与其购进砂石成本比例接近1:1,明显不符合逻辑,因此,检查组对其运输费用的真实性产生了怀疑,随即对其砂石供应方展开了调查。通过外调终于查明了该公司采取购买运输发票虚列成本400余万元的手段,偷逃企业所得税130余万元的违法事实,市稽查局现已对该公司作出了补税及罚款处理,并将该案件移送司法部门。

讨论题:上述资料体现了税收的哪些特征?

第一节 税务会计概述

一、税务会计的概念

会计和税收是经济领域中两个不同的分支,分别遵循不同的原则,规范不同的对象,服务于不同的目的。财务会计核算必须遵循一般会计原则,其目的在于真实、完整地反映企业的财务状况、经营业绩,以及财务状况变动的全貌,通过会计报表向投资者、债权人、企业管理者以及其他会计报表使用者提供有用的财务信息。为了满足不同的报表使用者和社会各方面对财务会计信息的需求,财务会计在对会计要素的确认、计量、记录、报告过程中,必须以会计准则和财务会计制度为基本规范。但是,几乎所有的会计要素都会影响企业的税款支出。为了规范企业和国家之间的税收分配关系,企业则必须按税收法律法规的规定重新确认、计量会计要素。税法是国家制定的用以调整政府与纳税人之间在征纳税方面的权利与义务的法律规范,它是税收征纳双方依法征税、依法纳税的行为准则,它以课税为目的,根据经济合理、公平税负、促进竞争的原则,依据有关的税收法律法规,确定纳税人在一定时期内应履行的纳税义务。因此,税法又是企业会计行为的另一种规范。由此可见,企业会计行为同时受到会计准则、财务会计制度与国家税收法律法规两种行为规范的制约。在这种双重制约下，企业会计核算中所适用的会计准则、财务会计制度与税收法律法规规定在计算口径和计算时期等方面有所不同，从而产生一定的差异，对于这些差异则需要通过税务会计加以调整，这一现象在所得课税方面表现得尤为明显。

可见，税务会计是为了适应纳税人的需要，或者说是纳税人为了适应纳税的需要从财务会计中分离出来的，介于税收学与会计学之间的一门新兴的边缘学科，是融国家税收法令和会计处理为一体的一种特殊的专业会计，可以说是"税务中的会计、会计中的税务"。

税务会计并非与生俱有，而是社会经济发展到一定阶段的产物。当今会计界已有越来越多的人承认，税务会计已与财务会计、管理会计共同构成了现代会计学科的三大分支。

有人认为，税务会计是近代新兴的一门边缘学科，是融税收法令和会计核算为一体的一种特种专业会计。它是以税收法令为准绳，以货币计量为基本形式，运用会计学的理论和方法，连续、系统、全面地对税款的形成、计算和缴纳活动进行核算的一门专业会计。（盖地.税务会计.立信会计出版社）

基于以上认识，我们可以这样概括税务会计：税务会计是以现行税法为准绳，以货币为主要计量单位，运用会计的专门方法对纳税单位税基的形成、税款的计算、申报和缴纳等纳税活动所引起的资金运动进行连续、系统地核算、监督和筹划，使纳税人在不违反税法的前提下达到既依法纳税又合理减轻税负的一门专业会计。它是近代新兴的一门边缘学科，是融税收法规和会计核算为一体的一种特殊的专业会计。

二、税务会计的特点

税务会计的特点包括法律性、广泛性、统一性、融合性、筹划性、独立性。法律性表现为税务会计要严格按照税收法规和会计法规的规定核算和监督税款的形成、缴纳等行为；广泛性表现为税务会计适用于国民经济各个行业；统一性表现为不同的纳税人所执行的税务会计是相同的；融合性表现为税务会计是融税收法规与会计制度于一体的特种专业会计；筹划性表现为税务会计侧重于合理减少纳税人税负，提高企业经济效益；独立性表现为其会计处理方法与财务会计有着不同，如应纳税所得额的调整、视同销售收入的认定等。

三、税务会计的内容

税务会计的内容主要包括经营收入的确认、成本费用的计算、经营成果的确定、税额的计算、税款解缴、罚金缴纳和税收减免等业务的会计处理。经营收入是企业单位在生产经营过程中，销售商品或提供劳务所取得的各种收入，成本费用是企业单位在生产经营过程中为取得经营收入而发生的耗费，两者的差额即为经营成果。税务会计在收入确认与成本费用的计算上与财务会计有所不同。

四、税务会计的基本前提

税务会计以财务会计为基础,财务会计中的基本前提有些也适用于税务会计,如会计分期、货币计量等。但由于税务会计有自己的特点,其基本前提也应有其特殊性。

1. 纳税主体

纳税主体与财务会计的会计主体有密切联系,但不一定等同。会计主体是财务会计为之服务的特定单位或组织,会计处理的数据和提供的财务信息,被严格限制在一个特定的、独立的或相对独立的经营单位之内,典型的会计主体是企业。而纳税主体必须是能够独立承担纳税义务的纳税人。在某些垂直领导的行业,如铁路、银行,由铁道部、各总行集中纳税,其基层单位是会计主体,但不是纳税主体。又如,对稿酬征纳个人所得税时,其纳税人(即稿酬收入者)并非会计主体,而作为扣缴义务人的出版社或杂志社则成为这一纳税事项的会计主体。纳税主体作为代扣(或代收、付)代缴义务人时,纳税人与负税人是分开的。作为税务会计的一项基本前提,应侧重从会计主体的角度来理解和应用纳税主体。

2. 持续经营

持续经营的前提意味着该企业个体将继续存在足够长的时间以实现其现在的承诺,如预期所得税在将来要继续缴纳。这是所得税税款递延、亏损前溯或后转以及暂时性差异能够存在并且能够使用纳税影响会计法进行所得税跨期摊配的基础所在。以折旧为例,它意味着在缺乏相反证据的时候,人们总是假定该企业将在足够长的时间内为转回暂时性的纳税利益而经营并获得收益。

3. 货币时间价值

随着时间的推移,投入周转使用的资金价值将会发生增值,这种增值的能力或数额,就是货币的时间价值。这一基本前提已经成为税收立法、税收征管的基点,因此,各个税种都明确规定了纳税义务的确认原则、纳税期限、缴库期等。它深刻地揭示了纳税人进行税务筹划的目标之一——纳税最迟,也说明了所得税会计中采用纳税影响会计法进行纳税调整的必要性。

4. 纳税会计期间

纳税会计期间亦称纳税年度,是指纳税人按照税法规定选定的纳税年度,我国的纳税会计期间是指自公历1月1日起至12月31日止。纳税会计期间不等同于纳税期限,如增值税、消费税、营业税的纳税期限是日或月。如果纳税人在一个纳税年度的中间开业,或者由于改组、合并、破产关闭等原因,使该纳税年度的实际经营期限不足12个月的,应当以其实际经营期限为一个纳税年度。纳税人清算时,应当以清算期间作为一个纳税年度。各国纳税年度规定的具体起止时间有所不同,一般有日历年度、非日历年度、财政年度和营业年度之分。纳税人可在税法规定的范围内选择、确定,但必须符合税法规定的采用和改变纳税年度的办法,并且遵循税法中所作出的关于对不同企业组织形式、企业类型的各种限制性规定。

5. 年度会计核算

年度会计核算是税务会计中最基本的前提,即税制是建立在年度会计核算的基础上,而不是建立在某一特定业务的基础上。课税只针对某一特定纳税期间发生的全部事项的净结果,而不考虑当期事项在后续年度中的可能结果如何,后续事项将在其发生的年度内考虑。比如在"所得税跨期摊配"中应用递延法时,由于强调原始递延税款差异对税额的影响而不强调转回差异对税额的影响,因此,它与未来税率没有关联性。当暂时性差异以后转回时,按暂时性差异产生时递延的同一数额调整所得税费用,从而使税务会计数据具有更多的可稽核性,以揭示税款分配的影响额。

五、税务会计的基本职能

对纳税人应纳税款的形成、申报、缴纳进行反映和监督。税务会计要对纳税人的纳税义务及其缴纳情况进行记录、计算、汇总,并编制出纳税申报表;税务会计要对纳税人纳税义务及其缴纳情况进行控制、检查,并对违法行为加以纠正和制裁。这种反映和监督,只能在作为纳税人的企业单位里进行,并由纳税人的会计人员去实施。

六、税务会计的原则

税务会计与财务会计密切相关,财务会计中的核算原则,大部分或基本上也都适用于税务会计。但又因税务会计与税法的特定联系,税收理论和立法中的实际支付能力原则、公平税负原则、程序优先于实体原则等,也会非常明显地影响税务会计。税务会计上的特定原则可以归纳如下:

1. 修正的应计制原则

收付实现制(亦称现收现付制)突出地反映了税务会计的重要原则——现金流动原则。该原则是确保纳税人有能力支付应纳税款而使政府获取财政收入的基础。但由于现金制不符合财务会计准则的规定,一般只适用于个人和不从事商品购销业务的中小企业的纳税申报。目前,大多数国家的税务当局都接受应计制原则。当它被用于税务会计时,与财务会计的应计制存在某些差异:第一,必须考虑支付能力原则,使得纳税人在最有能力支付时支付税款;第二,确定性的需要,使得收入和费用的实际实现具有确定性;第三,保护政府财政税收收入。例如,在收入的确认上,应计制的税务会计由于在一定程度上被支付能力原则所覆盖而包含着一定的收付实现制的方法,而在费用的扣除上,财务会计采用稳健性原则列入的某些估计、预计费用,在税务会计中是不能够被接受的,后者强调"该经济行为已经发生"的限制条件,从而起到保护政府税收收入的目的。在美国税制中,有一条著名的定律,即克拉尼斯基定律。其基本含义是：如果纳税人的财务会计方法致使收益立即得到确认，而费用永远得不到确认，税务当局可能会因所得税目的允许采用这种会计方法；如果纳税人的财务会计方法致使收益永远得不到确认，而费用立即得到确认，税务当局可能会因所得税目的不允许采用这种会计方法。由此可见，目前世界上大多数国家都采用修正的权责发生制原则。

2. 与财务会计日常核算方法相一致原则

由于税务会计与财务会计的密切关系，税务会计一般应遵循各项财务会计准则。只有当某一事项按会计准则、制度在财务会计报告日确认以后，才能确认该事项按税法规定确认的应纳税款；依据会计准则、制度在财务会计报告日尚未确认的事项可能影响到当日已确认的其他事项的最终应纳税款，但只有在根据会计准则、制度确认导致征税效应的事项之后，才能确认这些征税效应，这就是"与日常核算方法相一致"的原则。具体包含：

（1）对于已在财务报表中确认的全部事项的当期或递延税款，应确认为当期或递延所得税负债或资产。

（2）根据现行税法的规定计量某一事项的当期或递延应纳税款，以确定当期或未来年份应付或应退还的所得税金额。

（3）为确认和计量递延所得税负债或资产，不预期未来年份赚取的收益或发生的费用的应纳税款或已颁布税法或税率变更的未来执行情况。

3. 划分营业收益与资本收益原则

这两种收益具有不同的来源和担负着不同的纳税责任，在税务会计中应严格区分。营业收益是指企业通过其经常性的主要经营活动而获得的收入，其内容包括主营业务收入和其他业务收入两个部分，其税额的课征标准一般按正常税率计征。资本收益是指在出售或交换税法规定的资本资产时所得的利益（如投资收益、出售或交换有价证券的收益等），一般包括纳税人除应收款项、存货、经营中使用的地产和应折旧资产、某些政府债券，以及除文学和其他艺术作品的版权以外的资产。资本收益的课税标准具有许多不同于营业收益的特殊规定。因此，为了正确地计算所得税负债和所得税费用，就应该有划分两种收益的原则和具体的划分标准。这一原则在美、英等国的所得税会计中有非常详尽的规定，我国在这方面有待明确。

4. 配比原则

配比原则是财务会计的一般规范。将其应用于所得税会计，便成为支持"所得税跨期摊配"的重要指导思想。将所得税视为一种费用的观点意味着，如果所得税符合确认与计量这两个标准，则应计会计对于费用就是适宜的。应用应计会计和与之相联系的配比原则，就意味着要根据该会计期间内为会计目的所报告的收入和费用来确定所得税费用，而不考虑为纳税目的所确认的收入和费用的时间性。也就是说，所得税费用与导致纳税义务的税前会计收益相配比（在同期报告），而不管税款支付的时间性。这样,由于所得税费用随同相关的会计收益在同一期间确认,从配比原则的两个特征——时间一致性和因果性来看,所得税的跨期摊配方法也符合收入与费用的配比原则。

5. 确定性原则

确定性原则是指在所得税会计处理过程中,按所得税法的规定,在纳税收入和费用的实际实现上应具有确定性的特点,这一原则具体体现在递延法的处理中。在递延法下,当初的所得税税率是可确定的,递延所得税是产生暂时性差异的历史交易事项造成的结果。按当初税率报告递延所得税,符合会计是以历史成本为基础报告绝大部分经济事项的特点,提高了会计信息的可信性。这一原则也用于所得税的税前扣除,凡税前扣除的费用,其金额必须是确定的。

6. 可预知性原则

可预知性原则是支持并规范"债务法"的原则。债务法关于递延所得税资产或递延所得税负债的确认模式,是基于这样的前提:根据会计准则编制的资产负债表,所报告的资产和负债金额将分别收回或清偿。因此,未来年份应税收益只在逆转差异的限度内才被认可,即未来年份的应税收益仅仅受本年暂时性差异的影响,而不预期未来年份赚取的收益或发生的费用。将可预知性原则应用于所得税会计处理,提高了对企业未来现金流量、流动性和财务弹性的预测价值。因此,在该原则下,支持并规范的债务法被越来越广泛地采用。

7. 税款支付能力原则

税款支付能力与纳税能力有所不同。纳税能力是指纳税人应以合理的标准确定其计税基数。有同等计税基数的纳税人应负担同一税种的同等税款。因此,纳税能力体现的是合理负税原则。与企业的其他费用支出有所不同,税款支付全部对应现金的流出,因此,在考虑纳税能力的同时,更应该考虑税款的支付能力。税务会计在确认、计量和记录收入、收益、成本、费用时,应选择保证税款支付能力的会计方法。

七、税务会计的任务和目标

(一)税务会计的任务

税务会计的任务是双方面的,既要以税法为标准,促使纳税人认真履行纳税义务,又要在税法允许的范围内,保护纳税人的合法利益。具体包括:按照国家税法规定核算纳税人各税种的税款;正确编制、报送会计报表和纳税申报表;进行纳税人税务活动的分析,保证正确执行税法,维护企业的利益。

(二)税务会计的目标

税务会计的目标是纳税人通过税务会计所要达到的目的。不同的使用者有不同的要求:企业经营者要求得到准确、及时的纳税信息以保证企业的正常运转,并为经营决策提供依据;企业资产所有者和债权人要求得到税务资金运转的信息,以最大限度利用货币的时间价值;税务管理部门要求了解纳税人的税收计缴情况,以进行监督调控,保证国家财政收入的实现。

(三)税务会计的作用

税务会计的作用主要体现在:有利于纳税人贯彻税法,保证财政收入,发挥税法作用;督促纳税人认真履行义务;促进企业正确处理分配关系;维护纳税人的合法权益;等等。

八、税务会计与财务会计的关系

(一)联系

理论上,税务会计与财务会计的目标不同,是两个不同的学科。但税务会计作为一项实质性的工作并不是独立存在的,而是企业会计的一个专门领域,与财务会计相伴而存。它不要求企业在财务会计的凭证、账簿、报表之外,再设一套会计凭证、账簿,而从会计机构的设置来看,中小企业也可以不专门设置税务会计机构和专职人员。因为对现代会计的要求,也应具备多重功能,诸如财务功能、税务功能、管理功能、成本分析功能、经济效益分析功能等,这些功能形成不同的衡量尺度。企业只需要一套完整的会计账表,平时只以一种尺度(财务会计尺度)进行会计处理,若需要时,再依其他尺度作调整,以发挥其多种功能,满足不同需要。税务会计资料来源于财务会计,它对财务会计与现行税法不符的事项或出于税务筹划目的需要调整的事项,按税务会计方法计算、调整,并作调整会计分录,再融于财务会计账簿或报告之中。

世界各国的税法都不同程度地吸收会计的概念和方法,计算税金的程序也大多数要模拟会计方法,计算依据一般都必须以会计记录为基础,可以说,税法借用了会计技术才得以实施,税法因采用了会计方法才日趋成熟。另一方面,税法对会计的影响也是普遍的,它使会计实务的处理更加规范化;它影响会计对某些会计方法的选择,促使会计的重心由计算资产的盘存转向计算收入;由重视资产负债表转向重视利润表,也使会计人员的业务范围不断扩大。税收与会计相互影响、相互制约、相互促进,税务会计与财务会计也是如此。

(二)区别

税务会计虽与财务会计存在着紧密联系,但又有区别,表现为以下几个方面:

1. 目标不同

财务会计所提供的信息,除了为综合部门及外界有关经济利益者服务外,也为企业本身的生产经营服务;税务会计则要按现行税法和缴纳办法计算应纳税款,正确履行纳税义务,充分享受纳税人的权利。

2. 对象不同

企业财务会计核算和监督的对象是企业经货币计量的全部经济事项,包括资金的投入、循环、周转、退出等过程;而税务会计核算和监督的对象只是与计税有关的经济事项,即与计税有关的资金运动。这就是说,原来在财务会计中有关税款的核算、申报、解缴的内容,划归税务会计,并由税务会计作为核心内容分门别类地阐述,企业财务会计只是对这部分内容作必要的提示即可。

3. 核算基础、处理依据不同

财务会计根据公认的会计准则和企业自己制定的核算办法对经济事项进行核算和反映,它力求客观公允地反映经济业务和资金运动。税务会计不仅要遵循一般会计原则,更要严格按现行税法的要求进行会计处理,具有强制性、统一性。会计处理一般有两种:一种是收付实现制,另一种是权责发生制。财务会计应该遵循权责发生制原则,强调收入是否实际发生,以及收入与费用相配比。会计上确认的收入不等于企业增加的现金流入量,会计上确认的费用也不意味着企业的现金流出量,企业各期的会计利润也不代表当期可支配的净现金资源。税务会计由于体现了税收强制征收的特性,不强调在主体上以权责发生制为依据来确定企业的应纳税所得额,税务会计在规定各项目的征收细则时,则表现为权责发生制与现金收付制并用。

4. 范围不同

税务会计按税法规定的要求,有选择地对相关经济业务进行核算,反映的是纳税人履行纳税义务的概况;财务会计则要对每一笔经济业务进行记录,反映整个企业财务状况、经营成果和资金流转情况。

总之,财务会计和税务会计既有一定的区别,也是相互联系的。目前,世界各国都在努力缩小或试图消除财务会计与税务会计的差异,但两者的差异不能立即消失,财务会计与税务会计的差异是客观存在的,我们应该辩证地看待,不必要求某一方削足适履去适合对方,而应该各自遵循自身的规律,在理论上不断创新,在方法上不断完善,使二者科学、健康地发展。

第二节 税收与税收制度

一、税收概述

(一) 税收的产生

国家一经形成,它就同时存在以下两个方面的需要:首先是一部分人脱离生产领域,进入到国家公共部门,从事公共事务管理,而这部分人的生存需要必须得到保障;其次是全体国民的公共需求,如为防止或抵抗外来侵犯所采取的武装措施、为共同的信仰所进行的祭祀等。

所有的国家需要都可以归结为国家职能的要求。国家职能是国家存在的基本依据,否则国家将没有存在的意义。而且国家所有的需要最终都表现为对物质财富的需求。但是所有这些物质需求,国家自身却不生产,而是凭借全体国民或传统赋予的权力,对物质财富的生产者和拥有者进行征集取得。国家这种凭借政治权力向社会征集物质财富的行为就是税收。

纵观世界历史的发展过程,由于人类社会长期以来一直以国家的形态存在,因此,最直观地看,税收的存在是由国家的存在决定的。也就是说,税收是与国家相伴而生的,而且税收与国家也是相互依存的。换言之,税收的产生与存在必须以国家为前提,而国家没有税收则难以生存。因此,可以说,国家的历史有多悠久,税收的历史也同样有多悠久,税收如国家一样的古老。

(二)税收的概念

什么是税收?人们因各自所处的时代、社会立场、经济条件、学识水平等方面的差异,对税收这一社会经济现象的理性认识,历来难以达成广泛一致。政治学家把税收视为国家存在的经济体现;经济学家把税收作为一种经济分配方式;财政学家则把税收看成一种财政收入形式;社会学家却把税收定为纳税人对社会的一种应尽义务。

税收又称"赋税"、"租税"、"捐税",是国家为了实现其职能,凭借政治权力,按照法律规定,参与社会剩余产品的分配,强制地、无偿地取得财政收入的一种分配关系。

列宁对税收作了这样的解释:"所谓赋税,就是国家不付任何报酬而向居民取得的东西。"

东西方税收学界虽然对税收定义的表述各有所异,但明确而又涵盖其共性的观点是:

——税收的征收主体是政府;

——税收的客体是社会成员,亦即企业、个人等纳税人;

——税收必须借助法律手段强制征收;

——税收是无偿征收的,政府在征收税款时无须作等价交换;

——征税的目的是为了满足社会公共需要,因而其本质特征是有偿的;

——国家以税收方式取得财政收入。

税收是国家为了向社会提供公共商品,凭借政治权力,按照法律规定参与国民收入再分配以取得财政收入的一种形式。

1. 税收是国家取得财政收入的一种形式

公共商品一般必须由国家通过财政支出的形式来提供,因此,税收首先体现为国家为提供公共商品而取得的一种财政收入形式。从古到今,国家取得财政收入的形式多种多样,但使用时间最长、运用范围最广、积累财政资金最为有效的,就是税收这种财政收入形式。当今世界上绝大多数国家财政收入的 90% 以上都来自于各种税收。因此,税收不但是一种财政收入形式,而且是财政收入的最主要的一种形式。

2. 国家征税的目的是为了向社会提供公共商品

国家是一个以履行公共职能为基础的公共权力机构。国家在履行社会公共职能、满足社会公共需要的过程中,必然要有相应的财力、物力消耗。而国家征税就是保证这种财力、物力需要的基本来源。即国家征税的目的是满足国家提供公共商品的财政需要,同时,国家税收也必须用于满足提供公共商品需要。相应的,非公共商品需要的财政支出一般就不宜采取税收来提供。

3. 税收借助于法律形式进行征收

法律是体现国家意志,强制性地调整人们行为的社会规范,它适用于社会生活的方方面面。与其他社会规范调整相比较,法律调整具有强制性、公正性和普遍适用性的特点。由于政府征税涉及社会各阶级、阶层、集团的经济利益,税收负担轻重关系着社会经济发展乃至社会安定,因而决定了税收征收与调节必须借助于法律形式进行。所谓有税必有法,无法不成税,正是税收区别于其他财政收入形式的一个重要特点。各国政府往往都通过立法和执法程序使税收制度和征管制度法制化,以便把整个税收活动纳入规范、有序的轨道。税收是国家为实现其提供公共商品的职能,而向纳税人征收的财政收入,税收只有通过法律的形式,才能使社会成员在纳税上得到统一。

4. 税收是对国民收入的再分配

税收课征的对象是社会产品,但不是全部社会产品,而只是社会产品扣除补偿生产过程中消耗掉的价值部分的余额,即社会新创造的国民收入。这是因为税收参与国民收入分配,是各种生产要素凭借其所有权在经济领域对国民收入进行初次分配基础上进行的,因此,税收具有国民收入再分配的性质。

(三) 税收的基本特征

税收是国家取得财政收入的一种形式,与其他财政收入形式相比较,税收具有三个基本特征:强制性、无偿性和固定性。

1. 强制性

强制性是指国家凭借政治权力,以法律形式来确定国家作为征税人和社会成员作为纳税人之间的权利和义务关系。税收的强制性是指对于纳税人来说,税收是一种非自愿的,或称为强制的缴纳形式。在国家税法规定的范围内,任何单位和个人都必须依法纳税,否则,就要受到法律的制裁。国家征税是通过颁布法律、法令,凭借政治权力强制征收的。税收的强制性是国家无偿取得财政收入的可靠保证。

2. 无偿性

无偿性是指国家向纳税人进行的是无需偿还的征收,即国家征税以后不再把税款直接还给纳税人,也不向纳税人提供某种相应的服务或某种特许权利。税收的无偿性也是由国家凭借政治权力而建立起来的分配关系这一性质所决定的。以财产权为依据所形成的经济关系,具有自愿、公平、有偿的特征,而税收则是一种超越于上述分配关系的无偿性分配关系。这种无偿分配方式有利于国家把分散的资财集中起来,统一安排使用,有利于国家在一定范围和程度上改变社会财富分配的不合理状

3. 固定性

固定性是指国家在征税前，以法律形式预先规定了征税对象、计税标准以及征收比例或数额，并按照预定标准征收。税收的固定性包含以下两方面的含义：一是对什么征税，征多少税，由谁纳税必须是事先明确的，而不是任意确定的；二是税收活动的标准必须是统一的。即税收征纳，以及其他一切税收关系的处理及其标准是预先以法律形式规定的，具有相对稳定性。

上述税收的三个形式特征是各种社会制度下税收的共性，它们是相互依存、不可分割的统一体，是税收区别于其他财政收入形式的基本标志。只有同时具备以上三个特征的财政收入形式才是税收。

（四）税收的职能

税收职能是指税收内在的、固有的职责和功能。税收职能体现在以下两个方面：首先，税收作为政府提供公共商品，满足社会公共需要的价值补偿所具有的功能；其次，税收作为国家履行职责的政策工具所具有的功能。税收的这些功能可概括为财政收入职能、资源配置职能、收入分配职能和宏观调控职能。后三者又可以统称为税收的调节职能。

1. 财政收入职能

税收的财政收入职能，亦称筹集资金或组织收入的职能。也就是税收作为一种分配手段，所具有的从社会经济活动中各个利益主体取得收入，用以满足政府履行公共事务需要的一种能力。它是国家对税收最基本的要求，也是税收最重要的职能目标。因为国家提供的绝大部分公共商品，以及国家机器运作所需的绝大部分财政资金，通常就来源于税收。所以，为政府活动筹集和提供资金，一直是国家赋予税收最基本的功能和职责。

税收的特点决定了它在筹集资金方面，有着其他收入形式所不具备的优越性。政府征税在组织收入上具有强制性、无偿性、固定性的特征，可以保证政府及时、稳定、可靠地取得收入。而且税收课征不受产权关系、经济性质、地域条件的限制，收入来源充裕，征税范围广泛。正因为如此，税收成为现代各国政府最重要、最有效的筹资手段，在财政收入中占有主要地位。

2. 调节职能

从历史角度看，税收的调节职能是派生职能。政府在运用税收参与国民收入分配、筹集资金的过程中，要决定对什么征税，对什么不征税，是多征税，还是少征税，以及采取何种方式征税。而不同的选择形成不同的税收政策，必然会改变国民收入在政府和社会组织、个人之间，以及在社会的各阶级、阶层、单位和个人之间的分配状况，改变资源在不同行业、地区、企业之间的配置状况，从而引导和调节企业、公民的经济、社会行为。在近现代社会，税收的调节职能不论是在理论、实践方面，还是在广度、深度上都得到了很大的发展。目前,税收政策已经成为各国宏观经济政策的一个重要组成部分,它对社会经济发展的影响越来越大。

因此,税收的调节职能是指税收作为一种分配手段,所具有的能够反作用于社会经济活动,调节各个利益主体的经济利益,影响并调整利益主体行为,进而影响并调整整个社会经济运行的职责和功能。税收的这种调节职能,存在于税收分配的过程之中,它是从税收收入职能基础上派生出来的。税收调节职能还可按调节的对象,进一步分为调节经济运行的职能和调节收入分配的职能,前者又称为税收的经济职能,包括税收的资源配置职能和宏观调控职能,后者又称为税收的社会职能。

3. 监督管理职能

税收的监督管理职能是税收对整个社会经济生活进行监督和管理的职能。国家要征税,必然要进行税收管理、税务检查、税务审计和统计、税源预测和调查等一系列工作。这些工作一方面能够反映有关的经济动态,为国民经济管理提供依据;另一方面能够对经济组织、单位和个人的经济活动进行有效的监督。由于税收是一种无偿性的分配,分配的结果是直接减少纳税人的既得利益,因此税收本身就要求必须具有监督管理功能,以使这种无偿性的分配得以实现。所以,监督管理也是税收内在的一个重要属性,是税收的三大职能之一。税收的监管职能在现代具有特别重要的意义。在宏观层次上,税收可为国家提供宏观决策的信息。在微观层次上,税收主要通过其课征过程,对日常税收活动进行有计划的组织、管理、稽查等,指导纳税人正确履行纳税义务,遵守国家税收法律和财经规定。税收监管主要表现在税务登记、纳税申报、发货票管理、税源调查、纳税检查,以及对偷税、抗税等违法行为的处理等具体方面。税收的监督管理贯穿于税收活动的全过程。从税收制度的制定到税收收入的入库,都必须体现税收监督管理的职责和功能。否则,国家的财政收入就得不到保障,税收调节经济的职能也难以实现。

二、税收制度概述

(一) 税收制度的概念

从法的角度看,税收制度是一国税收法律、法规及各种征税办法的统称,是政府向纳税单位和个人征税的法律依据和工作规程。因此,税收制度与税法的关系极为密切。在现代社会中,任何国家的税收制度都要采取法的形式,税收法律生效要经过法定的立法程序,税收行政法规和各种税收部门规章的制定和颁布也须依法或依授权立法,按法定程序进行。总之,税收法律规范构成了税收制度最基本、最重要的内容。也正是从这个意义上讲,税收制度也就是税收法律制度。

税法是国家制定的用以调整国家与纳税人之间在纳税方面的权利及义务关系的法律文件。它是国家依法征税、纳税人依法纳税的行为准则,其目的是保障国家利益和纳税人的合法权益,维护正常的税收秩序,保证国家的财政收入。税法与税收密不可分,税法是税收的法律表现形式,税收则是税法所确定的具体内容。税收的实质是国家为了行使其职能,取得财政收入的一种方式。国家征税与纳税人纳税形式上表现为利益分配的关系,但经过法律明确其双方的权利与义务后,这种关系实质上已上升为一种特定的法律关系。

(二) 税收制度的分类

现代的税收制度是一个由多税种组成的复合税制体系。各个税种有其各自的特点,在税制结构中的地位和作用是不同的。主体税种的选择是建立合理税制结构的中心环节,辅助税种的搭配、协调也十分重要,各税种之间存在一定的联系和区别。因而有必要对各税种进行必要的分类,以建立合理的税制结构。税收制度一般有下面几种分类方法:

1. 以法律效力为标准的分类

税收制度在法律效力上,分为税收法律、税收行政法规和税收部门规章。

税收法律是由国家最高权力机关,依据法定程序,制定公布的税收法律规范。各国宪法一般规定:"税收立法权属于国会或议会。"我国的税收立法权属于全国人民代表大会及其常务委员会,由它制定颁发的税收法律具有正式的、最高的法律效力。我国已颁布的税收法律主要有《中华人民共和国企业所得税法》、《中华人民共和国个人所得税法》和《中华人民共和国税收征收管理法》等。

税收行政法规是国家最高行政机关依法或根据国家最高权力机关授权制定颁布的税收法律规范。这类法规通常采用税收条例、决定、办法、通知、规定等形式。全国人大常委会于1984年通过了《关于授权国务院在经济体制改革和对外开放方面可以制定暂行规定或者条例的决定》。根据这个决定,国务院先后发布了《中华人民共和国企业所得税法实施条例》、《税收征收管理法实施细则》等数十个税收行政法规。

税收部门规章是国家财政、税务、海关等职能部门根据授权制定的关于解释税收法律、法规的法律文件,它也是国家税收法律制度的一部分,是税法的一种形式。由于税收法律、法规所规定的大多是征税的原则性条款,因而在税法实施过程中,有必要对税法条款的原则性内容作出符合法律的具体解释,以利于准确、严格地执行税法。这类规章的形式较多,通常以征税规定、通知、办法、复函等形式出现。在我国,税收部门规章的制定颁发权属于财政部、国家税务总局和海关总署。

除此之外,税法体系还包括地方税收法规,以及地方政府制定的征税规章等。

2. 以体系结构为标准的分类

税收制度在体系结构上,分为税收实体法和税收程序法。

税收实体法是确认税收法律关系主体的实质性权利和义务的法律规范。这类规范通常规定法律关系主体应当如何行为,以及不得如何行为。这些权利、义务大多通过有关单项税种的税法及其税法要素既构成单个税种的基本内容,也构成了税收实体法的基本内容。税收实体法是征税机关和纳税人征纳税款的基本法律依据。《中华人民共和国增值税暂行条例》、《中华人民共和国个人所得税法》等,均属于税收实体法。

税收程序法是确定应纳税款征纳执行程序的法律规范。税收程序法所要解决的基本问题包括:纳税人发生纳税义务后,应当如何进行纳税申报、如何缴纳税款或代扣代缴税款;申请减免税的纳税人应当履行哪些法定手续;纳税人对征税机关的征税决定和处罚决定不服时,应当经过哪些程序和何种途径提请税务行政复议或行政诉讼等。税收程序法还要明确税务机关怎样征收税款并组织入库,怎样进行税务检查,运用税收执法权应当具备哪些条件,经过哪些法定程序等。现行《中华人民共和国税收征收管理法》即为税收程序法。

3. 以基本内容为标准的分类

税收制度在基本内容上,分为税收基本法和税收普通法。

税收基本法是税法体系的主体和核心,在税法体系中起到税收母法的作用。其基本内容一般包括:税收制度的性质、税务管理机构、税收立法与管理权限、纳税人的基本权利与义务、税收征收范围(税种)等。

税收普通法是根据税收基本法的原则,对税收基本法所规定的事项分别进行立法并实施的法律,如《中华人民共和国增值税暂行条例》、《中华人民共和国个人所得税法》、《中华人民共和国税收征收管理法》等。

4. 以征税对象为标准的分类

税收制度在征税对象上,分为流转税、所得税、资源税、财产税和行为目的税等。

流转税是指对商品流转额和劳务营业额征收的一种税制。它是我国现行的最大的一类税,增值税、消费税、营业税、关税都属于这一类,主要在生产、流通或服务业中发挥调节作用。

所得税是指对纳税人的各种所得征收的一种税制。我国现行的企业所得税、个人所得税属于这一类。

资源税是指以自然资源及其级差收入为征税对象的一种税制。我国现行的资源税、城镇土地使用税属于这一类。

财产税是指对属于纳税人所有的财产或支配的财产的数量或价值额征收的一种税制。我国现行的房产税、契税、车船税属于这一类。

行为目的税是指以某些特定行为及为实现国家特定政策目的而征税的一种税制。我国现行的印花税、城市维护建设税、车辆购置税属于这一类。

5. 以其他标准的分类

以计税依据为标准,税收制度可以分为从价税和从量税两大类。从价税一般是指以征税对象及其计税依据的价格或金额为标准,按一定比例税率征收的一种税收。我国现行的增值税、营业税、关税等都属于这一类。从量税一般是指以征税对象的重量、容积、面积等为标准,采用固定税额计征的一种税收。我国现行的资源税、车船税等都属于这一类。

以管理权限为标准,税收制度可以分为中央税、地方税以及中央地方共享税。中央税一般是指由中央政府管理并支配其收入的一种税收,如消费税、关税和车辆购置税。地方税一般是指由地方政府管理并支配其收入的一种税收,如房产税、车船税等。中央地方共享税一般是指由中央政府与地方政府共同管理并按一定比例分别支配其收入的一种税收,如增值税、企业所得税等。当前,除个别小税种地方有立法权外,其余税种的立法权均属中央。

三、税制要素

税制要素亦称税法要素,是指构成税收法律制度的共同因素。每一种税都有其相应的税收法律制度,尽管各个时期的各个税种有着不同的内容和特点,但构成税制的要素则是相同的。即任何一部税法不仅要规定对什么征税,向谁征税,征多少税,而且还要规定征纳的程序和征管的方法。税法要素一般包括纳税人、征税对象、税率、纳税环节、纳税期限、减税免税和违章处理等,其中纳税人、征税对象和税率是税法的三个最基本要素。

(一) 纳税人

纳税人是"纳税义务人"的简称,亦称纳税主体,是税法规定的直接负有纳税义务的单位和个人,是税款的直接承担者。每一种税都有关于纳税义务人的规定,即解决向谁征税的问题。如果纳税人不履行纳税义务,就应由该行为的直接责任人承担法律责任。所以,纳税人是税法构成的一个基本要素。

国家税法规定直接负有纳税义务的人可以是自然人,也可以是法人。在法律上,自然人是指基于出生而依法在民事上享有权利、承担义务的公民;法人是指依法成立并能独立地行使法定权利和承担法律义务的社会组织。

与纳税人相关的概念是代扣代缴义务人,简称扣缴义务人,是税法上规定的负有扣缴税收义务的单位和个人,他并不一定是纳税义务人,也不发生自身的纳税义务,有可能仅是代行税务机关职责向纳税人扣收税款的中介人。税法规定扣缴义务人的目的,是为了实行源泉控制,保证国家财政收入。一般在收入零星、纳税分散的情况下,采取扣缴义务人的办法。纳税人作为承担纳税义务的纳税主体,与扣缴义务人是两个不同的概念。扣缴义务人直接负有税款的扣缴义务,应当按照规定代扣税款,并按期、足额地缴库。对不履行扣缴义务的,除限令其缴纳所应代扣的税款外,还要加收滞纳金或酌情处以罚款。与纳税人相关的另一个概念是负税人,负税人就是实际负担税款的单位和个人。负税人和纳税人在有些情况下是一致的,但在有些情况下二者是不一致的。

(二) 征税对象

征税对象又称课税对象或征税客体,是指对什么东西征税,即国家征税的标的物。每一种税一般都有其特定的征税对象。因此,征税对象是一种税区别于另一种税的主要标志,每一种税名称的由来以及各种税在性质上的差别,也主要取决于不同的征税对象。

征税对象可以从质和量两方面进行具体化。其质的具体化是征税范围和税目;量的具体化是计税依据和计税单位。

征税范围是指税法规定的征税对象的具体内容范围,是国家征税的界限,凡列入征税范围的都要征税。税目是指税法上规定应征税的具体项目,是征税对象的具体化。税目体现了征税的广度,反映了各税种具体的征税范围。计税依据是指计算应纳税额所依据的标准。一般来说,从价计算的税收以计税金额为计税依据,计税金额是指征税对象的数量乘以计税价格的数额;从量计算的税收以征税对象的重量、容积、体积、面积、数量为计税依据。

(三)税率

税率是指应征税额占课税对象数量的比例,是计算应纳税额的尺度,体现征税的深度,是税制的中心环节。在其他因素不变的情况下,税率的高低直接决定税收负担率的高低,关系到国家财政收入的多少和纳税人负担的轻重,关系到国家和各纳税人之间的经济利益,同时也反映着国家一定时期的财政经济政策。因此,国家在进行税率设计时,应考虑财政需要、不同纳税人或课税对象的税负承受能力,以及一定时期社会经济发展状况等因素,使税率尽可能公平合理、高低适度。

税率的表示方法主要有两种:一是用征收税额的绝对量加以表示,适用于从量计征的税种,这种税率称为定额税率;二是用征收税额的百分比,即相对数加以表示,适用于从价计征的税种,这种类型的税率主要有比例税率和累进税率。比例税率、累进税率和定额税率是税率中最为常用的形式。

1. 比例税率

比例税率是指同一课税对象,无论其数额大小,都按照相同比例征税的税率。采用这种税率,税额随着课税对象数量的增加成比例增加。在具体运用中,比例税率有以下几种形式:

(1)统一比例税率,又称单一比例税率,是指在一个税种中仅仅规定一个征税比例的税率。

(2)差别比例税率,是指根据纳税人或课税对象的不同性质,分别规定不同征税比例的税率。这种税率形式在我国税制运用中十分广泛。差别比例税率主要有产品差别比例税率、行业差别比例税率、地区差别比例税率。

产品比例税率是指根据不同产品分别规定不同征税比例的税率。一般体现为同种或同类产品同一税率,不同产品不同税率。我国现行关税、消费税等,都采用这种税率。

行业比例税率是指对不同生产经营行业分别规定不同征税比例的税率。一般体现为同一行业同一税率,不同行业不同税率。我国现行营业税,对交通运输、建筑、金融保险、邮电通信等行业分别规定了高低不等的税率。

地区差别比例税率是指对不同地区的同一课税对象分别规定高低不等的征税比例的税率。我国现行城市维护建设税就采用这种税率。

(3) 幅度比例税率,是指对同一课税对象由税法统一规定一个税率幅度,由各地区在此幅度内具体规定本地区征税比例的税率。我国原营业税中对娱乐业的征税,税法规定实行5%～20%的幅度比例税率。

2. 累进税率

累进税率又可分为三种,即全额累进税率、超额累进税率和超率累进税率。

(1) 全额累进税率,是指将课税对象的全部数额都按照其所适用的最高一级征税比例计税的一种累进税率。

(2) 超额累进税率,是指将课税对象按数额大小划分为若干个等级部分,并分别规定每一等级的税率,当课税对象的数额增加到需要提高一级税率时,仅就超过上一等级的部分,按高一级税率征税的累进税率。换言之,同一课税对象,可能适用几个等级的税率,使得该课税对象的全部应纳税额为多个等级部分应纳税额的合计数。如我国现行个人所得税即采用这种税率。

(3) 超率累进税率,是指将课税对象按计税依据的相对比例分为若干个不同的征税级距,相应规定若干个由低到高的不同的适用税率,当计税依据的相对比例由一个征税级距上升到另一个较高的征税级距时,仅就达到上一级距的部分相对应的计税依据按照上升以后的征税级距的适用税率计算征税。如我国现行土地增值税即采用这种税率。

3. 定额税率

定额税率是指按课税对象的计量单位直接规定固定征税数额的税率,故又称为固定税率。在具体使用时,主要有以下几种形式:

(1) 地区差别定额税率,是指对同一课税对象按不同地区分别规定不同的单位税额。如我国现行资源税。

(2) 幅度定额税率,是指对同一课税对象,由税法统一规定税额幅度,各地区在规定的幅度内自行确定本地区适用税额的定额税率。如我国现行城镇土地使用税。

(3) 分类分级定额税率,是指按照课税对象的不同种类和不同等级,分别规定不同征税数额的定额税率。如我国现行车船税。

除了以上三类规范的税率之外,在税制中有时还采用加成征税和加倍征税的税率延伸形式。所谓加成征税,是指对按法定税率计算的税额加征若干成数税款的计税方法。其中,加征一成也就是加征百分之十。所谓加倍征税,是指对按法定税率计算的税额加征若干倍数税款的计税方法。其中,加征一倍也就是加征百分之百。一般来说,加成、加倍征收是税收调节那些正常税率调节不到的高收入的一项措施。

(四)纳税环节

纳税环节是指对处于运动之中的征税对象选定的应该缴纳税款的环节,一般是指在商品流转过程中应该缴纳税款的环节。依照纳税环节的多少不同,税收制度可分为三种类型:

1. 一次课征制

即在商品流转过程中只选择一个环节课税的制度。如我国曾实行的商品流通税和盐税,以及现行消费税。

2. 两次课征制

即在商品流转过程中选择两个环节课税的制度。如我国曾实行的工商统一税,规定在工业产品生产销售环节征一次税,在商品零售环节再征一次税。

3. 多次课征制

即在商品流转过程中选择多个环节课税的制度。如我国现行增值税规定,货物每经过一个流转环节,就应当征一次增值税。

(五)纳税期限

纳税期限是指纳税人发生纳税义务后,向国家缴纳税款的间隔时间。各种税收都需要明确规定缴纳税款的期限,这是由税收固定性决定的,也是税收收入及时性的体现。

1. 按期纳税

即以纳税人发生纳税义务的一定时间作为纳税期限。例如,我国营业税规定以1日、3日、5日、10日、15日或1个月为一个纳税期;我国个人所得税通常视纳税人的具体情况,分别规定为按月、按年缴纳等。

2. 按次纳税

即以纳税人发生纳税义务的次数作为纳税期限。例如,我国对个人分次取得的某些收入征收的个人所得税,以及对进口商品征收的关税等,都规定在发生纳税义务后按次缴纳。

(六)减免税

减免税是对某些纳税人或征税对象给予鼓励和照顾的一种特殊规定。减税是指对应纳税额少征一部分税款;免税是指对应纳税额全部免征。它们能够使税收制度按照因地制宜和因事制宜的原则,更好地贯彻国家的税收政策。

税收减免一般在税收法规中列举确定,有的由各级政府根据税法精神和税收管理权限具体规定。

1. 减免税的形式

减免税就其形式而言,一般可分为法定减免、特定减免和临时减免。

(1)法定减免,是指各税种的基本立法中列举的减税、免税。每一税种在其基本立法中,一般都列有减免税条款,这类减免税,既有已明确列举减免税项目的,也有只规定减免税的原则和范围的。

（2）特定减免，是指根据政治经济情况发展变化和贯彻税收政策的需要，专案规定的减免税。特定减免一般有两种情况：一是在税收的基本立法确定以后，随着政治经济情况的发展变化所作的新的减免税补充规定；二是在税收的基本立法中，不能或不宜一一列举而采取专案规定的形式。以上两种专案规定的减免，通常由国务院或国家主管业务部门，如财政部、国家税务总局、海关总署作出决定。特定减免又分为无期限的和有期限的两种。

（3）临时减免，是指在法定减免和特定减免以外的其他减免，主要是照顾纳税人某些特殊的、暂时的困难而临时批准的一些减免税。由国家主管税务部门或地方政府按照税收管理权限的规定临时批准的减税、免税，通常是定期的减免或一次性的减免。

2. 减免税的内容

减免税的内容多样，一般分为税基式减免、税率式减免、税额式减免。

（1）税基式减免，是指对具体项目列举减免或对课税对象规定起征点、免征额，以解决普遍性照顾问题。税基式减免税是通过直接缩小计税依据的方式实现的减税、免税，具体包括起征点、免征额、项目扣除、跨期结转等。起征点是指税法规定的征税对象开始征税的数额起点，即征税对象数额未达到起征点的不征税，达到或超过起征点的则就其全部数额征税。免征额是指税法规定的在征税对象全部数额中免予征税的数额，即不论纳税人收入多少，只对减去一定数额后的余额征税。项目扣除是指征税对象总额先扣除某些项目的金额后，以其余额为计税依据计算应纳税额。跨期结转是指将某些费用及损失向后或向前结转，抵消其一部分收益，以缩小税基，实现减免税。

【思考题 1-1】 税法规定的起征点为 1 000 元，税率为 10%，甲、乙纳税人取得的应税收入分别为 800 元和 1 500 元，则甲、乙分别应纳税多少？

（2）税率式减免，是指将原定税率降低一定幅度，征税时按降低后的税率计征所实现的减免税，也是主要用于解决普遍性照顾问题。税率式减免税是通过直接降低税率的方式来实现的减税、免税，具体包括重新确定税率、选用其他税率和规定零税率。

（3）税额式减免，是指对课税对象先按统一规定计算应纳税额，然后减征一定数量的税额而实现的减免税，主要用于解决个别性照顾问题。税额式减免税是通过直接减少应纳税额的方式实现的减税、免税，具体包括全部免征、减半征收、核定减免率以及核定减征税额等。

（七）纳税地点

纳税地点是税法规定纳税人缴纳税款的地点。由于不同税种的纳税环节不同，各个纳税人的生产经营方式也不尽一致，因此，税法本着方便征纳，有利于对税款源泉控管的原则,通常要在各税种中明确规定纳税人的具体纳税地点。主要有以下五种形式：

1. 就地纳税

纳税人向自己所在地的主管税务机关申报、纳税。我国大多数纳税人及其征税对象均采取就地纳税方式。

2. 营业行为所在地纳税

纳税人离开主管税务机关管辖的所在地,到外地从事经营活动,如设置分支机构、直接从事自销产品的零售业务、非工业企业委托外地企业加工产品等,其应纳税额应当向营业行为所在地的税务机关缴纳。

3. 外出经营纳税

这是对固定工商业户到外地销售货物纳税地点的规定。这类纳税户到外地销售货物时,凡持有主管税务机关开具的外销证明的,回所在地纳税;凡未按规定办理外销证明的,其应纳税额向销售地税务机关缴纳。

4. 汇总缴库

纳税人按行业汇总向国家金库所在地纳税。如中国铁路运营、民航运输、邮电通信企业的所得税,分别由铁道部、民航总局、邮电部于北京汇总缴纳。

5. 口岸纳税

口岸纳税是进出口关税的一种常见纳税方式。税法规定,关税的纳税人,除采取集中纳税方式之外,其应纳的进、出口税都应向进、出口口岸的海关机关缴纳。

(八) 违章处理

违章处理是指税务机关对纳税人违反税法的行为采取的处罚性措施。这种处罚是税制中不可缺少的要素,是税收强制性的形式特征在税收制度上的体现。

第三节 纳税的基本程序

纳税程序是指纳税人履行纳税义务的过程中所必须遵循的步骤、规程及其先后顺序。我国企业纳税的基本程序主要包括税务登记、纳税申报、税款缴纳、税务检查、法律责任五个基本环节。

一、税务登记

(一) 开业税务登记

从事生产经营的纳税人自领取营业执照之日起30日内持有关证件,向税务机关申报办理税务登记,税务机关自收到申报之日起30日内审核并发给税务登记证件。

纳税人需要新办税务登记的,持以下资料直接到登记中心办证,需要资料如下：

独立核算的纳税人提供以下资料：营业执照副本复印件；企业全国统一代码证复

印件;法人代表身份证复印件;企业章程或有关协议复印件;经营场所租赁合同复印件。

注意事项:遗失税务登记证的,应自遗失之日起15日内向主管税务机关提交书面报告,并公开声明作废,然后向主管税务机关申请补发。

(二)变更、注销税务登记

1. 变更登记

已经办理税务登记的纳税人办理变更税务登记的前提条件是"税务登记内容发生变化的"。所谓税务登记的内容发生变化的,是指纳税人在领取营业执照后向税务机关申报办理税务登记时所登记事项发生变动。纳税人在申报办理税务登记时,需要如实填写税务登记表,"税务登记内容发生变化的"具体是指纳税人原来填写在税务登记表上面的内容发生了变化。但是,并不是说上述内容的任何变化,都必须办理税务登记变更。通常情况下,纳税人需要办理税务登记变更的主要事项是:纳税人改变名称;改变所有制形式或隶属关系;改变经营地址;改变经营范围、经营方式;改变开户银行及其账号等。比如,纳税人变更经营项目,由原来经营娱乐项目改为经营付账百货,或由原来的批发经营改为零售经营等,就需要办理变更税务登记。但是,如果纳税人进行改组、分设机构、发生合并或因联营成立新的纳税单位等的,则通常需要进行重新登记。

纳税人发生上述需要变更税务登记的事项时,如果依法需要到工商或其他机关办理变更登记的,则工商或其他机关办理变更登记应当在先,然后再到税务机关办理税务登记。如果不需要到工商或其他机关办理变更登记的,根据《税收征收管理法实施细则》的规定,需要在发生变化之日起30日内,直接到税务机关办理变更税务登记。如社会团体在民政部门进行登记,应当自有关机关批准或宣布变更之日起30日内,持有关证件向原税务机关提出税务登记变更的申请。

2. 注销登记

纳税人发生解散、破产、撤销以及其他情形,依法终止纳税义务的,应当在向工商行政管理机关办理注销登记前,持有关证件向原税务登记机关申报办理注销税务登记。按照规定不需要在工商行政管理机关办理注册登记的,应当自有关机关批准或宣告终止之日起15日内,持有关证件向原税务登记机关申报办理注销税务登记。

纳税人因住所、经营地点变动而涉及改变主管税务机关的,应当在工商行政管理机关办理变更住所、经营地址后,向原税务机关申报办理结清税款手续,按跨区县变更处理。

纳税人被工商行政管理机关吊销营业执照的,应当自营业执照被吊销之日起30日内,向区县局税务登记管理部门办理注销税务登记。

(1)纳税人持填写完毕的《纳税清算申报表》,到发票管理部门、申报受理部门、税务稽查部门分别办妥以下手续:持《普通发票领购簿》和空白发票,到发票管理部门办理缴销发票;到税务稽查部门办理注销前的税款清算事宜。

(2)将由各管理部门签字的《纳税清算申报表》连同以下资料交到区县局税务登记管理部门办理注销手续:主管部门或董事会(职代会)的决议以及其他有关证明文件;营业执照被吊销的应提交工商行政管理部门发放的吊销决定;主管税务机关原发放的税务登记证件(《税务登记证》正、副本及《税务登记表》);主管税务机关需要的其他资料、证件。

(三)停业、复业税务登记

实行定期定额征收方式的纳税人需要停业的,应在停业前7个工作日内向主管地方税务机关提出停业申请,并如实填写《停业申请登记表》,说明停业理由、停业期限(不得超过一年)、停业前的纳税情况和发票的领、用、存情况。

主管地方税务机关经过审核(必要时可实地审查),对已结清应纳税款、滞纳金、罚款并交回税务登记证件及副本、发票领购簿、未使用完的发票和其他税务证件的申请停业纳税人,及时办理停业登记,发放《核准停业通知书》。

纳税人停业期满或提前恢复营业,应在恢复生产、经营前5个工作日内,向主管地方税务机关申报办理复业登记,如实填写《停、复业报告书》,税务机关确认后,制作《复业单证领取表》,纳税人确认签章后及时领回并启用税务登记证件、发票领购簿及其停业前领购的发票,纳入正常管理。

纳税人停业期满不能及时恢复生产、经营的,应当在停业期满前填写《延期复业申请审批表》,向主管地方税务机关提出延长停业登记申请,如实填写《停、复业报告书》,主管地方税务机关核准后发放《核准延期复业通知书》,方可延期。

纳税人停业期满未按期复业又不申请延长停业的,主管地方税务机关视为已恢复营业,实施正常的税收征收管理。纳税人在停业期间发生纳税义务的,应当按照税收法律、行政法规的规定申报缴纳税款。

(四)外出经营报验税务登记

外出经营是指从事生产经营的纳税人到外县(市)从事生产、经营活动。报验登记是指纳税人外出经营的税务登记管理。

纳税人到外县(市)临时从事生产经营活动的,应在外出生产经营以前,持税务登记证件和书面申请,到所属主管税务所申请开具《外出经营活动税收管理证明》,并向营业地税务机关报验登记,接受税务管理。纳税人外出经营结束后,应于《外出经营活动税收管理证明》有效期届满后10天内,将经营地主管税务机关注明经营情况并加盖印章的《外出经营活动税收管理证明》报所属主管税务所核销。

《外出经营活动税收管理证明》的有效期限一般为30天,最长不得超过180天,实行一地一证。

二、纳税申报

纳税申报是纳税人在发生纳税义务后按照税法规定的期限和内容向主管税务机关提交有关纳税书面报告的法律行为,是界定纳税人法律责任的主要依据,是税务机关税收管理信息的主要来源。

纳税人、扣缴义务人在申报期限内,无论有无应税收入和所得等都必须持纳税申报表、财务会计报表及其他纳税资料,到税务机关直接办理纳税申报。享受减免税的纳税人,也应按期办理纳税申报。

(一) 纳税申报对象

纳税申报的对象就是指谁应当办理纳税申报,它主要包括:

(1) 应当正常履行纳税义务的纳税人。在正常情况下,纳税人必须在税收法律、行政法规规定或税务机关依照法律、行政法规规定确定的申报期限、申报内容,如实办理纳税申报。

(2) 应当履行扣缴税款义务的扣缴义务人。扣缴义务人必须依照法律、行政法规的规定或税务机关依照法律、行政法规规定确定的申报期限、申报内容,如实报送代扣代缴、代收代缴税款报告表,以及税务机关根据实际需要要求扣缴义务人报送的其他有关资料。

(3) 享受减税、免税待遇的纳税人。纳税人享受减税、免税待遇的,在减税、免税期间也应当按照规定办理纳税申报手续,填报纳税申报表,以便于进行减免税的统计与管理。

(二) 纳税申报内容

纳税申报的内容主要包括两个方面:一是纳税申报表或代扣代缴、代收代缴税款报告表;二是与纳税申报有关的资料或证件。

纳税人和扣缴义务人在填报纳税申报表或代扣代缴、代收代缴税款报告表时,应将税种、税目、应纳税项目或应代扣代缴、代收代缴税款项目,适用税率或单位税额,计税依据,扣除项目及标准,应纳税额或应代扣代缴、代收代缴税款,税款所属期限等内容逐项填写清楚。

纳税人办理纳税申报时,要报送以下资料:

(1) 纳税申报表。它是由税务机关统一负责印制的由纳税人进行纳税申报的书面报告,其内容因纳税依据、计税环节、计算方法的不同而有所区别。

(2) 财务会计报表。它是根据会计账簿记录及其他有关反映生产、经营情况的资料,按照规定的指标体系、格式和序列编制的用以反映企业、事业单位或其他经济组织在一定的时期内经营活动情况,或预算执行情况结果的报告文件。不同纳税人由于其生产经营的内容不同,所使用的财务会计报表也不一样,需向税务机关报送的种类也不相同。

(3) 其他纳税资料。比如,与纳税有关的经济合同、协议书,固定工商业户外出经营税收管理证明,境内外公证机关出具的有关证件,个人工资及收入证明等。

扣缴义务人纳税申报时,要报送的资料有:

(1) 代扣代缴、代收代缴税款报告表。

(2) 其他有关资料。通常包括:代扣代缴、代收代缴税款的合法凭证,与代扣代缴、代收代缴税款有关的经济合同、协议书、公司章程等。

(三) 纳税申报期限

在发生纳税义务后,纳税人、扣缴义务人必须按照法律、行政法规的规定或税务机关依据法律、行政法规规定确定的应纳或应缴税款的期限,到税务机关办理纳税申报。由此可以看出,申报期限有两种:一种是法律、行政法规明确规定的;另一种是税务机关按照法律、行政法规的规定,结合纳税人生产经营的实际情况及其所应缴纳的税种等相关问题予以确定的。按税法规定时间,一般有按期纳税和按次纳税两种。

(1) 各税种的申报期限。因各税种情况不同及税务机关的工作安排,各税种的申报期限也有所不同,在确定申报期限时,必然涉及纳税义务发生时间和纳税期限的确定问题。

(2) 申报期限的顺延。纳税人办理纳税申报期限的最后一天,如遇公休日,可以顺延。

(3) 延期办理纳税申报。根据我国现行《税收征收管理法》第二十七条规定,"纳税人、扣缴义务人不能按期办理纳税申报或报送代扣代缴、代收代缴税款报告表的,经税务机关核准,可以延期申报。经核准延期办理前款规定的申报、报送事项的,应当在纳税期内按照上期实际缴纳的税额或税务机关核定的税额预缴税款,并在核准的延期内(最长不超过3个月)办理税款结算。"

需要注意的是,纳税人在纳税期限内,无论有无应税收入、所得及其他应税项目,均须在规定的申报期限内,持纳税申报表、财务会计报表及其他纳税资料,向税务机关办理纳税申报;扣缴义务人在扣缴税款期内无论有无代扣、代收税款,均须在规定的期限内,持代扣代缴、代收代缴税款报告表及其他有关资料,向税务机关办理扣缴税款报告。

(四) 纳税申报方式

1. 直接申报

直接申报是指纳税人直接到税务部门办税服务厅进行纳税申报。

2. 邮寄申报

邮寄申报是指纳税人使用统一规定的纳税申报特快专递专用信封,通过邮政部门邮寄纳税申报表的方式,以寄出的邮戳日期为实际申报日期。

3. 数据电文申报

数据电文申报是通过电话语音、电子数据交换和网络传输等电子方式申报纳税,如网上申报。以税务机关的计算机网络系统收到数据电文的时间为申报日期。

4.银行网点申报

银行网点申报是在税银联网的基础上,国税机关委托指定银行受理纳税申报和代征税款。增值税小规模纳税人同税务机关指定银行签订《委托代缴税款协议》,开设缴税账户,并在规定的申报缴税期限内,到开户的缴税银行网点进行申报纳税或委托银行按照税务机关核定的应纳税额直接划缴入库的一种申报纳税方式。

另外,对实行定期定额缴纳税款的纳税人,可以实行简易申报、简并征期等申报纳税方式。这里所称的"简易申报"是指实行定期定额缴纳税款的纳税人在法律、行政法规规定的期限内或税务机关依照法律、行政法规规定确定的期限内缴纳税款的,税务机关可以视同申报。而"简并征期"是指实行定期定额缴纳税款的纳税人,经税务机关批准,可以采取将纳税期限合并为按季、按半年、按一年的方式缴纳税款,具体期限由省级税务机关根据具体情况确定。

(五)违反纳税申报规定的法律责任

纳税人未按照规定的期限办理纳税申报和报送纳税资料的,或扣缴义务人未按照规定的期限向税务机关报送代扣代缴、代收代缴税款报告表和有关资料的,由税务机关责令限期改正,可以处二千元以下的罚款;情节严重的,可以处二千元以上一万元以下的罚款。

三、税款缴纳

(一)查账征收

查账征收是指税务机关按照纳税人提供的账表所反映的经营情况,依照适用税率计算缴纳税款的一种征收方式。这种征收方式一般适用于账簿、凭证、财务会计制度比较健全,能够据以如实核算生产经营情况,正确计算应纳税款的纳税人。

(二)查定征收

查定征收是指税务机关对纳税人的生产经营情况进行查实,进而核定其应纳税额的一种征收方式。这种征收方式适用于生产经营规模小、财务会计制度不健全、账册不齐全的小型企业和个体工商户。

(三)查验征收

查验征收是指税务机关到纳税人的生产经营场所进行实地查验,进而确定其应纳税额的一种征收方式。这种征收方式适用于财务会计制度不健全、生产经营不固定的纳税人。

(四)定期定额征收

定期定额征收是由税务机关对纳税人一定经营时间核定其应纳税收入或所得额和应纳税额,分期征收税款的一种征收方式。它是由纳税人先自行申报,再由税务机关调查核实情况,经民主评议后,由税务机关核定其一定期间内应纳的各项税额,分期征收。在核定期限内税额一般不作变动,如果经营情况有较大变化,定额税款应及时调整。这种征收方式适用于无完整考核依据的小型纳税单位,如小型个体工商户。

（五）代扣代缴、代收代缴

代扣代缴、代收代缴是指依照税法规定负有代扣代缴、代收代缴税款义务的扣缴义务人,按照税法规定对纳税人应纳税款进行扣缴或收缴的征收方式。《个人所得税法》、《固定资产投资方向调节税暂行条例》规定了代扣代缴方式,《消费税暂行条例》规定了代收代缴方式。这两种征收方式适用于税源零星分散、不易控管的纳税人。

（六）委托代征

委托代征是指税务机关根据国家有关规定委托有关单位和人员代征少数零星分散和异地缴纳的税收的征收方式。《税收征收管理法实施细则》第四十四条规定,税务机关根据有利于税收控管和方便纳税人的原则,可以按照国家有关规定委托有关单位和人员代征零星分散和异地缴纳的税收,并发给委托代征证书。

另外,税款征收方式还有邮寄申报纳税、自计自填自缴、自报核缴方式等。

四、税务检查

税务检查是税务机关以税收法律、行政法规和税收征收管理制度为依据,对纳税人履行纳税义务的情况及其偷逃税行为的审核和查处的总称。税务检查是税收征收管理工作的重要内容。

税务检查主要包括税务检查的形式和方法以及税务检查的职责。税务检查的形式包括重点检查、分类计划检查、集中性检查、临时性检查和专项检查。税务检查的方法主要包括全查法、抽查法、顺查法、逆查法、现场检查法、调账检查法、比较分析法、控制计算法、审阅法、核对法、观察法、外调法、盘存法和交叉稽核法。税务机关的职责包括税务机关的税务检查权和纳税人在税务检查中的义务。

五、法律责任

税收征管中的法律责任是指在税收征收管理中违法主体因其违法行为所应承担的法律后果。法律责任制度对增强征纳双方的法制观念,维护国家税收法令的严肃性,强化税收征收管理具有重要意义。

本章复习题

一、单项选择题

1. 在我国现行的下列税种中,适用超率累进税率的是(　　)。
   A. 增值税　　　　　　　　B. 消费税
   C. 土地增值税　　　　　　D. 城市维护建设税
2. 税收三个最基本的要素是指(　　)。

A. 纳税义务人、税率、违章处理　　B. 纳税义务人、税目、税率
C. 纳税义务人、税率、征税对象　　D. 纳税义务人、税率、纳税期限

3. 将纳税对象中的一定数额给予减免,只就减除后的剩余部分计征税款,这一数额为(　　)。

A. 起征点　　B. 征税标准　　C. 减征额　　D. 免征额

4. 将课税对象的数额划分为不同的部分,按不同的部分规定不同的税率,对每个等级分别计征税额。这种税率是(　　)。

A. 定额税率　　　　　　　　B. 全额累进税率
C. 超额累进税率　　　　　　D. 超率累进税率

5. 从我国目前的具体实践来看,收入占最大比重的税种是(　　)。

A. 消费税　　B. 增值税　　C. 营业税　　D. 关税

6. 税法构成要素中,用以区分不同税种的是(　　)。

A. 纳税义务人　　B. 征税对象　　C. 税目　　D. 税率

7. 税收法律关系的主体是(　　)。

A. 国家和政府　　B. 企业和单位　　C. 个人　　D. 征纳双方

8. 国家征税凭借的是(　　)。

A. 经济权力　　B. 财产权利　　C. 政治权力　　D. 以上三者均有

9. (　　)是征税对象的具体化。

A. 计税依据　　B. 税源　　C. 税目　　D. 税率

10. 税收按(　　)可分为流转税、所得税、资源税、行为目的税和财产税。

A. 税收管理和使用权限　　　　B. 征税对象的性质
C. 计税标准　　　　　　　　　D. 税负是否转嫁为标准

11. 下列税种中,(　　)是价外税。

A. 营业税　　B. 增值税　　C. 消费税　　D. 资源税

12. 下列税种中,属于行为目的税的有(　　)。

A. 营业税　　B. 增值税　　C. 消费税　　D. 印花税

13. 在国家财政收入中,比重最大的是(　　)。

A. 政府规费收入　　　　　　B. 税收
C. 国债收入　　　　　　　　D. 国有资产经营收入

14. 关税是由(　　)负责征收管理。

A. 税务机关　　B. 海关　　C. 财政部门　　D. 各级政府

15. (　　)是指对同一征税对象或同一税目,不论数额大小只规定一个百分比的税率。

A. 比例税率　　　　　　　　B. 超额累进税率
C. 超率累进税率　　　　　　D. 定额税率

16. 体现课税深度的税制要素是( )。
    A. 课税对象   B. 税率   C. 纳税人   D. 纳税环节

二、多项选择题

1. 现行税制中,( )属于流转税。
    A. 关税   B. 增值税   C. 资源税   D. 消费税
2. 下列税种中,( )属于直接税。
    A. 企业所得税   B. 个人所得税   C. 增值税   D. 消费税
3. 下列税种中,( )属于中央地方共享税。
    A. 房产税   B. 增值税   C. 营业税   D. 企业所得税
4. 税收具有( )特点。
    A. 固定性   B. 无偿性   C. 强制性   D. 自愿性
5. 下列关于纳税人的说法,正确的有( )。
    A. 纳税人是纳税义务人的简称
    B. 纳税人即纳税主体
    C. 由于存在税收转移的可能性,纳税人就是负税人
    D. 纳税人只包括法人
6. 我国现行征收管理税收的机构有( )。
    A. 海关   B. 地方税务局   C. 国家税务局   D. 财政部门
7. 我国现行税法体系主要包括( )。
    A. 税收实体法   B. 税收征管法   C. 税收行政法   D. 税收民法
8. 我国现行税法规定的税率有( )。
    A. 比例税率   B. 累进税率   C. 定额税率   D. 超额累进税率
9. 根据有关法律规定,下列税种中属于中央地方共享税的是( )。
    A. 营业税   B. 增值税   C. 土地增值税   D. 企业所得税
10. 我国现行税制的纳税期限主要有( )形式。
    A. 按期纳税   B. 按次纳税
    C. 按年计征,分期交纳   D. 预提税

三、判断题

1. 增值税和企业所得税是中央地方共享税。   ( )
2. 按照税法的职能作用的不同,税法可分为税收实体法和税收程序法。( )
3. 免征额就是征税对象达到一定数额开始征税。   ( )
4. 直接税是由纳税人直接负担、不易转嫁的税种,如所得税、财产税、消费税。
                                                    ( )
5. 我国现行税收实体法体系的24个税种,普遍适用于中、外资单位和个人。
                                                    ( )

6. 不论是价内税还是价外税,税款的最终负担者都是消费者。 （ ）
7. 在发达国家中,是以流转税为主体的税制结构。 （ ）
8. 税收的无偿性是核心,强制性是保证。 （ ）
9. 纳税人即负税人。 （ ）
10. 消费税是一种价内税。 （ ）
11. 增值税是从价计税。 （ ）
12. 营业税是从量计税。 （ ）
13. 征税对象是一种税区别于另一种税的最主要标志。 （ ）

第二章 增值税会计

 **引导案例：以物易物不计销售收入偷逃增值税案**

案例简介：某市一汽车制造厂是增值税一般纳税人，该市国税局的稽查人员在对其进行全面检查时，发现该汽车制造厂用三辆小客车换取某发动机制造厂的一批发动机，而在账务处理上该汽车制造厂直接增加原材料，未计入销售收入，也未计缴税金。

案例分析及税务处理：根据增值税暂行条例的规定，以物易物的交易双方均应作购销处理，即分别计算销项税额和进项税额。另据《中华人民共和国税收征收管理法》第四十条规定，税务机关决定对汽车制造厂的行为以偷税论处，并处以2倍罚款。

账务调整：据调查，同类小客车的销售价格为每辆12万元（含税），因此，该汽车制造厂应补提的增值税 $=120\,000 \div (1+17\%) \times 17\% \times 3 = 52\,308$（元）。

1. 原账冲回：
   借：库存商品　　　　　　　　　　　　　　360 000
   　　贷：原材料　　　　　　　　　　　　　　　360 000
2. 计入销售并计提增值税：
   借：原材料　　　　　　　　　　　　　　　360 000
   　　贷：主营业务收入　　　　　　　　　　　307 692
   　　　　应交税费——应交增值税（销项税额）　52 308
3. 缴纳应补增值税及罚款：
   借：应交税费——应交增值税（已交税金）　　52 308
   　　营业外支出——税收罚款　　　　　　　104 616
   　　贷：银行存款　　　　　　　　　　　　　156 924

第一节　增值税概述

一、增值税与增值额的概念

增值税是指对在我国境内销售货物，提供加工、修理修配劳务以及进口货物的单位和个人，以其增值额为课税对象征收的一种税。

现行增值税的基本法律规范是1993年12月国务院颁布的《中华人民共和国增值税暂行条例》(以下简称《增值税暂行条例》)和同年12月财政部颁布的《中华人民共和国增值税暂行条例实施细则》。

增值税是我国现行流转税中最主要的一个税种。把握增值税及其计税原理,首先必须理解什么是增值额。概括地说,增值额可以看做是价差,即因提供应税商品或劳务而取得的收入价格(不包括该商品或劳务的购买者应付的增值税在内)与该项商品或劳务的外购成本价格(不包括为这些外购项目所支付的增值税)之间的差额。增值额可以从不同角度加以理解。

1. 从经济学理论上看

任何一种商品或劳务的价值均由C、V、M三部分构成。而商品或劳务价值扣除C以后的部分,即为该商品或劳务的新增价值$V+M$。其中,V为劳动力的补偿价值,M为剩余产品价值。

2. 从一个企业商品生产经营的全过程分析

增值额是指该企业商品或劳务的销售额扣除外购商品或劳务金额,即扣除非增值项目金额之后的余额。众所周知,一个企业或生产经营者要从事任何一种商品或劳务的生产,都必须事先进行投资,购买投入物品,如原材料、燃料、动力、包装物品、低值易耗品、机器设备、土地和建筑物等,然后支付工资使工人们对投入物品进行加工,形成最终产品或劳务予以出售,取得商品或劳务的销售额,并核算商品或劳务的利润。企业的销售额减去外购投入物品金额,剩下的部分,即为商品或劳务的增值额。从企业核算的角度看,这个增值额一般由工资和利润两部分构成(暂不考虑其他增值性因素)。因此,增值额=工资+利润,或增值额=产出-投入。也就是说,增值税的征税对象或税基不是商品或劳务的销售额,而是以商品或劳务的销售额(产出)减去外购商品或劳务金额(投入)后的增值额(工资+利润)。

从一个商品生产经营的全过程而言,增值额则相当于该商品制造和流通过程中的商品总值。从计税原理而言,增值税是对商品生产和流通中各环节的新增价值或商品附加值进行征税,所以称之为"增值税"。

二、增值税的类型

增值税是以增值额为课税对象征收的一种流转税。从理论上讲,增值额是指商品价值($C+V+M$)中的($V+M$)部分,也就是劳动者在生产经营过程中新创造的价值。但各国的增值税法规中所规定的增值额与理论上的增值额并不完全一致。为有别于理论上的增值额,将税收法规中规定的增值额称为法定增值额。由此,增值税的含义可进一步明确为:以法定增值额为课税对象的一种流转税。

各国的增值税都是以法定增值额为课税对象的,法定增值额又是根据全部销售收入扣除购进商品成本之后的差额确定的。对购进商品成本,各国都界定了具体范围,可称之为法定扣除额。法定扣除额一般包括原材料、半成品、燃料、动力、包装物等流动资产的外购价款,但是否包括外购固定资产的价款,各国的规定则不尽相同,增值税也因此而分为三种不同的类型。

1. 消费型增值税

这种类型的增值税,允许将纳税期内购置的用于生产应税产品的全部固定资产价款在纳税期内一次全部扣除之后纳税。这样做的结果,对于企业来说,用于生产的全部外购生产资料价款均不在课税范围之内;对于整个社会来说,课税对象只限于国民收入中用于消费资料的部分,故而称之为消费型增值税。这种类型的增值税最能体现按增值额征税的计税原理,有利于鼓励投资,加速设备更新。西方国家多采用这种类型的增值税。

2. 收入型增值税

这种类型的增值税,不允许将当期购入的固定资产价款一次全部扣除,只允许扣除固定资产的当期折旧部分的价值。这样做的结果,对于企业来说,只有当期提取的固定资产折旧费,才能作为当期允许扣除的固定资产价值;对于整个社会来说,作为课税对象的增值额实际上相当于国民收入额,故而称之为收入型增值税。这种类型的增值税的税基显然大于消费型增值税的税基。

3. 生产型增值税

这种类型的增值税,不允许扣除任何固定资产的价款,只允许扣除生产资料中属于流动资产的部分。这样做的结果,对于企业来说,允许计入扣除额的生产资料价值中不包含任何固定资产价值的因素;对于整个社会来说,作为课税对象的增值额实际上相当于国民生产总值,故而称之为生产型增值税。由于生产型增值税仍具有明显的重复征税因素,因而这是一种不彻底的增值税。这种增值税对资本有机构成低的行业及劳动密集型的生产行业有利,所以一些经济不发达的国家选择这种类型的增值税。

我国在 2009 年以前的增值税基本上相当于生产型增值税,固定资产的价值不在扣除的范围之内。从 2009 年 1 月 1 日开始,实行的是消费型增值税。

三、增值税的特点

自 1954 年法国首先实行增值税以来,目前世界上已有超过 140 个国家和地区实行不同类型的增值税,而且还有进一步扩大的趋势。增值税之所以备受各国政府青睐,在短短 50 年的时间能风靡全球,应归因于增值税具有传统流转税所不具备的特点。

1. 税不重征

增值税只对增值额征税,也就是按照货物和劳务销售收入额中新创造而未征过税的那部分销售额征税,能有效地排除传统流转税重复征税和税赋不平等的弊端,解决了由于生产流通环节多少不同而造成的税赋不同的矛盾。

2. 道道征税

增值税就各个生产流通环节道道征税,是一种多环节连续性课征的税种。它的征收范围可以延伸到生产、流通的各个领域,体现普遍征收的原则。同时,一种商品从生产到最后进入消费,每经过一道环节就被征一道税,因此,从生产经营的全过程看,增值税具有道道征税的特点。

3. 同一产品同税赋

增值税税赋不受商品生产经营环节和结构变化的影响,即一种商品只要最后销售价格相同,不论它经过生产、经营环节的多与少,其所纳的增值税额总是相同的,即售价相同,税赋相同,体现了公平税负的原则,有利于公平竞争。

4. 实行价外计征

增值税属于价外税,即税金不包含在销售价格内,把税款同价格分开,使企业的成本核算不受税收的影响。货物或应税劳务的增值税税款,由纳税人向购买方收取,可以更鲜明地体现增值税的转嫁性质。同时,实行价外计征,为使用专用发票实行税款抵扣制度奠定了基础。

四、增值税的征税范围

(一) 征税范围的一般规定

现行《中华人民共和国增值税暂行条例》明确规定,在中华人民共和国境内销售货物或提供加工、修理修配劳务以及进口货物,均应缴纳增值税,属于增值税征税范围。

1. 应税货物

应税货物是指土地、房屋和其他建筑物等不动产之外的有形动产,即包括不动产之外的所有用于销售的产品、商品,以及电力、热力和气体。企业单位和个人凡在我国境内销售货物,即销售货物的起运地或所在地在中国境内,都视为有偿转让货物的销售行为,该货物就属于增值税的征税范围。

2. 应税劳务

纳入增值税范围的劳务是指加工,修理、修配劳务。

加工是指受托方加工货物,即由委托方提供原料及主要材料,受托方按照委托方的要求制造货物并收取加工费的业务。经加工形成的货物,其所有权仍归委托方。**修理、修配**,是指受托方对损伤或丧失功能的货物进行修复,使其恢复原状和功能的业务。

单位和个人凡在我国境内提供上述劳务,即应税劳务的发生地在我国境内,则不论受托方是以货币形式收取加工费,还是从委托方取得货物或其他经济利益,都视为有偿销售行为,征收增值税。但是,单位或个体经营者聘用的员工为本单位或雇主提供的加工、修理修配劳务,不在征税之列。

3. 进口货物

进口货物是指经过关境进入我国境内的货物。我国税法规定,凡进入我国国境或关境的货物,在报关进口环节,除了依法缴纳关税之外,还必须缴纳增值税。

(二) 征税范围的特殊规定

(1) 货物期货(包括商品期货和贵金属期货),应当征收增值税,在期货的实物交割环节纳税。

(2) 银行销售金银的业务,应当征收增值税。

(3) 典当业的死当物品销售业务,寄售商店代销的寄售物品(包括居民个人寄售的物品在内)应当征收增值税。

(4) 集邮商品(如邮票、小型张、小本票、明信片、首日封、邮折、集邮簿、邮盘、邮票目录、护邮袋、贴片及其他集邮商品)的生产、调拨,以及邮政部门以外的单位和个人销售的集邮商品,均征增值税。

(三) 征税范围的特殊行为

1. 视同销售行为

(1) 将货物交付其他单位或者个人代销。

(2) 销售代销货物。

(3) 设有两个以上机构并实行统一核算的纳税人,将货物从一个机构移送至其他机构用于销售,但相关机构设在同一县(市)的除外。

(4) 将自产或委托加工的货物用于非增值税应税项目。

(5) 将自产或委托加工的货物用于集体福利或个人消费。

(6) 将自产、委托加工或购买的货物作为投资,提供给其他单位或个体工商户。

(7) 将自产、委托加工或购买的货物分配给股东或投资者。

(8) 将自产、委托加工或购买的货物无偿赠送给其他单位或者个人。

上述8种行为确定为视同销售货物行为,均要征收增值税。其确定的目的有两个:一是保证增值税税款抵扣制度的实施,不致因发生上述行为而造成税款抵扣环节的中断;二是避免因发生上述行为而造成货物销售税收负担不平衡的矛盾,防止逃避纳税。

【思考题 2-1】 某汽车厂生产出最新型号的汽车,不含税销售单价为60 000元/辆,2009年12月21日发货给外省的分支机构100辆汽车用于销售,则该业务是否计算销项税?为什么?

【思考题 2-2】 某生产厂商为了奖励某冠军队,决定给每位队员赠送一台电视机,共赠送了30台,当月该厂家同类电视机不含税销售单价为7 000元/台,则该业务是否计算销项税?为什么?

2. 混合销售行为

一项销售行为如果既涉及增值税应税货物又涉及非应税劳务,为混合销售行为。混合销售行为的特点是:销售货物与提供非应税劳务是由同一纳税人实现的,价款是同时从一个购买方取得的。

例如,某计算机公司向 A 单位销售计算机并负责安装调试,根据合同规定,销售计算机的货款及安装调试的劳务款由 A 单位一并支付。在这项业务中既存在销售货物,又存在提供非应税劳务,属于混合销售行为。

对混合销售行为的税务处理方法是:从事货物的生产、批发或零售的企业、企业性单位及个体经营者以及以从事货物的生产、批发或零售为主,并兼营非应税劳务的企业、企业性单位及个体经营者的混合销售行为,视为销售货物,应当征收增值税;其他单位和个人的混合销售行为,视为销售非应税劳务,不征收增值税。

注意:从事运输业务的单位和个人,发生销售货物并负责运输所售货物的混合销售行为,应当征收增值税;电信单位自己销售无线寻呼机、移动电话,并为客户提供有关的电信劳务服务的,属于混合销售,征收营业税。

【思考题 2-3】 某电视机厂销售彩电 100 台,单价 2 800 元,该厂不独立核算的车队负责送货并收取运输装卸费 2 000 元,该项行为属于什么行为(混合销售行为还是兼营行为)?应该缴纳增值税还是营业税?

3. 兼营非应税劳务行为

兼营非应税劳务是指增值税纳税人在从事应税货物销售或提供应税劳务的同时,还从事非应税劳务(即营业税规定的各项劳务),且从事的非应税劳务与某一项销售货物或提供应税劳务并无直接的联系和从属关系。根据《增值税暂行条例实施细则》的规定,纳税人兼营非应税劳务的,应分别核算货物或应税劳务和非应税劳务的销售额,对货物和应税劳务的销售额按各自适用的税率征收增值税,对非应税劳务的销售额(即营业额)按适用的税率征收营业税。如果不分别核算或者不能准确核算货物或应税劳务和非应税劳务销售额的,其非应税劳务应与货物或应税劳务一并征收增值税。

【思考题 2-4】 某装修装饰公司既销售各种装修材料,又提供家庭装修劳务,且二者没有从属关系。2007 年 2 月该公司销售货物取得不含税销售额 2.5 万元,提供装修劳务取得营业收入 2 万元。那么该公司发生的行为是属于混合销售行为还是兼营非应税劳务行为?该如何进行税务处理?

五、增值税的纳税人

(一)纳税人的基本规定

根据《增值税暂行条例》的规定,凡在中华人民共和国境内销售货物或提供加工、修理修配劳务,以及进口货物的单位和个人均为增值税的纳税义务人。单位是指企业和行政单位、事业单位、军事单位、社会团体及其他单位;个人是指个体工商户及其他个人。

(二)纳税人的特殊规定

(1)进口货物的收货人或办理报关手续的单位和个人,为进口货物增值税的纳税人。

(2)企业租赁或承包给他人经营的,以承租人或承包人为纳税义务人。

(3)境外的单位或个人在境内销售应税货物而在境内未设有经营机构的,其应纳税款以代理人为扣缴义务人;没有代理人的,以购买者为扣缴义务人。

(三)一般纳税人和小规模纳税人的划分

由于增值税实行凭增值税专用发票抵扣税款的制度,因此要求增值税纳税人会计核算健全,并能够准确核算销项税额、进项税额和应纳税额。但目前我国众多纳税人的会计核算水平参差不齐,加上某些经营规模小的纳税人因其销售货物或提供应税劳务的对象多是最终消费者而无须开具增值税专用发票,为了严格增值税的征收管理,我国《增值税暂行条例》将纳税人按其经营规模大小及会计核算是否健全划分为一般纳税人和小规模纳税人两类。

1. 小规模纳税人的认定标准

小规模纳税人是指年销售额在规定标准以下,并且会计核算不健全,不能按规定报送有关税务资料的增值税纳税人。

根据《增值税暂行条例实施细则》的规定,凡符合下列条件的视为小规模纳税人:

(1)从事货物生产或提供应税劳务的纳税人,以及以从事货物生产或提供应税劳务为主,并兼营货物批发或零售的纳税人,年应税销售额在50万元(含)以下的。

(2)其他纳税人,年应税销售额在80万元(含)以下的。

从事货物生产或提供应税劳务为主,是指纳税人的年货物生产或者提供应税劳务的销售额占年应税销售额的比重在50%以上。

年应税销售额超过小规模纳税人标准的其他个人按小规模纳税人纳税,非企业性单位、不经常发生增值税应税行为的企业,可选择按小规模纳税人纳税。

对小规模纳税人的确认,由主管税务机关依税法规定的标准认定。

2. 一般纳税人的认定标准

一般纳税人是指年应征增值税销售额(以下简称年应税销售额),超过《增值税暂行条例实施细则》规定的小规模纳税人标准的企业和企业性单位(以下简称企业)。

年应税销售额未超过财政部、国家税务总局规定的小规模纳税人标准以及新开业的纳税人,可以向主管税务机关申请一般纳税人资格认定。

对提出申请并且同时符合下列条件的纳税人,主管税务机关应当为其办理一般纳税人资格认定:

(1) 有固定的生产经营场所。
(2) 能够按照国家统一的会计制度规定设置账簿，根据合法、有效凭证核算，能够提供准确税务资料。

下列纳税人不办理一般纳税人资格认定：
(1) 个体工商户以外的其他个人。
(2) 选择按照小规模纳税人纳税的非企业性单位。
(3) 选择按照小规模纳税人纳税的不经常发生应税行为的企业。

3. 一般纳税人的认定办法

增值税一般纳税人须向税务机关办理认定手续，以取得法定资格。根据《增值税一般纳税人申请认定办法》规定，凡增值税一般纳税人（以下简称一般纳税人），均应依照《增值税一般纳税人申请认定办法》向其企业所在地主管税务机关申请办理一般纳税人认定手续。一般纳税人总分支机构不在同一县（市）的，应分别向其机构所在地主管税务机关申请办理一般纳税人认定手续。

企业申请办理一般纳税人认定手续，应向税务机关提出申请报告，并提供营业执照，有关合同、章程、协议书，银行账号证明及税务机关要求提供的其他有关证件、资料。

纳税人自认定机关认定为一般纳税人的次月起（新开业纳税人自认定机关认定为一般纳税人的当月起），按照税法的有关规定计算应纳税额，并按照规定领购、使用增值税专用发票。

除国家税务总局另有规定外，纳税人一经认定为一般纳税人后，不得转为小规模纳税人。

六、增值税的税率与征收率

按照增值税规范化的原则，我国增值税采取了基本税率再加一档低税率的模式，此外，还有对出口货物实施的零税率。小规模纳税人适用征收率。

（一）基本税率

增值税一般纳税人销售或进口货物，提供加工、修理修配劳务，除另有规定外，税率一律为17%，这就是通常所说的基本税率。

（二）低税率

增值税一般纳税人销售或者进口下列货物，按低税率计征增值税，低税率为13%。

(1) 农业产品，指种植业、养殖业、林业、牧业、水产业生产的各种植物、动物的初级产品。
(2) 生活必需品，包括食用植物油、自来水、暖气、冷气、热水、煤气、石油液化气、天然气、沼气、居民用煤炭制品、食用盐、二甲醚。

(3) 图书、报纸、杂志、音像制品、电子出版物。
(4) 饲料、化肥、农药、农膜、农机。
(5) 国务院规定的其他货物。

(三) 零税率

纳税人出口货物,税率为零。但是国务院另有规定的除外。

(四) 征收率

考虑到小规模纳税人经营规模小,且会计核算不健全,难以按上述两档税率计税和使用增值税专用发票抵扣进项税款,因此实行按销售额与征收率计算应纳税额的简易办法,不准许抵扣进项税额,也不允许使用增值税专用发票。

1. 小规模纳税人征收率的规定

(1) 小规模纳税人的征收率为3%,征收率的调整,由国务院决定。

(2) 小规模纳税人(除其他个人外)销售自己使用过的固定资产,减按2%征收率征收增值税。而且只能够开具普通发票,不得由税务机关代开增值税专用发票。

(3) 小规模纳税人销售自己使用过的除固定资产以外的物品,应按3%的征收率征收增值税。

2. 一般纳税人按照简易办法征收增值税的征收率规定

(1) 销售自产的下列货物,可选择按照简易办法依照6%征收率计算缴纳增值税:

① 县级及县级以下小型水力发电单位生产的电力。

② 建筑用和生产建筑材料所用的砂、土、石料。

③ 以自己采掘的砂、土、石料或其他矿物连续生产的砖瓦、石灰(不含黏土实心砖、瓦)。

④ 用微生物、微生物代谢产物、动物毒素、人或动物的血液或组织制成的生物制品。

⑤ 自来水。对属于一般纳税人的自来水公司销售自来水按简易办法依照6%征收率征收增值税,不得抵扣其购进自来水取得增值税扣税凭证上注明的增值税税款。

⑥ 商品混凝土(仅限于以水泥为原料生产的水泥混凝土)。

一般纳税人选择按简易办法计算缴纳增值税后,36个月内不得变更。可自行开具增值税专用发票。

(2) 销售货物属于下列情形之一的,暂按简易办法依照4%征收率计算缴纳增值税:

① 寄售商店代销寄售物品(包括居民个人寄售的物品在内)。

② 典当业销售死当物品。

③ 经国务院或国务院授权机关批准的免税商店零售的免税品。

上述销售货物行为,可自行开具增值税专用发票。

(3) 销售自己使用过的物品:

① 销售自己使用过的按规定不得抵扣进项税额的固定资产,按简易办法依4%征收率减半征收增值税。

② 销售自己使用过的其他固定资产,按相关规定执行。

③ 销售自己使用过的除固定资产以外的物品,应当按照适用税率征收增值税。

按简易办法依4%征收率减半征收增值税的,应开具普通发票,不得开具增值税专用发票。

3. 纳税人销售旧货适用征收率的规定

纳税人销售旧货,按照简易办法依照4%征收率减半征收增值税。所称旧货,是指进入二次流通的具有部分使用价值的货物(含旧汽车、旧摩托车和旧游艇),但不包括自己使用过的物品。

纳税人销售旧货,应开具普通发票,不得自行开具或者由税务机关代开增值税专用发票。

七、增值税减免税项目

增值税具有链条机制的特点,即上一环节销售时向下一环节收取的税金,是下一环节的进项税额,下一环节计算增值税时可以将进项税额从其销项税额中扣除。这样,一环套一环,环环相扣,形成了增值税特有的链条机制。因此,增值税的这种内在机制是排斥免税的。但为了体现产业政策,我国增值税法律制度规定了增值税减免的几种形式。

(一) 直接免税

享受直接免税的主要有:

(1) 农业生产者销售的自产农业产品。

(2) 避孕药品和用具。

(3) 向社会收购的古旧图书。

(4) 直接用于科学研究、科学实验和教学的进口仪器、设备。

(5) 外国政府、国际组织无偿援助的进口物资和设备。

(6) 由残疾人组织直接进口供残疾人专用的物品。

(7) 销售个人自己使用过的货物。主要指个人销售除游艇、摩托车、应征消费税的汽车以外的货物,不包括单位和个体经营者销售自己使用过的货物。

(二) 起征点

对未达到起征点的纳税人实行免税;超过起征点的全额征税。根据《增值税暂行条例》的规定,个人销售额未达到起征点的,免征增值税。根据2002年12月27日财政部、国家税务总局印发的《关于下岗失业人员再就业有关税收政策问题的通知》,现行增值税的起征点为:

(1) 销售货物的起征点为月销售额 2 000～5 000 元。
(2) 销售应税劳务的起征点为月销售额 1 500～3 000 元。
(3) 按次纳税的起征点为每次(日)销售额 150～200 元。

国家税务总局直属分局应在规定的幅度内,根据实际情况确定本地区适用的起征点,并报国家税务总局备案。

根据国家税务总局《关于个体工商户销售农产品有关税收政策问题的通知》,自 2004 年 1 月 1 日起,对销售水产品、畜牧产品、蔬菜、果品、粮食等农产品的个体工商户,以及以销售上述农产品为主的个体工商户,其起征点一律确定为月销售额 5 000 元,按次纳税的,起征点一律确定为每次(日)销售额 200 元。

第二节 增值税计算

一、一般纳税人应纳税额的计算

一般纳税人增值税额的计算采用扣税法,即凭扣税凭证从当期销项税额中减去当期进项税额,其余额为应纳税额。计算公式为:

$$应纳税额 = 当期销项税额 - 当期进项税额$$

(一) 销项税额的计算

1. 销项税额的概念

销项税额是指纳税人销售货物或提供应税劳务,按照销售额或应税劳务收入和规定的税率计算并向购买方收取的增值税税额。销项税额的计算公式为:

$$销项税额 = 销售额 \times 适用税率$$

需要强调的是,增值税是价外税,公式中的"销售额"必须是不包括收取的销项税额的销售额。

2. 一般销售方式下销售额的确定

正确计算应纳增值税额,需要首先准确核算作为增值税计税依据的销售额。销售额是指纳税人销售货物或提供应税劳务向购买方(承受应税劳务也视为购买方)收取的全部价款和价外费用。

价外费用是指价外向购买方收取的手续费、补贴、基金、集资费、返还利润、奖励费、违约金(延期付款利息)、滞纳金、赔偿金、包装费、包装物租金、储备费、优质费、运输装卸费、代收款项、代垫款项及其他各种性质的价外收费。但下列几项不包括在内:

(1) 向购买方收取的销项税额。

(2) 受托加工应征消费税的消费品所代收代缴的消费税。

(3) 同时符合以下条件的代垫运费：① 承运者的运费发票开具给购货方的；② 纳税人将该项发票转交给购货方的。

(4) 销售货物的同时代办保险等而向购买方收取的保险费，以及向购买方收取的代购买方缴纳的车辆购置税、车辆牌照费。

凡随同销售货物或提供应税劳务向购买方收取的价外费用，无论其会计制度如何核算，均应并入销售额计算应纳税额。

一般纳税人销售货物或提供应税劳务取得的含税销售额在计算销项税额时，必须将其换算为不含税的销售额。不含税销售额的算公式为：

不含税销售额＝含税销售额÷(1＋增值税税率)

【思考题 2-5】 某钢厂属于增值税一般纳税人，2009 年 4 月销售 A 类钢材开出的增值税专用发票上注明的价款为 1 000 万元，税额为 170 万元，销售 B 类钢材开具了普通发票，取得价税合计销售额 23.4 万元，另开具普通发票收取运输装卸费 5.7 万元，该钢厂 4 月的增值税的销售额为多少？

3. 税务机关核定销售额

纳税人销售货物或应税劳务的价格明显偏低，且无正当理由的，或是纳税人发生了视同销售货物的行为而无销售额的，主管税务机关有权核定其销售额。其确定顺序及方法为：

第一，按纳税人最近时期同类货物的平均销售价格确定；

第二，按其他纳税人最近时期同类货物的平均销售价格确定；

第三，按组成计税价格确定。其中，组成计税价格的公式为：

组成计税价格＝成本×(1＋成本利润率)

或　　　组成计税价格＝成本×(1＋成本利润率)＋消费税税额

或　　　组成计税价格＝成本×(1＋成本利润率)÷(1－消费税税率)

公式中的成本，销售自产货物的为实际生产成本，销售外购货物的为实际采购成本。公式中的成本利润率由国家税务总局确定，一般为 10%。但属于应从价定率征收消费税的货物，其组成计税价格公式中的成本利润率，为《消费税若干具体问题的规定》中规定的成本利润率。

【思考题 2-6】 某针织厂（一般纳税人）在 2009 年某月，将自产的针织内衣作为福利发给本厂职工，共发放 A 型内衣 100 件，销售价每件 15 元(不含税)；发放 B 型内衣 200 件，无销售价，已知制作 B 型内衣的总成本为 36 000 元，则 A 型、B 型内衣计税销售额为多少？

【思考题 2-7】 某企业为增值税一般纳税人，2009 年 5 月生产加工一批新产品

450件,每件成本价380元(无同类产品市场价格),全部售给本企业职工,取得不含税销售额171 000元。确定其销售额。

4. 特殊销售方式下的销售额

(1) 以折扣方式销售货物。纳税人销售过程中的折扣是指销货方根据购货方购货数量和货款支付时间给予购货方的一种价格优惠,包括以下形式:

折扣销售(又叫商业折扣或价格折扣)是指销货方在销售货物或提供应税劳务时,因购货方购货数量较大等原因,而给予购货方的价格优惠(如购买10件,销售价格折扣10%,购买50件,折扣20%等)。由于折扣是在实现销售时同时发生的,因此,税法规定,如果销售额和折扣额在同一张发票上分别注明的,可按折扣后的余额作为销售额计算增值税;如果将折扣额另开发票,不论其在财务上如何处理,均不得从销售额中减除折扣额。折扣销售仅限于货物价格的折扣,如果销货方将自产、委托加工和购买的货物用于实物折扣,则该实物款额不得从货物销售额中减除,应按"视同销售货物"计征增值税。

销售折扣(或称现金折扣)是指销货方在销售货物或提供应税劳务后,为了鼓励购货方及早偿还货款,而协议许诺给予购货方的一种折扣优待。例如,10天内付款,货款折扣2%;20天内付款,折扣1%;30天内全价付款。销售折扣发生在销货之后,是一种融资性质的理财费用,因此,销售折扣不得从销售额中减除。

销售折让是指货物销售后,由于其品种、质量不符合合同要求等原因购货方未予退货,但销货方给予购货方的一种价格折让。因为销售折让是由于货物的品种和质量引起销售额的减少,因此,税法规定,对销售折让可按折让后的货款为销售额。

【思考题2-8】 甲企业销售给乙公司2 000台空调,每台不含税价格为2 000元,由于乙公司购买数量多,甲企业按原价的8折优惠销售,并提供1/10,n/20的销售折扣。乙公司于10日内付款,则甲企业此项业务的销售额是多少?

(2) 以旧换新方式销售货物。以旧换新是指纳税人在销售自己的货物时,有偿收回旧货物的行为。税法规定,采取以旧换新方式销售货物的,应按新货物的同期销售价格确定销售额,不得扣减旧货物的收购价格。

【思考题2-9】 某商场采取以旧换新方式销售电视机,每台零售价3 000元,本月售出电视机200台,共收回200台旧电视,每台旧电视折价300元,则该业务计算增值税的销售额为多少?

(3) 还本销售方式销售货物。还本销售是指纳税人在销售货物后,到一定期限由销售方一次或分次退还给购货方全部或部分价款的一种销售方式。税法规定,纳税人采取还本销售货物的,其销售额就是货物的销售价格,不得从销售额中减除还本支出。

(4) 以物易物方式销售货物。以物易物是一种较为特殊的购销活动,是指购销双方不是以货币结算,而是以同等价款的货物相互结算,实现货物购销的一种方式。

税法规定,以物易物双方都应作购销业务处理,以各自发出的货物核算销售额并计算销项税额,以各自收到的货物按规定核算购货额并计算进项税额。应注意的是,在以物易物活动中,应分别开具合法的票据,如收到的货物不能取得相应的增值税专用发票或其他合法票据的,不能抵扣进项税额。

(5) 包装物押金。对包装物押金是否计入销售额的问题,税法有明确的规定,纳税人销售货物时另收取包装物押金,目的是促使购货方及早退回包装物以便周转使用。根据税法规定,纳税人为销售货物而出租出借包装物收取的押金,单独记账核算的,时间在1年以内,又未过期的,不并入销售额征税;但对因逾期未收回包装物不再退还的押金,应按所包装货物的适用税率计算销项税额。这其中,"逾期"是指按合同约定实际逾期或以1年为期限,对收取1年以上的押金,无论是否退还均并入销售额征税。当然,在将包装物押金并入销售额征税时,需要先将该押金换算为不含税价,再并入销售额征税。对于个别包装物周转使用期限较长的,报经税务机关确定后,可适当放宽逾期期限。另外,包装物押金不应混同于包装物租金,包装物租金在销货时作为价外费用并入销售额计算销项税额。国家税务总局国税发[1995]192号文件规定,从1995年6月1日起,对销售除啤酒、黄酒外的其他酒类产品而收取的包装物押金,无论是否返还以及会计上如何核算,均应并入当期销售额征税。对销售啤酒、黄酒所收取的押金,按上述一般押金的规定处理。

【思考题 2-10】 某涂料厂(一般纳税人)于2009年1月向某建材公司销售A种涂料200桶,出厂不含税价格为每桶80元。同时,收取包装物押金4 680元(每个包装物的押金为23.4元),已单独设账核算。同年2月,因上年销售涂料时出借的包装物100个无法收回,故没收上年收取的包装物押金2 340元。如何进行税务处理?

【思考题 2-11】 某酒厂(一般纳税人)本月销售散装白酒20吨,出厂价格为3 000元/吨,销售额为60 000元。同时收取包装物押金3 510元,已单独设账核算。试计算其销项税额。

(二) 进项税额的计算

1. 进项税额的概念

增值税进项税额,是指纳税人购进货物或接受应税劳务所支付或负担的增值税额。进项税额是与销项税额相对应的概念,一项销售业务中,销售方收取的销项税额就是购货方支付的进项税额。增值税的应纳税额是销项税额减去进项税额的差额,所以进项税额的多少直接关系纳税人的纳税金额。

需要注意的是,并不是纳税人支付的所有进项税额都可以从销项税额中抵扣。税法对不能抵扣进项税额的项目作了严格的规定,如果违反税法规定,随意抵扣进项税额就将以偷税论处。

2. 准予从销项税额中抵扣的进项税额

增值税实行发票扣税法,根据税法规定,准予从销项税额中抵扣的进项税额,仅限于下列凭证上注明的增值税额：

（1）从销售方取得的增值税专用发票上注明的增值税额。按照规定，自2003年3月1日起，增值税一般纳税人取得防伪税控系统开具的增值税专用发票，抵扣的进项税额按以下规定处理：① 增值税一般纳税人申请抵扣的防伪税控系统开具的增值税专用发票，必须自该专用发票开具之日起90日内到税务机关认证，否则不予抵扣进项税额；② 增值税一般纳税人认证通过的防伪税控系统开具的增值税专用发票，应在认证通过的当月按照增值税有关规定核算当期进项税额并申报抵扣，否则不予抵扣进项税额。

（2）从海关取得的完税凭证上注明的增值税额。增值税一般纳税人进口货物，取得的2004年2月1日以后开具的海关完税凭证，应当在开具之日起90天后的第一个纳税申报期结束以前向主管税务机关申报抵扣，逾期不得抵扣进项税额。

（3）购进农产品进项税额的确定与抵扣。除取得增值税专用发票或者海关进口增值税专用缴款书外，按照农产品收购发票或者销售发票上注明的农产品买价和13%的扣除率计算进项税额。这里所称的买价还包括按规定缴纳的烟叶税（烟叶税：开征时间是2006年4月28日；纳税人是收购烟叶的单位；烟叶是指晾晒烟叶、烤烟叶；税率是20%；应纳税额＝烟叶收购金额×税率）。计算公式为：

$$准予抵扣的进项税额＝买价×扣除率$$

【思考题2-12】某生产性企业为增值税一般纳税人，2009年3月发生以下两笔业务：① 销售本企业产品一批，取得含税货款117万元；② 外购免税农产品一批，支付价款20万元。试计算该企业2009年3月应纳的增值税额。

（4）运输费用进项税额的确定与抵扣。增值税一般纳税人外购或销售货物以及在生产经营中所支付的运输费用（代垫运费除外），根据运费结算单据（普通发票）所列运费金额依7%的扣除率计算进项税额，准予扣除。

准予计算进项税额抵扣的货物运费金额是指在运输单位开具的货票上注明的运费和建设基金，随同运费支付的装卸费、保险费等其他杂费不得计算扣除进项税额。

纳税人取得运输发票后，应当自开票之日起90天内向主管国家税务局申报抵扣，超过90天的不得予以抵扣。

【思考题2-13】某单位销售货物支付发货运费等费用15万元，运输单位开具的货票上注明运费13万元，建设基金0.5万元，装卸费0.5万元，保险费1万元。试计算其准予抵扣的进项税额。

3. 不得从销项税额中抵扣的进项税额

按《增值税暂行条例》规定，下列项目的进项税额不得在销项税额中抵扣：

（1）纳税人购进货物或接受应税劳务，未按照规定取得并保存增值税扣税凭证，或者增值税扣税凭证上未按照规定注明增值税额及其他有关事项的，其进项税额不得从销项税额中抵扣。

(2) 用于非应税项目的购进货物或应税劳务。非应税项目是指提供非应税劳务(即营业税条例规定的属于交通运输业、建筑业、金融保险业、邮电通信业、文化体育业、娱乐业、服务业税目征收范围的劳务)、转让无形资产和销售不动产等。

(3) 用于免税项目的购进货物或应税劳务。所称免税项目主要包括：农业生产者销售的自产农业产品；避孕药品和用具；古旧图书；直接用于科学研究、科学试验和教学的进口仪器、设备等。凡是税法规定为免税项目的，对用于免税项目的购进货物或者应税劳务的进项税额都不能抵扣。

(4) 用于集体福利或个人消费的购进货物或应税劳务。指企业内部设置的供职工使用的食堂、浴室、理发室、宿舍、幼儿园等福利设施及其设备、物品等，或者以福利、奖励、津贴等形式发放给职工个人的物品。

(5) 非正常损失的购进货物，非正常损失的在产品、产成品所耗用的购进货物或应税劳务。所谓非正常损失，是指因管理不善造成货物被盗窃、丢失、霉烂变质的损失。

(6) 纳税人购进自用应征消费税的汽车、游艇、摩托车。

(7) 购进以上货物的运输费用和销售免税货物的运输费用。

(8) 增值税一般纳税人采取邮寄方式销售、购买货物所支付的邮寄费，不允许计算进项税额抵扣。

【思考题2-14】某果酱厂某月外购水果10 000千克，取得的增值税专用发票上注明的外购金额和增值税额分别为10 000元和1 300元。在运输途中因管理不善腐烂1 000千克。水果运回后，用于发放职工福利1 000千克。其余全部加工成果酱400千克(20千克水果加工成1千克果酱)。其中350千克全部销售，单价20元；50千克因管理不善被盗。试确定当月该厂允许抵扣的进项税额。

(9) 一般纳税人兼营免税项目或非增值税应税劳务而无法划分不得抵扣的进项税额的，按下列公式计算：

$$\text{不得抵扣的进项税额} = \text{当月无法划分的全部进项税额} \times \text{当月免税项目销售额与非增值税应税劳务营业额合计} \div \text{当月全部销售额、营业额合计}$$

【思考题2-15】某制药厂为增值税一般纳税人，2009年6月份销售抗生素234万元(含税，税率17%)，销售免税药品100万元，当月购入生产用原料一批，取得增值税专用发票上注明的税款为13.6万元；抗生素药品与免税药品无法划分耗料情况。则该厂当月准予抵扣进项税额是多少？

(三) 固定资产处理的相关规定与政策衔接

自2009年1月1日起，全国实施增值税转型改革。为保证改革实施到位，并做好新旧增值税法的衔接，财政部、国家税务总局对有关问题明确如下：

(1) 自2009年1月1日起，增值税一般纳税人(以下简称纳税人)购进(包括接受捐赠、实物投资,下同)或自制(包括改建、安装,下同)固定资产发生的进项税额,可根据《增值税暂行条例》和《增值税暂行条例实施细则》的有关规定,凭增值税专用发票、海关进口增值税专用缴款书和运输费用结算单据(以下简称增值税扣税凭证)从销项税额中抵扣,其进项税额应当计入"应交税费——应交增值税(进项税额)"账户。

(2)纳税人允许抵扣的固定资产进项税额,是指纳税人2009年1月1日以后(含1月1日,下同)实际发生,并取得2009年1月1日以后开具的增值税扣税凭证上注明的或者依据增值税扣税凭证计算的增值税额。

(3)东北老工业基地、中部六省老工业基地城市、内蒙古自治区东部地区已纳入扩大增值税抵扣范围试点的纳税人,2009年1月1日以后发生的固定资产进项税额,不再采取退税方式,其2008年12月31日以前(含12月31日,下同)发生的待抵扣固定资产进项税额期末余额,应于2009年1月份一次性转入"应交税费——应交增值税(进项税额)"科目。

(4)自2009年1月1日起,纳税人销售自己使用过的固定资产,应区分不同情形征收增值税。

① 销售自己使用过的2009年1月1日以后购进或自制的固定资产,按照适用税率征收增值税。

② 2008年12月31日以前未纳入扩大增值税抵扣范围试点的纳税人,销售自己使用过的2008年12月31日以前购进或自制的固定资产,按照4%征收率减半征收增值税。

③ 2008年12月31日以前已纳入扩大增值税抵扣范围试点的纳税人,销售自己使用过的在本地区扩大增值税抵扣范围试点以前购进或自制的固定资产,按照4%征收率减半征收增值税;销售自己使用过的在本地区扩大增值税抵扣范围试点以后购进或自制的固定资产,按照适用税率征收增值税。

(5)纳税人已抵扣进项税额的固定资产用于不得从销项税额中抵扣进项税额项目的,应在当月按下列公式计算不得抵扣的进项税额:

$$不得抵扣的进项税额 = 固定资产净值 \times 适用税率$$

所称固定资产净值,是指纳税人按照财务会计制度计提折旧后计算的固定资产净值。

(四)应纳税额的计算

在计算出销项税额和进项税额后就可以得出实际应纳税额。纳税人销售货物或提供应税劳务,其应纳税额为当期销项税额扣除当期进项税额后的余额。基本计算公式为:

应纳税额＝当期销项税额－当期进项税额

由于增值税实行购进扣税法,有时企业当期购进的货物很多,在计算应纳税额时会出现当期销项税额小于当期进项税额不足抵扣的情况。根据税法规定,当期进项税额不足抵扣的部分可以结转下期继续抵扣。

1. 销项税额计入"当期"的时间界定

销售货物或提供应税劳务的纳税义务发生时间,按销售结算方式的不同,具体包括:

(1) 采取直接收款方式销售货物,不论货物是否发出,均为收到销售款或取得索取销售款凭据的当天。

(2) 采取托收承付和委托银行收款方式销售货物,为发出货物并办妥托收手续的当天。

(3) 采取赊销和分期收款方式销售货物,为书面合同约定的收款日期的当天,无书面合同的或书面合同没有约定收款日期的,为货物发出的当天。

(4) 采取预收货款方式销售货物,为货物发出的当天,但生产销售生产工期超过12个月的大型机械设备、船舶、飞机等货物,为收到预收款或书面合同约定的收款日期的当天。

(5) 委托其他纳税人代销货物,为收到代销单位的代销清单或者收到全部或部分货款的当天。未收到代销清单及货款的,为发出代销货物满180天的当天。

(6) 销售应税劳务,为提供劳务同时收讫销售款或取得索取销售款的凭据的当天。

(7) 纳税人发生视同销售货物行为,为货物移送的当天。

(8) 进口货物,为报关进口的当天。

上述纳税义务发生时间的规定,明确了企业在计算应纳税额时,对"当期销项税额"时间的限定,是增值税计税和征收管理中重要的规定。

【思考题 2-15】 某工业企业为增值税一般纳税人,适用增值税税率为17%,2009年10月发生如下经济业务:委托他人代销货物一批,价款50万元,尚未收到代销清单;收到上月代销清单一份,价款40万元,开出增值税专用发票;采取托收承付方式销售一批货物,价款15万元,已办妥托收手续,货已发出并开具专用发票,本月尚未收到货款;以预收款方式销售一批货物,货款50万元已通过银行收取,购销双方约定,下月15日发货;当期可抵扣的进项税额为16万元。试计算该企业当期准予抵扣的进项税额、当期销项税额、当期应纳税额。

2. 销货退回或折让的税务处理

纳税人在货物购销活动中,因货物质量、规格等原因常会发生销货退回或销售折让的情况。由于销货退回或折让不仅涉及销货价款或折让价款的退回,还涉及增值税的退回,这样,销货方和购货方应相应对当期的销项税额或进项税额进行调整。为此,税法规定,一般纳税人因销货退回或折让而退还给购买方的增值税额,应从发生销货退回或折让当期的销项税额中扣减;因进货退出或折让而收回的增值税额,应从发生进货退出或折让当期的进项税额中扣减。对于纳税人进货退出或折让而不扣减当期进项税额,造成不纳税或少纳税的,都将被认定为是偷税行为,并按偷税予以处罚。

【思考题 2-16】 某商场 7 月份发生销项税额 5 万元,进项税额 3 万元。当月因质量问题,顾客退回 4 月份零售的空调,退款 5.85 万元。与厂方联系,将此空调退回厂家,并提供了税务局开具的退货证明单,收回退货款及税金 4.68 万元。试计算该商场 7 月份应纳增值税税额。

3. 计算举例

【例 2-1】 某企业为增值税一般纳税人,在 2009 年 5 月发生如下购销业务:
(1) 采购生产原料聚乙烯,取得的专用发票上注明价款为 120 万元。
(2) 采购生产用燃料液化煤气,取得的专用发票上注明价款为 75 万元。
(3) 购买钢材用于基建工程,取得的专用发票上注明价款为 30 万元。
(4) 支付运输单位运费,取得的发票上注明运费 18 万元,装卸费 2 万元,保险费 2 万元。
(5) 销售产品农用薄膜,开出的专用发票上注明价款 180 万元。
(6) 销售产品塑料制品,开出的专用发票上注明价款 230 万元。
有关发票均在当月通过了认证,试计算该企业当期应纳增值税税额。

解 (1) 进项税额的计算:
采购生产原料聚乙烯、采购生产用燃料液化煤气取得了专用发票,其相应进项税额可以直接抵扣,但液化煤气的税率为 13%;支付的运费,取得发票可按运费金额的 7% 计算扣除,但装卸费、保险费不得计算在内。
进项税额 = $120 \times 17\% + 75 \times 13\% + 18 \times 7\% = 31.41$(万元)
(2) 销项税额的计算:
销售产品农用薄膜、销售产品塑料制品的税率分别为 13% 和 17%。
销项税额 = $180 \times 13\% + 230 \times 17\% = 62.5$(万元)
(3) 当期应纳税额 = $62.5 - 31.41 = 31.09$(万元)

【例 2-2】 某商贸公司为一般纳税人,当月发生几笔购销业务:
(1) 购入货物取得的增值税专用发票上注明的货价金额是 250 万元(不含税);同时,支付货物运费,货运发票上注明金额是 3.2 万元。
(2) 销货,专用发票上注明价款 550 万元;另外,用以旧换新方式向消费者个人销售货物 90 万元(已扣除收购旧货支付的款额 10 万元)。
(3) 加工制作了一批广告性质的礼品,分送给客户及购货人,加工单位开具的专用发票上注明的价款是 10 万元。

(4) 当月为公司食堂购进两台大冰柜,取得的专用发票上注明的税额是 8 500 元。

假设上述各项购销货物税率均为 17%,试计算该商贸公司当月应纳增值税额。

解 (1) 当月购货进项税额 = 250×17% + 3.2×7% = 42.724(万元)

(2) 当月销货销项税额 = 550×17% + (90+10)÷(1+17%)×17%
= 108.03(万元)

(3) 加工礼品进项税额 = 10×17% = 1.7(万元)

(4) 赠送礼品视同销售,其销项税额 = 10×17% = 1.7(万元)

(5) 购进冰柜用于集体福利不得从销项税额中抵扣。

(6) 应纳税额 = 108.03 + 1.7 − 42.724 − 1.7 = 65.306(万元)

【例 2-3】 某企业为一般纳税人,当月发生的几笔购销业务如下:

(1) 购入原材料,取得专用发票注明的价款为 10 万元。

(2) 销售企业生产的应税甲产品,销售额 10 万元,适用的税率为 17%。

(3) 购入企业生产所需的配件,取得的专用发票注明的价款为 2.5 万元。

(4) 购入企业需要的包装物,取得的专用发票注明的价款为 2 万元。

(5) 销售企业生产的应税乙产品,销售额 18 万元,适用的税率为 13%。

(6) 企业为了更好销售产品,购买了一项商标权,价值 3.5 万元。

(7) 企业为职工幼儿园购进一批儿童桌、椅、木床,取得的专用发票注明的价款为 1.8 万元。

(8) 购进作为生产原料的免税农产品,金额为 2.6 万元。

假设上述各项购入价均不含增值税,并且适用税率为 17%,销售额也不含增值税。

根据上述资料计算企业当月应纳增值税额。

解 (1) 销项税额 = 10×17% + 18×13% = 4.04(万元)

(2) 可以抵扣的进项税额 = [(10+2.5+2)×17% + 2.6×10%]
= 2.725(万元)

(3) 应纳税额 = 4.04 − 2.725 = 1.315(万元)

【例 2-4】 某一般纳税人当月发生几笔购销业务如下:

(1) 销售生产的空调机 500 台,不含税单价每台 2 500 元,并用自己卡车送货,每台运输费 25 元。已开增值税专用发票。

(2) 为了推销产品,采用商业折扣方式销售空调机 50 台,不含税单价每台 2 500 元,折扣率为 4%,折扣额与销售额在同一张发票上注明。

(3) 该纳税人将委托加工的 5 套汽车轮胎移交本单位对外运输队用于汽车轮胎更新,5 套汽车轮胎的加工成本为 15 000 元,受托方代扣消费税 790 元,轮胎属消费税征税范围货物,成本利润率为 5%。

(4) 因发生火灾,烧毁库存外购电视机 5 台,账面售价 20 000 元,进销差价率为 20%。

假设上述各项购销货物税率均为 17%,试计算该纳税人当月应纳增值税额。

解 应纳税额=[(2 500+25)×500]×17%+[2 500×(1-4%)×50]×17%+
[15 000×(1+5%)+790]×17%+20 000×(1-20%)×17%
=240 556.8(元)

二、小规模纳税人应纳税额的计算

(一) 应纳税额的计算公式

小规模纳税人销售货物或提供应税劳务,按照销售额和《增值税暂行条例》规定的征收率(2008 年 12 月 31 日前为 6%或 4%,2009 年 1 月 1 日起为 3%)计算应纳税额,不得抵扣进项税额。应纳税额的计算公式为:

$$应纳税额=销售额×征收率$$

这里需要解释的是,小规模纳税人取得的销售额与前述的一般纳税人销售额所包含的内容是一致的,都是销售货物或提供应税劳务向购买方收取的全部价款和价外费用,但是不包括收取的增值税税额。另外,小规模纳税人实行的是简易征税办法,因此不得抵扣进项税额。

(二) 含税销售额的换算

由于小规模纳税人在销售货物或提供应税劳务时,一般情况下只能开具普通发票,取得的销售收入均为含税销售额。为了符合增值税作为价外税的要求,小规模纳税人在计算应纳税额时,必须将含税销售额换算为不含税的销售额后才能计算应纳税额。小规模纳税人不含税销售额的换算公式为:

$$不含税销售额=含税销售额÷(1+征收率)$$

【例 2-5】 某小型加工厂为增值税小规模纳税人,2009 年 4 月,取得产品销售收入 6.18 万元。试计算该加工厂 2009 年 4 月应缴纳的增值税税额。

解 (1) 把含税的销售额换算成不含税销售额:
不含税销售额=6.18÷(1+3%)=6(万元)
(2) 当月应缴纳增值税税额=6×3%=0.18(万元)

三、进口货物应纳税额的计算

进口货物按照组成计税价格和规定的税率,计算进口环节应纳增值税额,不得抵扣任何税额。进口货物的增值税由海关代征。组成计税价格和应纳税额的计算公式为:

组成计税价格＝关税完税价格＋关税

属于征收消费税的进口货物，还需在组成计税价格中加上消费税。计算公式为：

组成计税价格＝关税完税价格＋关税＋消费税

或　　　组成计税价格＝（关税完税价格＋关税）÷（1－消费税税率）

应纳税额＝组成计税价格×关税税率

【例2-6】 某公司于2009年1月进口货物一批，经海关审定的关税完税价格为60万元。货物报关后，公司按规定缴纳了进口环节的增值税并取得了海关开具的完税凭证。假定该批进口货物在国内全部销售，取得不含税销售额80万元。若货物进口关税税率为10%，增值税税率为17%。试计算该批货物进口环节、国内销售环节分别应缴纳的增值税税额。

解 （1）应缴纳进口关税＝60×10%＝6（万元）

（2）进口环节应纳增值税的组成计税价格＝60＋6＝66（万元）

（3）进口环节应缴纳增值税的税额＝66×17%＝11.22（万元）

（4）国内销售环节的销项税额＝80×17%＝13.6（万元）

（5）国内销售环节应缴纳增值税税额＝13.6－11.22＝2.38（万元）

四、出口货物退（免）税的计算

（一）出口货物退（免）税的基本政策

世界各国为了鼓励本国货物出口，在遵循WTO基本规则的前提下，一般都采取优惠的税收政策。有的国家采取对该货物出口前所包含的税金在出口后予以退还的政策（即出口退税），有的国家采取对出口的货物在出口前即予以免税的政策。我国则根据本国的实际，采取出口退税与免税相结合的政策。鉴于我国的出口体制尚不成熟，拥有出口经营权的企业还限于少部分须经国家批准的企业，并且我国生产的某些货物，如稀有金属等还不能满足国内的需要，因此，对某些非生产性企业和国家紧缺的货物则采取限制从事出口业务或限制该货物出口，不予出口退（免）税。目前，我国的出口货物税收政策分为以下三种形式：

1. 出口免税并退税

出口免税是指对货物在出口销售环节不征增值税、消费税，这是把货物出口环节与出口前的销售环节都同样视为一个征税环节；出口退税是指对货物在出口前实际承担的税收负担，按规定的退税率计算后予以退还。

2. 出口免税不退税

出口免税与上述含义相同。出口不退税是指适用这个政策的出口货物因在前一道生产、销售环节或进口环节是免税的，因此，出口时该货物的价格中本身就不含税，即也无须退税。

3. 出口不免税也不退税

出口不免税是指对国家限制或禁止出口的某些货物的出口环节视同内销环节，照常征税；出口不退税是指对这些货物出口不退还出口前其所负担的税款。适用这个政策的主要是税法列举限制或禁止出口的货物，如天然牛黄、麝香等。

（二）出口货物退（免）税的适用范围

（1）退（免）税的出口货物应具备的条件：

根据《出口货物退（免）税管理办法》规定，可以退（免）税的出口货物一般应具备以下四个条件：

① 必须是属于增值税、消费税征税范围的货物。

② 必须是报关离境的货物。

③ 必须是在财务上作销售处理的货物。

④ 出口货物必须结汇。

（2）下列企业出口满足上述四个条件的货物，除另有规定外，给予免税并退税：

① 生产企业自营出口或委托外贸企业代理出口的自产货物。

② 有出口经营权的外贸企业收购后直接出口或委托其他外贸企业代理出口的货物。

③ 特定出口的货物。在出口货物中，有一些虽然不同时具备上述四个条件的货物，但由于这些货物销售方式、消费环节、结算办法的特殊性，以及国际的特殊情况，国家特准退还或免征其增值税和消费税。

（3）下列企业出口的货物，除另有规定外，给予免税，但不予退税：

① 属于生产企业的小规模纳税人自营出口或委托外贸企业代理出口的自产货物。

② 外贸企业从小规模纳税人购进并持普通发票的货物出口，免税但不予退税。但对出口的抽纱、工艺品、香料油、山货、草柳竹藤制品、渔网渔具、松香、五倍子、生漆、鬃尾、山羊皮、纸制品等，考虑到这些产品大多由小规模纳税人生产、加工、采购，并且其出口比重较大的特殊因素，特准予退税。

③ 外贸企业直接购进国家规定的免税货物（包括免税农产品）出口的，免税但不予退税。

（4）除经批准属于进料加工复出口贸易以外，下列出口货物不免税也不退税：

① 国家计划外出口的原油。

② 援外出口货物。

③ 国家禁止出口的货物，包括天然牛黄、麝香、铜及铜基合金、白银等。

（三）出口货物的退税率

出口货物的退税率，是出口货物的实际退税额与退税计税依据的比例。根据《财政部、国家税务总局关于调整出口货物退税率的通知》(财税[2003]222号)、《财政部、国家税务总局关于调整出口货物退税率的补充通知》(财税[2003]238号)规定,现行出口货物的增值税退税率有17％、16％、15％、13％、9％、5％、3％等几档。我国出口货物消费税的退税率与消费税的征税率一致。

(四)出口货物退税的计算

出口货物只有在适用既免税又退税的政策时,才会涉及如何计算退税的问题。我国《出口货物退(免)税管理办法》规定了两种退税计算办法:第一种办法是"免、抵、退"办法,主要适用于自营和委托出口自产货物的生产企业;第二种办法是"先征后退"办法,目前主要用于收购货物出口的外(工)贸企业。

1. "免、抵、退"税的计算方法

按照《财政部、国家税务总局关于进一步推进出口货物实行免抵退税办法的通知》(财税[2002]7号)规定,自2002年1月1日起,生产企业自营或委托外贸企业代理出口自产货物,除另有规定外,增值税一律实行免、抵、退税管理办法。

实行免、抵、退税管理办法的"免"税,是指对生产企业出口的自产货物,免征本企业生产销售环节增值税;"抵"税,是指生产企业出口自产货物所耗用的原材料、零部件、燃料、动力等所含应予退还的进项税额,抵顶内销货物的应纳税额;"退"税是指生产企业出口的自产货物在当月内应抵顶的进项税额大于应纳税额时,对未抵顶完的部分予以退税。具体计算方法与计算公式为(公式中的价格均为人民币):

(1) 当期应纳税额的计算:

$$\text{当期应纳税额} = \text{当期内销货物的销项税额} - (\text{当期进项税额} - \text{当期免抵退税不得免征和抵扣税额}) - \text{上期留抵税额}$$

其中:

$$\text{当期免抵退税不得免征和抵扣税额} = \text{出口货物离岸价} \times (\text{出口货物征税率} - \text{出口货物退税率}) - \text{免抵退税不得免征和抵扣税额抵减额}$$

$$\text{免抵退税不得免征和抵扣税额抵减额} = \text{免税购进原材料价格} \times (\text{出口货物征税率} - \text{出口货物退税率})$$

免税购进原材料包括从国内购进免税原材料和进料加工免税进口料件,其中进料加工免税进口料件的价格为组成计税价格。

$$\text{进料加工免税进口料件的组成计税价格} = \text{货物到岸价} + \text{海关实征关税和消费税}$$

出口货物离岸价以出口发票计算的离岸价为准。出口发票不能如实反映实际离岸价的,企业必须按照实际离岸价向主管国税机关申报,同时主管税务机关有权依照《中华人民共和国税收征收管理法》、《中华人民共和国增值税暂行条例》等有关规定予以核定。

如果当期没有免税购进原材料价格,前述公式中的免抵退税不得免征和抵扣税额抵减额,以及后面公式中的免抵退税额抵减额,就不用计算。

(2) 免抵退税额的计算:

免抵退税额＝出口货物离岸价×出口货物退税率－免抵退税额抵减额

其中:

免抵退税额抵减额＝免税购进原材料价格×出口货物退税率

(3) 当期应退税额和免抵税额的计算:

① 如当期期末留抵税额≤当期免抵退税额,则

当期应退税额＝当期期末留抵税额

当期免抵税额＝当期免抵退税额－当期应退税额

② 如当期期末留抵税额＞当期免抵退税额,则

当期应退税额＝当期免抵退税额

当期免抵税额＝0

当期期末留抵税额根据当期《增值税纳税申报表》中"期末留抵税额"确定。

【例 2-7】 某自营出口的生产企业为增值税一般纳税人,2009 年 6 月的有关经营业务为:购进原材料一批,取得的增值税专用发票注明的价款为 400 万元,外购货物准予抵扣的进项税额为 68 万元。上月末留抵税款 5 万元。本月内销货物不含税销售额 200 万元、税款 34 万元存入银行。本月出口货物的销售额折合人民币 400 万元。试计算该企业当期的"免、抵、退"税额。出口货物的征税率为 17%,退税率为 13%。

解 (1) 当期免抵退税不得免征和抵扣税额＝400×(17%－13%)＝16(万元)

(2) 当期应纳税额＝34－(68－16)－5＝－23(万元)

(3) 出口货物"免、抵、退"税额＝400×13%＝52(万元)

(4) 按规定,如当期末留抵税额≤当期免抵退税额时:

当期应退税额＝当期期末留抵税额

即该企业当期应退税额＝23(万元)

(5) 当期免抵税额＝当期免抵退税额－当期应退税额＝52－23＝29(万元)

【例 2-8】 某自营出口生产企业是增值税一般纳税人,2009 年 8 月有关经营业务为:购进原材料一批,取得的增值税专用发票注明的价款为 400 万元,外购货物准予抵扣进项税额 68 万元,货已验收入库。当月进料加工免税进口料件的组成计税价格为 200 万元。上期末留抵税款 6 万元。本月内销货物不含税销售额 200 万元、税款 34 万元存入银行。本月出口货物销售额折合人民币 400 万元。试计算该企业当期的"免、抵、退"税额。出口货物的征税税率为 17%,退税率为 13%。

解 (1) 免抵退税不得免征和抵扣税额抵减额＝200×(17%－13%)

＝8(万元)

(2) 免抵退税不得免征和抵扣税额＝400×(17％－13％)－8＝8(万元)
(3) 当期应纳税额＝34－(68－8)－6＝－32(万元)
(4) 免抵退税额抵减额＝200×13％＝26(万元)
(5) 出口货物"免、抵、退"税额＝400×13％－26＝26(万元)
(6) 按规定,如当期期末留抵税额＞当期免抵退税额时:
当期应退税额＝当期免抵退税额
即该企业应退税额＝26(万元)
(7) 当期该企业免抵税额＝26－26＝0(万元)
(8) 8月期末留抵结转下期继续抵扣税额为6万元(32－26)。

2. "先征后退"的计算方法

(1) 外贸企业以及实行外贸企业财务制度的工贸企业收购货物出口,其出口销售环节的增值税免征;其收购货物的成本部分,因外贸企业在支付收购货款的同时也支付了生产经营该类商品的企业已纳的增值税款,因此,在货物出口后按收购成本与退税率计算退税退还给外贸企业,征、退税之差计入企业成本。外贸企业出口货物增值税的计算应依据购进出口货物增值税专用发票上所注明的买价和退税率计算。

$$应退税额＝外贸企业收购货物不含增值税的购进金额×退税率$$

【例2-9】 某进出口公司2009年3月出口法国服装一批,进货增值税专用发票列明计税金额60万元,退税率13％,试计算该公司的应退税额。

解 应退税额＝60×13％＝1.8(万元)

(2) 外贸企业收购小规模纳税人货物出口增值税的退税规定:

凡从小规模纳税人购进持普通发票特准退税的抽纱、工艺品等12类出口货物,同样实行销售出口货物的收入免税,并退还出口货物进项税额的办法。由于小规模纳税人使用的是普通发票,必须将合并定价的销售额先换算成不含税价格,然后据以计算出口货物退税。其计算公式为:

$$应退税额＝普通发票所列(含增值税)的销售额÷(1＋征收率)×退税率$$

对出口企业购进小规模纳税人特准的12类货物出口,提供的普通发票应符合《中华人民共和国发票管理办法》的有关使用规定,否则不予办理退税。

【例2-10】 某进出口公司2008年4月从某小规模纳税人购进生漆一批全部出口,普通发票注明金额84.8万元(退税率6％);从另一小规模纳税人购进工艺品一批全部出口,取得税务机关代开的增值税专用发票,发票注明金额60万元(退税率6％)。试计算该公司的应退税额。

解 应退税额＝84.8÷(1＋6％)×6％＋60×6％＝8.4(万元)

(3) 外贸企业委托生产企业加工出口货物的退税规定:

外贸企业委托生产企业加工收回后报关出口的货物,按购进国内原辅材料的增值税专用发票上注明的购进金额,依原辅材料的退税率计算原辅材料应退税额。支付的加工费,凭受托方开具发票的退税率,计算加工费的应退税额。

【例 2-11】 某进出口公司 2008 年 6 月购进丝绸一批,委托一家加工厂加工成服装出口,取得的丝绸增值税发票注明计税金额 100 万元(退税率 13%);取得的服装加工费发票注明计税金额 20 万元(退税率 17%)。试计算该企业的应退税额。

解 应退税额=100×13%+20×17%=16.40(万元)

第三节 增值税会计处理

增值税的一般纳税人和小规模纳税人在增值税的计算、会计账户的设置以及账务处理等方面都有较大的差异。

一、一般纳税人的会计核算

(一)账户设置

1. "应交税费——应交增值税"账户

一般纳税人应纳的增值税,在"应交税费"账户下设置"应交增值税"明细账户进行核算,该明细账户专门用来核算纳税人当期发生的增值税的计提缴纳情况,并应分别设置"进项税额"、"已交税金"、"减免税款"、"出口抵减内销产品应纳税额"、"转出未交增值税"、"销项税额"、"出口退税"、"进项税额转出"、"转出多交增值税"等 9 个三级账户。其账户格式如表 2-1 所示。

表 2-1　　　　　　　　应交税费——应交增值税

略	借方					贷方					借或贷	余额
	合计	进项税额	已交税金	减免税款	出口抵减内销产品应纳税额	转出未交增值税	合计	销项税额	出口退税	进项税额转出	转出多交增值税		

在"应交税费——应交增值税"二级账户下,明细项目所记录的内容如下:

(1)"进项税额"项目。记录企业购入货物、接受应税劳务而支付的,并准予从销项税额中抵扣的增值税额;若发生购货退回或折让,应以红字记入,以示冲销的进项税额。

(2)"已交税金"项目。记录企业本期应交而实际已交的增值税额。企业已交纳的增值税额,用蓝字登记;退回多交的增值税额,用红字登记。

(3)"减免税款"项目。记录企业按规定直接减免的、准予从销项税额中抵扣的增值税额。按规定,直接减免的增值税,用蓝字登记;应冲销增值税直接减免的,用红字登记。

(4)"出口抵减内销产品应纳税额"项目。记录内资企业及1993年12月31日以后批准设立的外商投资企业直接出口或委托外贸企业代理出口的货物,按规定的退税率计算的出口货物的进项税额抵减内销产品的应纳税额。

(5)"转出未交增值税"项目。记录企业月末转入"应交税费——未交增值税"的本月应交未交增值税税额。作此转账后,"应交税费——应交增值税"的期末余额不再包括当期应交未交增值税税额。

(6)"销项税额"项目。记录企业销售货物、提供应税劳务所收取的增值税额。若发生销货退回或折让,应以红字记入。

(7)"出口退税"项目。记录企业出口适用零税率的货物,向海关办理报关出口手续后,凭出口报关单等有关单据,根据国家的出口退税政策,向主管出口退税的税务机关申报办理出口退税而收到退回的税款。若办理退税后,又发生退货或者退关而补交已退税款,则用红字记入。

(8)"进项税额转出"项目。记录企业已抵扣进项税额的货物,在发生非正常损失或改变用途时,不得从销项税额中抵扣而应按规定转出的进项税额。

(9)"转出多交增值税"项目。记录企业月末转入"应交税费——未交增值税"的本月多交增值税税额。作此转账后,"应交税费——应交增值税"的期末余额不会包含多交增值税税额。

2."应交税费——未交增值税"账户

为了分别反映企业欠交增值税税款和待抵扣增值税情况,企业应在"应交税费"账户下设置"未交增值税"明细账户,核算一般纳税企业月终时转入的应交未交增值税税额,转入多交的增值税也在本明细账户核算。

"应交税费——未交增值税"账户的借方发生额,反映企业上交以前月份未交增值税额和月末自"应交税费——应交增值税"账户转入的当月多交的增值税额。

"应交税费——未交增值税"账户的贷方发生额,反映企业月末自"应交税费——应交增值税"账户转入的当月未交的增值税额。

"应交税费——未交增值税"账户的期末余额如在借方表示企业多交的增值税,如在贷方表示企业未交的增值税。

月份终了,企业应将当月发生的应交增值税自"应交税费——应交增值税(转出未交增值税)"账户转入"应交税费——未交增值税"明细账户。

月份终了,企业将本月多交的增值税自"应交税费——应交增值税(转出多交增值税)"账户转入"应交税费——未交增值税"明细账户。

企业当月上交上月应交未交的增值税时,借记"应交税费——未交增值税"账户,贷记"银行存款"账户。

(二)一般纳税人进项税额的会计核算

1. 国内购进货物

一般纳税人在国内采购货物时,应根据增值税专用发票上注明的价款和税额记账,借记"在途物资"、"原材料"、"库存商品"、"应交税费——应交增值税(进项税额)"等账户;按应付或实际支付的金额,贷记"银行存款"、"应付账款"、"应付票据"等账户。购入物资发生的退货,作相反会计处理。

注意:企业采购货物所支付的运费,允许按运费结算单据注明的运费金额的7%作为进项税额处理。按运费的7%,借记"应交税费——应交增值税(进项税额)"账户,按运费的93%,借记"在途物资"、"原材料"等账户。

【例2-12】 某企业是增值税一般纳税人,某日购进一批材料,增值税专用发票上注明的价款为20 000元,增值税为3 400元,材料当天即验收入库,货款尚未支付。用现金支付运费1 200元,取得运费发票。

企业根据上述资料计算:

运费可抵扣的进项税额=1 200×7%=84(元)

全部可抵扣进项税额=84+3 400=3 484(元)

应计入材料成本的运费=1 200-84=1 116(元)

材料入账成本=1 116+20 000=21 116(元)

企业的账务处理如下:

借:原材料   21 116
    应交税费——应交增值税(进项税额)   3 484
    贷:应付账款   23 400
       库存现金   1 200

【例2-13】 天华工厂9月6日收到银行转来的购买光明工厂丙材料的托收承付结算凭证及发票,数量为5 000千克,单价为11元/千克,进项税额为9 350元,支付运杂费为650元,其中运费发票金额为500元,应抵扣的运费进项税额为35元。采用验单付款。作出验收付款后的会计分录。

可以抵扣的进项税额=9 350+35=9 385(元)

借:在途物资(光明工厂)   55 615
    应交税费——应交增值税(进项税额)   9 385
    贷:银行存款(5 000×11+9 350+650)   65 000

按现行税法规定,工业企业购进货物并取得防伪税控增值税专用发票后,如果在未到主管税务机关进行认证之前入账,其"进项税额"还不能确认是否符合抵扣条件。此时,企业可增设"待抵扣税金"账户过渡。

【例 2-14】 接例 2-13,在未到主管税务机关进行认证之前入账时,相应账务处理如下:

(1) 借:在途物资(光明工厂)   55 615

           待抵扣税金——待抵扣增值税   9 385

           贷:银行存款   65 000

(2) 材料验收入库时:

借:原材料——丙材料   55 615

    贷:在途物资(光明工厂)   55 615

(3) 企业在 90 天之内到主管税务机关进行认证并获得认证后:

借:应交税费——应交增值税(进项税额)   9 385

    贷:待抵扣税金——待抵扣增值税   9 385

(4) 如果企业在 90 天之内到主管税务机关进行认证但未获得认证通过,或者超过 90 天未到税务机关进行认证:

借:原材料——丙材料   9 385

    贷:待抵扣税金——待抵扣增值税   9 385

2. 进口货物

按海关提供的完税凭证上注明的增值税,借记"应交税费——应交增值税(进项税额)"账户,按进口货物的实际采购成本加上进口支付的关税和消费税,借记"在途物资"、"原材料"、"库存商品"等账户;按应付或实际支付的金额,贷记"银行存款"、"应付账款"、"应付票据"等账户。

$$进项税额 = 组成计税价格 \times 增值税税率$$
$$= (关税完税价格 + 关税 + 消费税) \times 增值税税率$$

【例 2-15】 某商业企业由国外进口 A 商品一批,完税价格 400 000 美元,采取汇付结算方式,关税税率为 20%,增值税税率为 17%,另外支付国内运杂费 2 400 元(其中运费 2 000 元,可抵扣进项税额 140 元)。该企业开出人民币转账支票 3 200 000 元,从银行购入 400 000 美元,转入美元存款户。当日外汇牌价 1∶8.00。

(1) 买入外汇时:

借:银行存款——美元户(USD400 000×8)   3 200 000

    贷:银行存款——人民币户   3 200 000

(2) 支付货款时:

借:材料采购   3 200 000

    贷:银行存款——美元户(USD400 000×8)   3 200 000

(3) 支付进口关税和增值税时:

应交关税 = 3 200 000 × 20% = 640 000(元)

应交增值税＝(3 200 000＋640 000)×17％＝652 800(元)

借：材料采购　　　　　　　　　　　　　　640 000
　　应交税费——应交增值税(进项税额)　　652 800
　贷：银行存款　　　　　　　　　　　　　1 292 800

(4) 支付国内运杂费时：

借：销售费用　　　　　　　　　　　　　　2 260
　　应交税费——应交增值税(进项税额)　　140
　贷：银行存款　　　　　　　　　　　　　2 400

(5) 结转商品采购成本时：

借：库存商品——A商品　　　　　　　　　3 840 000
　贷：材料采购　　　　　　　　　　　　　3 840 000

3. 接受应税劳务

接受应税劳务时，按专用发票上注明的增值税，借记"应交税费——应交增值税(进项税额)"账户，按专用发票上记载的应当计入加工、修理修配等货物、劳务成本的金额，借记"生产成本"、"制造费用"、"委托加工物资"、"管理费用"等账户；按应付或实际支付的金额，贷记"银行存款"、"应付账款"、"应付票据"等账户。

【例2-16】某企业是增值税一般纳税人，4月委托某家具厂加工包装箱。2日发出原木100立方米，成本42 000元，26日包装箱加工完毕，结算加工费8 000元，并取得了对方填开的专用发票，专用发票上注明进项税额为1 360元。双方商定1个月后付款。当天包装箱运回入库，结算运送原木及包装箱的运费共计400元(取得了承运部门填开的运费发票)，以现金支付。根据以上资料企业的会计处理如下：

(1) 发出原木时：

借：委托加工物资——包装箱　　　　　　42 000
　贷：原材料——原木　　　　　　　　　　42 000

(2) 结算加工费时，凭增值税专用发票作会计分录：

借：委托加工物资——包装箱　　　　　　8 000
　　应交税费——应交增值税(进项税额)　1 360
　贷：应付账款——家具厂　　　　　　　　9 360

(3) 支付运费时：

借：委托加工物资——包装箱　　　　　　372
　　应交税费——应交增值税(进项税额)　28
　贷：库存现金　　　　　　　　　　　　　400

(4) 包装箱运回入库时：

委托加工物资的成本＝主要材料成本＋加工费＋运费
　　　　　　　　　＝42 000＋8 000＋372＝50 372(元)

借:周转材料——包装物 50 372
　　贷:委托加工物资——包装箱 50 372

【例 2-17】 某制造业企业进行运输车辆维修,以转账支票支付汽车修理厂修理费,取得对方开具的专用发票,内列修理费 82 000 元,增值税税额 13 940 元。

正确的账务处理是:

借:管理费用 82 000
　　应交税费——应交增值税(进项税额) 13 940
　　贷:银行存款 95 940

4. 购入免税农产品

购进免税农业产品,按购进农产品的买价和规定的扣除率(目前为 13%)计算的进项税额,借记"应交税费——应交增值税(进项税额)"账户,按买价减去按规定计算的进项税额后的差额,借记"在途物资"、"原材料"、"库存商品"等账户;按应付或实际支付的金额,贷记"银行存款"、"应付账款"等账户。

【例 2-18】 甲公司向农业生产者收购免税农产品,实际支付的买价为 15 000 元,收购的农产品已经验收入库,款项已经支付。假定公司采用实际成本进行日常材料核算。

甲公司的会计处理如下:

进项税额 = 15 000 × 13% = 1 950(元)

借:原材料 13 050
　　应交税费——应交增值税(进项税额) 1 950
　　贷:银行存款 15 000

5. 接受投资转入货物

企业接受投资者投入的货物时,按投资双方确定的价值,借记"原材料"、"库存商品"等账户,按专用发票上注明的增值税额,借记"应交税费——应交增值税(进项税额)"账户;按其在注册资本中所占的份额,贷记"实收资本"或"股本"账户,按其差额贷记"资本公积"账户。

【例 2-19】 东方公司 2009 年 2 月 18 日接受安信公司投入的原材料,投资各方协议确认的投资者投入原材料价值为 2 000 000 元,专用发票上注明的增值税额为 340 000 元,假定投资协议约定的价值是公允的。东方公司协议的出资额为 1 600 000 元,该批原材料已验收入库。

正确的会计处理如下:

借:原材料 2 000 000
　　应交税费——应交增值税(进项税额) 340 000
　　贷:实收资本 1 600 000
　　　　资本公积——资本溢价 740 000

6. 接受捐赠货物

企业接受捐赠,按照专用发票上注明的增值税额,借记"应交税费——应交增值税(进项税额)"账户,按照确认的捐赠货物的价值,借记"原材料"、"库存商品"、"固定资产"等账户;按照接受捐赠的非货币性资产的公允价值,贷记"营业外收入"账户。

【例 2-20】 2009 年 5 月,A 企业接受 B 企业捐赠的设备一台,收到的增值税专用发票上注明的设备价款为 100 000 元,税额 17 000 元。

A 企业的会计处理如下:

借:固定资产　　　　　　　　　　　　　　　　　　100 000
　　应交税费——应交增值税(进项税额)　　　　　　17 000
　　贷:营业外收入　　　　　　　　　　　　　　　　117 000

(三) 一般纳税人进项税额转出的会计核算

1. 用于非应税项目、免税项目、集体福利、个人消费的购进货物或应税劳务

一般情况下,购进应税货物支付的进项税额是要作为销项税额的抵扣项目,但如果将应税货物改变用途用于非应税项目、免税项目、集体福利、个人消费等就必须将进项税额转出,借记"在建工程"、"应付职工薪酬"等账户,贷记"应交税费——应交增值税(进项税额转出)"等账户。

【例 2-21】 甲公司为生产产品购买 500 000 元的原材料,形成 85 000 元的进项税额,因为工程需要将这批原材料用于工程建设。

甲公司的会计处理如下:

借:在建工程　　　　　　　　　　　　　　　　　　585 000
　　贷:原材料　　　　　　　　　　　　　　　　　　500 000
　　　　应交税费——应交增值税(进项税转出)　　　85 000

【例 2-22】 某企业年终表彰职工,以转账方式购进表彰用品一批,取得专用发票,内列货款 8 000 元,增值税税额 1 360 元,款项由工会经费和职工福利费各出资 50%。

该企业的会计处理如下:

借:管理费用——工会经费　　　　　　　　　　　　4 680
　　　　　　——职工福利费　　　　　　　　　　　　4 680
　　贷:银行存款　　　　　　　　　　　　　　　　　9 360

2. 非正常损失的在产品、产成品所用购进货物或应税劳务

按税法规定,非正常损失的在产品、产成品所耗用的购进货物或应税劳务的进项税额不得从销项税额中抵扣。发生非正常损失时,按照非正常损失的在产品、产成品的实际成本和负担的进项税额的合计数,借记"待处理财产损溢——待处理流动资产损溢"账户;按照实际损失的在产品、产成品成本,贷记"生产成本"、"库存商品"等账户,按照计算应该转出的进项税额,贷记"应交税费——应交增值税(进项税额转出)"账户。

第二章 增值税会计

【例 2-23】 某企业 8 月份由于仓库倒塌毁损产品一批,已知损失产品账面价值为 80 000 元,当期总的生产成本为 420 000 元,其中耗用外购材料、低值易耗品等价值为 300 000 元,外购货物均适用 17% 的税率。则

损失产品成本中所耗外购货物的购进额 = 300 000 × (80 000 ÷ 420 000)
= 57 143(元)

应转出进项税额 = 57 143 × 17% = 9 714.31(元)

会计处理如下:

借:待处理财产损溢——待处理流动资产损溢　　89 714.31
　　贷:库存商品　　　　　　　　　　　　　　　　80 000
　　　　应交税费——应交增值税(进项税额转出)　9 714.31

(四) 一般纳税人销项税额的会计核算

1. 常见销售业务的会计核算

一般情况下,企业销售货物或提供应税劳务等业务,应根据增值税专用发票注明的价款和税额记账,借记"银行存款"、"应收账款"、"应收票据"等账户;贷记"主营业务收入"、"其他业务收入"、"应交税费——应交增值税(销项税额)"等账户。如果企业采用价税合并定价销售时,应将价税分离后,再进行账务处理。

(1) 一般销售业务:

【例 2-24】 A 企业于 4 月 20 日向 B 企业销售商品一批,该批商品成本为 60 000 元,增值税专用发票上注明的售价为 100 000 元,增值税为 17 000元,当天就办好了托收承付手续。假定该销售商品收入符合收入确认条件。

A 企业应作如下会计处理:

借:应收账款——B 企业　　　　　　　　　　　117 000
　　贷:主营业务收入　　　　　　　　　　　　　100 000
　　　　应交税费——应交增值税(销项税额)　　17 000
借:主营业务成本　　　　　　　　　　　　　　 60 000
　　贷:库存商品　　　　　　　　　　　　　　　 60 000

(2) 混合销售业务:

【例 2-25】 某企业本期销售自产设备并负责上门安装,对外开具专用发票,内列设备价款 290 000 元,增值税税额 49 300 元,设备安装费 25 000 元,增值税税额 4 250元,价款总计 368 550 元,款项收到存入银行。

该企业的会计处理为:

借:银行存款　　　　　　　　　　　　　　　　368 550
　　贷:主营业务收入　　　　　　　　　　　　　290 000
　　　　其他业务收入　　　　　　　　　　　　　 25 000
　　　　应交税费——应交增值税(销项税额)　　 53 550

(3) 以旧换新业务:

【例 2-26】 国美电器有限公司在促销月活动中,推出以旧换新销售冰箱业务,某日共销售冰箱 200 台,每台正常对外销售含税价格 3 276 元,采取以旧换新方式回收一台旧冰箱抵付货款 1 000 元后,每台冰箱实收价款 2 276 元。

不含税收入 = 3 276÷(1+17%)×200 = 560 000(元)

销项税额 = 560 000×17% = 95 200(元)

会计处理如下:

借:银行存款　　　　　　　　　　　　　　　　455 200
　　原材料　　　　　　　　　　　　　　　　　200 000
　　贷:主营业务收入　　　　　　　　　　　　　560 000
　　　　应交税费——应交增值税(销项税额)　　 95 200

(4) 采用收取手续费结算方式委托代销业务:

【例 2-27】 某制造公司委托代理商销售自产产品一批,账面成本为 90 000 元,产品适用增值税税率为 17%,代理合同约定该批产品的售价只能按委托方的要求统一按 140 400 元出售,公司按照含税售价的 6% 支付代理手续费。代理商已将代销货物销售出去并且向委托方开出代销清单,代理商已经结清与委托方的相应款项,取得委托方开具的增值税专用发票。

委托方的会计处理:

① 发出代销货物时:

借:委托代销商品　　　　　　　　　　　　　　90 000
　　贷:库存商品　　　　　　　　　　　　　　　90 000

② 收到代销清单时:

借:银行存款　　　　　　　　　　　　　　　　131 976
　　销售费用　　　　　　　　　　　　　　　　　8 424
　　贷:主营业务收入　　　　　　　　　　　　　120 000
　　　　应交税费——应交增值税(销项税额)　　 20 400

借:主营业务成本　　　　　　　　　　　　　　90 000
　　贷:委托代销商品　　　　　　　　　　　　　90 000

代理商的会计处理:

① 收到代销货物时:

借:受托代销商品　　　　　　　　　　　　　　140 400
　　贷:受托代销商品款　　　　　　　　　　　　140 400

② 销售代销货物后:

借:银行存款　　　　　　　　　　　　　　　　140 400
　　贷:受托代销商品　　　　　　　　　　　　　120 000
　　　　应交税费——应交增值税(销项税额)　　 20 400

③ 计提代销手续费时:

借：受托代销商品款　　　　　　　　　　　　　8 424
　　贷：其他业务收入　　　　　　　　　　　　　　　8 424
④ 向委托方方开出代销清单并收到委托方开具的专用发票时：
借：受托代销商品款　　　　　　　　　　　　111 576
　　应交税费——应交增值税(进项税额)　　　20 400
　　贷：银行存款　　　　　　　　　　　　　　　　131 976
借：受托代销商品款　　　　　　　　　　　　　20 400
　　贷：受托代销商品　　　　　　　　　　　　　　20 400

(5) 销售自己使用过的固定资产业务：

【例2-28】 2010年6月出售2007年购入的机床一台，原值300 000元，已提折旧20 000元，支付清理费用5 000元，售价200 000元(含税)，上述款项均已支付、收取。

① 注销固定资产时：
借：固定资产清理　　　　　　　　　　　　　280 000
　　累计折旧　　　　　　　　　　　　　　　　20 000
　　贷：固定资产　　　　　　　　　　　　　　　　300 000

② 支付清理费用时：
借：固定资产清理　　　　　　　　　　　　　　5 000
　　贷：银行存款　　　　　　　　　　　　　　　　　5 000

③ 收到价款时：
销项税额 = 200 000 ÷ (1+4%) × 4% × 50% = 3 846.15(元)
借：银行存款　　　　　　　　　　　　　　　200 000
　　贷：固定资产清理　　　　　　　　　　　　　　196 153.85
　　　　应交税费——应交增值税(销项税额)　　　3 846.15

④ 结转清理固定资产净损失时：
借：营业外支出　　　　　　　　　　　　　　88 846.15
　　贷：固定资产清理　　　　　　　　　　　　　　88 846.15

2. 视同销售货物

视同销售行为在会计处理上，应当区分其是否形成会计销售进行不同的处理。对于形成会计销售的行为，能同时满足收入确认的五个条件，就应该确认收入，如将货物交付他人代销，将自产产品发放给职工作福利、对外投资、向投资者分配股利等，应当确认其销售收入。对于没有形成会计销售的行为，不能同时满足收入确认的五个条件，就不能确认收入，一般按成本转账，不作销售处理。如将自产、委托加工的货物用于基本建设、无偿赠送他人等。注意：视同销售行为不论是否形成会计销售，都应按规定的计税价格计算应纳的增值税。

【例2-29】 甲公司自行生产一批产品，产品的成本为6 000元，计税价格为

10 000元，假定该产品的增值税税率为17%。

甲公司的会计处理如下：

(1) 若企业将这批产品用于在建工程：

借：在建工程　　　　　　　　　　　　　　7 700
　　贷：库存商品　　　　　　　　　　　　　　6 000
　　　　应交税费——应交增值税(销项税额)　 1 700

(2) 若企业将这批产品用于投资：

借：长期股权投资　　　　　　　　　　　　11 700
　　贷：主营业务收入　　　　　　　　　　　10 000
　　　　应交税费——应交增值税(销项税额)　 1 700
借：主营业务成本　　　　　　　　　　　　 6 000
　　贷：库存商品　　　　　　　　　　　　　 6 000

(3) 若企业将这批产品用于对外捐赠：

借：营业外支出　　　　　　　　　　　　　 7 700
　　贷：库存商品　　　　　　　　　　　　　 6 000
　　　　应交税费——应交增值税(销项税额)　 1 700

(4) 若企业将这批产品用于发放职工福利：

借：应付职工薪酬　　　　　　　　　　　　11 700
　　贷：主营业务收入　　　　　　　　　　　10 000
　　　　应交税费——应交增值税(销项税额)　 1 700
借：主营业务成本　　　　　　　　　　　　 6 000
　　贷：库存商品　　　　　　　　　　　　　 6 000

(5) 若企业将这批产品用于广告宣传：

借：销售费用　　　　　　　　　　　　　　 7 700
　　贷：库存商品　　　　　　　　　　　　　 6 000
　　　　应交税费——应交增值税(销项税额)　 1 700

3. 包装物销售、出租及没收逾期未退还包装物的押金

(1) 随同产品销售并单独计价的包装物。其会计处理如下：

借：银行存款/应收账款
　　贷：其他业务收入——包装物销售
　　　　应交税费——应交增值税(销项税额)
借：其他业务成本
　　贷：周转材料/包装物

(2) 随同产品销售不单独计价的包装物。

由于包装物的价格含在产品的价格中，因此，包装物不用单独作会计处理，只需结转包装物成本。

借:销售费用
  贷:周转材料/包装物

(3) 包装物收取租金。

包装物租金属于价外费用,应交纳增值税。注意包装物租金应作为含税收入。租金收入计入"其他业务收入",成本转入"其他业务成本"。

【例 2-30】 某工厂采用银行汇票结算方式,销售给东平机械厂甲产品 400 件,400 元/件,增值税额 27 200 元(400×400×17%),包装物 400 个出租,承租期为 2 个月,共计租金 4 680 元,一次收取包装物押金 23 400 元,总计结算金额 215 280 元。

包装物租金应计销项税额 = 4 680÷(1+17%)×17% = 680(元)

借:银行存款   215 280
  贷:主营业务收入   160 000
      其他业务收入   4 000
      应交税费——应交增值税(销项税额)   27 880
      其他应付款   23 400

(4) 包装物押金。

① 销售酒类产品之外的货物而收取的押金。

收取押金时,计入"其他应付款"。当包装物逾期未收回时,没收押金,按适用税率计算销项税额。"逾期"以 1 年为限,收取的押金超过 1 年时,无论是否退还,均应并入销售额计税。对个别周转使用期较长的包装物,经税务机关批准后,可适当放宽逾期期限。

② 销售酒类产品而收取的押金。

销售酒类产品而收取的押金又分两种情况:一是啤酒、黄酒,其计税要求、会计处理方法同上;二是其他酒类,对这类货物销售时收取的包装物押金,无论将来押金是否返回、是否按时返还以及财务会计如何核算,均应并入当期销售额计税。

【例 2-31】 某企业销售甲产品 100 件,成本价 350 元/件,售价 500 元/件,共收取包装物押金 9 360 元,包装物成本价为 70 元/件。该产品是征收消费税产品,税率为 10%。

(1) 销售产品时:

借:银行存款   67 860
  贷:主营业务收入   50 000
      应交税费——应交增值税(销项税额)   8 500
      其他应付款   9 360

(2) 计提消费税时:

借:营业税金及附加(50 000×10%)   5 000
  贷:应交税费——应交消费税   5 000

(3) 没收逾期未退包装物押金时:

借：其他应付款　　　　　　　　　　　　　　　　　9 360
　　贷：其他业务收入　　　　　　　　　　　　　　8 000
　　　　应交税费——应交增值税（销项税额）　　1 360
借：营业税金及附加(8 000×10%)　　　　　　　　　800
　　贷：应交税费——应交消费税　　　　　　　　800

(4) 如果当初收取的是随同产品出售而加收的押金，则会计处理如下：

借：其他应付款　　　　　　　　　　　　　　　　　9 360
　　贷：营业外收入　　　　　　　　　　　　　　　7 200
　　　　应交税费——应交增值税（销项税额）　　1 360
　　　　　　　　——应交消费税　　　　　　　　800

（五）增值税出口退税的会计核算

1. 外贸企业出口退税的会计核算

外贸企业出口退税，在货物出口后按照收购金额和退税率计算退税额，征、退税之差，计入企业成本。按规定计算出当期应退税额时，借记"应收出口退税"账户，贷记"应交税费——应交增值税（出口退税）"账户。计算不予退还的增值税额时，借记"主营业务成本"，贷记"应交税费——应交增值税（进项税额转出）"；实际收到退回的税款，借记"银行存款"账户，贷记"应收出口退税"账户。

【例 2-32】 省外贸公司有进出口经营权，本期该公司从海信电器公司购进一批彩电用于出口，取得专用发票，内列彩电货款 100 万元，增值税税额 17 万元，款项以银行汇票支付。该批彩电本期全部出口，离岸价为 15 万美元，当日市场汇率为 1 美元＝8.2 元人民币，申请退税的单证齐全，家电的退税率为 13%。

申报出口退税时，应退增值税税额＝1 000 000×13%＝130 000（元）
出口货物不予退还的税额＝1 000 000×(17%－13%)＝40 000（元）
会计处理如下：

借：应收出口退税　　　　　　　　　　　　　　　130 000
　　贷：应交税费——应交增值税（出口退税）　　130 000
借：主营业务成本　　　　　　　　　　　　　　　 40 000
　　贷：应交税费——应交增值税（进项税额转出）　40 000

收到退税款时：

借：银行存款　　　　　　　　　　　　　　　　　130 000
　　贷：应收出口退税　　　　　　　　　　　　　130 000

2. 生产企业出口退税的会计核算

生产企业直接出口和委托外贸企业代理出口的货物，在出口环节免征增值税，并按照规定的退税率计算出口货物的当期免抵退不得免抵税额（进项税额转出）、当期免抵退税额（出口退税）、当期免抵税额（出口抵减内销产品应纳税额），然后根据公式计算出实际退税额。企业按照规定的退税率计算出口货物的当期免抵退不得免抵税额,借记"主营业务成本",贷记"应交税费——应交增值税(进项税额转出)";按照计算的当期免抵税额,借记"应交税费——应交增值税(出口抵减内销产品应纳税额)",贷记"应交税费——应交增值税(出口退税)";按照未抵顶完的税额,借记"应收出口退税"账户,贷记"应交税费——应交增值税(出口退税)"账户;收到退回的税款时,借记"银行存款"账户,贷记"应收出口退税"账户。

【例 2-33】 某企业为有进出口经营权的生产企业,本期内销产品不含税价款为 2 400 000 元,出口销售产品折合人民币 4 600 000 元,本期购入货物进项税额为 280 000元,期初未交增值税借方余额为 120 000 元,企业适用的增值税税率为 17%,出口退税率为 13%,申请退税单证齐全。

该企业的会计处理如下:

内销产品销项税额=2 400 000×17%=408 000(元)

当期不予免抵税额=4 600 000×(17%−13%)=184 000(元)

当期应纳税额=408 000−(280 000−184 000)−120 000=192 000(元)

当期免抵退税额=4 600 000×13%=598 000(元)

当期免抵税额=当期免抵退税额=598 000(元)

结转当期不予免抵税额时:

借:主营业务成本　　　　　　　　　　　　　　　　　184 000

　　贷:应交税费——应交增值税(进项税额转出)　　　　　　184 000

结转当期免抵税额时:

借:应交税费——应交增值税(出口抵减内销产品应纳税额)　598 000

　　贷:应交税费——应交增值税(出口退税)　　　　　　　　598 000

上交税款时:

借:应交税费——应交增值税(已交税金)　　　　　　192 000

　　贷:银行存款　　　　　　　　　　　　　　　　　　　192 000

【例 2-34】 某企业为有进出口经营权的生产企业,本期内销产品不含税价款为 20 000 000 元,出口销售产品折合人民币 10 000 000 元,本期购入货物进项税额为 2 500 000元,期初未交增值税借方余额为 1 400 000 元,企业适用的增值税税率为 17%,出口退税率为 13%,申请退税单证齐全。

该企业的会计处理如下:

内销产品销项税额=20 000 000×17%=3 400 000(元)

当期不予免抵税额=10 000 000×(17%−13%)=400 000(元)

当期应纳税额=3 400 000−(2 500 000−400 000)−1 400 000=−100 000(元)

当期免抵退税=10 000 000×13%=1 300 000(元)

当期期末留抵税额 100 000 元小于当期免抵退税额 1 300 000 元,则

当期免抵税额＝1 300 000－100 000＝1 200 000（元）

当期应退税额＝100 000（元）

结转当期不予免抵税额时：

借：主营业务成本　　　　　　　　　　　　　　　　　　400 000
　　贷：应交税费——应交增值税（进项税额转出）　　　　　　400 000

申报退税时：

借：应交税费——应交增值税（出口抵减内销产品应纳税额）　1 200 000
　　应收出口退税　　　　　　　　　　　　　　　　　　　100 000
　　贷：应交税费——应交增值税（出口退税）　　　　　　　　1 300 000

收到退税款时：

借：银行存款　　　　　　　　　　　　　　　　　　　　100 000
　　贷：应收出口退税　　　　　　　　　　　　　　　　　　100 000

（六）缴纳增值税的会计核算

对于企业预缴、上交当月应纳税额的会计处理，借记"应交税费——应交增值税（已交税金）"，贷记"银行存款"。

月份终了时，将当月欠缴税款从"应交税费——应交增值税（转出未交增值税）"账户转入"应交税费——未交增值税"。因此，如果是缴纳以前月份欠缴税款，应借记"应交税费——未交增值税"，贷记"银行存款"。

【例 2-35】 某企业 2009 年 10 月末，"应交税费——应交增值税"明细账户各栏目资料如下：进项税额 200 000 元，销项税额 300 000 元，进项税额转出 6 000 元。

月末，企业应作如下会计处理：

借：应交税费——应交增值税（转出未交增值税）　　　　106 000
　　贷：应交税费——未交增值税　　　　　　　　　　　　106 000

11 月初，缴纳 10 月份增值税时，编制会计分录如下：

借：应交税费——未交增值税　　　　　　　　　　　　　106 000
　　贷：银行存款　　　　　　　　　　　　　　　　　　　106 000

二、小规模纳税人的会计核算

小规模纳税人增值税的核算，通过在"应交税费"账户下设置"应交增值税"明细账户进行，不需要设置有关的专栏。

当小规模纳税人销售货物或提供应税劳务时，大部分只能开普通发票，反映的销售额为含税销售额，在会计处理时应换算为不含税销售额。按实现的不含税销售额和规定征收率计算收取的增值税额，借记"应收账款"、"银行存款"、"应收票据"等账户；按实现的销售收入，贷记"主营业务收入"、"其他业务收入"等账户，按应纳的增值税额,贷记"应交税费——应交增值税"。

小规模纳税人购进货物或接受应税劳务时,支付的增值税税额直接计入货物及劳务的成本,借记"材料采购"、"原材料"、"库存商品"、"周转材料"、"固定资产"、"在建工程"等账户,贷记"银行存款"、"其他货币资金"、"应付账款"等账户。

小规模纳税人上交的增值税,借记"应交税费——应交增值税"账户,贷记"银行存款"账户。收到退回多交的增值税,作相反的会计分录。

【例2-36】 某工业企业为小规模纳税企业,适用的增值税税率为3%。该企业3月购入原材料,按照增值税发票上记载的原材料成本为500 000元,支付的增值税为85 000元,企业已开出并承兑商业汇票,材料尚未收到。本月销售货物价款800 000元,货款暂欠。货物成本为500 000元。

有关会计处理如下:

(1) 购入材料时:

借:在途物资	585 000
贷:应付票据	585 000

(2) 销售货物时:

不含税价格 = 800 000 ÷ (1 + 3%) = 776 699.03(元)

应交增值税 = 776 699.03 × 3% = 23 300.97(元)

借:应收账款	800 000
贷:主营业务收入	776 699.03
应交税费——应交增值税	23 300.97
借:主营业务成本	500 000
贷:库存商品	500 000

(3) 下月初缴纳增值税时:

借:应交税费——应交增值税	23 300.97
贷:银行存款	23 300.97

第四节 增值税专用发票的管理与纳税申报

一、增值税专用发票管理

增值税专用发票(以下简称专用发票)是指增值税一般纳税人销售货物或提供应税劳务开具的发票,是购买方支付增值税额并可按照增值税有关规定据以抵扣增值税进项税额的凭证。由此可见,专用发票不仅是经济业务收付款的原始凭证,而且是兼记销货方纳税义务和购货方进项税额的主要依据,是购货方据以抵扣增值税税款的法定凭证。

增值税专用发票由基本联次或基本联次附加其他联次构成。基本联次为三联：发票联、抵扣联和记账联。发票联，作为购买方核算采购成本和增值税进项税额的记账凭证；抵扣联，作为购买方报送主管税务机关认证和留存备查的凭证；记账联，作为销售方核算销售收入和增值税销项税额的记账凭证。其他联次用途，由一般纳税人自行确定。

增值税专用发票的使用和管理等问题具体规定如下：

（一）增值税专用发票的领购范围

增值税专用发票只限于增值税一般纳税人领购使用。增值税小规模纳税人和非增值税纳税人不得领购使用专用发票。增值税小规模纳税人需开具专用发票的，可向当地主管税务机关申请代开。

一般纳税人有下列情形之一的，不得领购开具专用发票：

（1）会计核算不健全，不能向税务机关准确提供增值税销项税额、进项税额、应纳税额数据及其他有关增值税税务资料的。

（2）有《税收征收管理办法》规定的税收违法行为，拒不接受税务机关处理的。

（3）有下列行为之一，经税务机关责令限期改正而仍未改正的：① 虚开专用发票；② 私自印制专用发票；③ 向税务机关以外的单位和个人买取专用发票；④ 借用他人专用发票；⑤ 未按规定开具专用发票；⑥ 未按规定保管专用发票和专用设备；⑦ 未按规定申报办理防伪税控系统变更发行；⑧ 未按规定接受税务机关检查。

为了加强增值税专用发票的管理，有以上情形之一的一般纳税人，如已领购专用发票，税务机关应暂扣其结存的专用发票和IC卡。

（二）专用发票的开具范围

一般纳税人销售货物或提供应税劳务，应向购买方开具专用发票。

一般纳税人有下列销售情形，不得开具专用发票：

（1）商业企业一般纳税人零售的烟、酒、食品、服装、鞋帽（不包括劳保专用部分）、化妆品等消费品。

（2）销售免税货物，法律、法规及国家税务总局另有规定的除外。

（3）销售自己使用过的不得抵扣且未抵扣进项税额的固定资产。

（4）2008年12月31日以前未纳入扩大增值税抵扣范围试点的纳税人，销售自己使用过的2008年12月31日以前购进或自制的固定资产。

（5）2008年12月31日以前已纳入扩大增值税抵扣范围试点的纳税人，销售自己使用过的在本地区扩大增值税抵扣范围试点以前购进或自制的固定资产。

（6）销售旧货。

（三）专用发票的开具要求

（1）项目齐全，与实际交易相符。

（2）字迹清楚，不得压线、错格。
（3）发票联和抵扣联加盖财务专用章或者发票专用章。
（4）按照增值税纳税义务的发生时间开具专用发票。

开具的专用发票有不符合上述要求的,不得作为扣税凭证,购买方有权拒收。

一般纳税人销售货物或提供应税劳务可以汇总开具专用发票。汇总开具专用发票的,同时使用防伪税控系统开具《销售货物或者提供应税劳务清单》,并加盖财务专用章或者发票专用章。

（四）红字专用发票的开具

增值税一般纳税人开具增值税专用发票后,发生销货退回或销货折让、开票有误等情形但不符合作废条件,应按规定开具红字专用发票。

纳税人销售货物并向购买方开具增值税专用发票后,由于购货方在一定时期内累计购买货物达到一定数量,或者由于市场价格下降等原因,销售方给予购货方相应的价格优惠或补偿等折扣、折让行为,销售方可按现行的有关规定开具红字增值税专用发票。

红字专用发票的开具,应视不同情况分别按以下办法处理：

（1）一般纳税人取得专用发票后,发生销货退回、开票有误等情形但不符合作废条件的,或因销货部分退回及发生销售折让的,购买方应向主管税务机关填报《开具红字增值税专用发票申请单》（以下简称《申请单》）。主管税务机关对《申请单》审核后,出具《开具红字增值税专用发票通知单》（以下简称《通知单》）。

购买方必须暂依《通知单》所列增值税税额从当期进项税额中转出,即冲减进项税额。未抵扣进项税额的可列入当期进项税额,待取得销售方开具的红字专用发票后,与留存的《通知单》一并作为记账凭证。

销售方凭购买方提供的《通知单》开具红字专用发票,在防伪税控系统中以销项负数开具。

（2）因专用发票抵扣联、发票联均无法认证的,以及购买方所购货物不属于增值税扣税项目范围,取得的专用发票未经认证的,由购买方填报《申请单》,并在《申请单》上填写具体原因以及相对应蓝字专用发票的信息,主管税务机关审核后出具《开具红字增值税专用发票通知单》。购买方不作进项税额转出处理。

开具红字专用发票相应的《通知单》应按月依次装订成册,并比照专用发票保管规定管理。红字专用发票应与《通知单》一一对应。

二、增值税的纳税期限

在明确了增值税纳税义务发生时间之后,还需要掌握具体纳税期限,以保证按期缴纳税款。根据条例规定,增值税的纳税期限分别为1日、3日、5日、10日、15日或

1个月、1个季度。纳税人的具体纳税期限,由主管税务机关根据纳税人应纳税额的大小分别核定;不能按照固定期限纳税的,可以按次纳税。

纳税人以1个月或1个季度为一期纳税的,自期满之日起15日内申报纳税;以1日、3日、5日、10日或15日为一期纳税的,自期满之日起5日内预缴税款,于次月1日起15日内申报纳税并结清上月应纳税款。

纳税人进口货物,应当自海关填发税款缴纳书之日起15日内缴纳税款。

三、增值税的纳税地点

为了保证纳税人按期申报纳税,根据企业跨地区经营和搞活商品流通的特点及不同情况,税法还具体规定了增值税的纳税地点:

(1) 固定业户应当向其机构所在地的主管税务机关申报纳税。总机构和分支机构不在同一县(市)的,应当分别向各自所在地的主管税务机关申报纳税;经国务院财政、税务主管部门或其授权的财政、税务机关批准,可以由总机构汇总向总机构所在地的主管税务机关申报纳税。

(2) 固定业户到外县(市)销售货物或提供应税劳务,应当向其机构所在地的主管税务机关申请开具外出经营活动税收管理证明,并向其机构所在地的主管税务机关申报纳税;未开具证明的,应当向销售地或劳务发生地的主管税务机关申报纳税;未向销售地或劳务发生地的主管税务机关申报纳税的,由其机构所在地的主管税务机关补征税款。

(3) 固定业户(指增值税一般纳税人)临时到外省、市销售货物的,必须向经营地税务机关出示《外出经营活动税收管理证明》回原地纳税,需要向购货方开具专用发票的,亦回原地补开。

(4) 非固定业户销售货物或提供应税劳务,应当向销售地或劳务发生地的主管税务机关申报纳税;未向销售地或劳务发生地的主管税务机关申报纳税的,由其机构所在地或居住地的主管税务机关补征税款。

(5) 进口货物,应当向报关地海关申报纳税。

扣缴义务人应当向其机构所在地或居住地的主管税务机关申报缴纳其扣缴的税款。

四、增值税的纳税申报

(一) 增值税一般纳税人的纳税申报

自2003年7月1日起,增值税一般纳税人必须实行电子信息采集。使用防伪税控系统开具增值税专用发票的纳税人必须在抄报税成功后,方可进行纳税申报。并且自2003年7月1日起,增值税一般纳税人开始采用新版的"增值税纳税申报表"及附表。《增值税纳税申报表》(适用于增值税一般纳税人)如表2-2所示。

第二章 增值税会计

表 2-2 　　　　　　　　　　　**增值税纳税申报表**

（适用于增值税一般纳税人）

税款所属时间：自　年　月　日至　年　月　日　　填表日期：　年　月　日

纳税人识别号：□□□□□□□□□□□　　所属行业：　　　　金额单位:元至角分

纳税人名称		法定代表人姓名		注册地址		营业地址	
开户银行及账号				企业登记注册类型		电话号码	

<table>
<tr><td rowspan="2" colspan="2">项　目</td><td rowspan="2">栏次</td><td colspan="2">一般货物及劳务</td><td colspan="2">即征即退货物及劳务</td></tr>
<tr><td>本月数</td><td>本年累计</td><td>本月数</td><td>本年累计</td></tr>
<tr><td rowspan="10">销售额</td><td>（一）按适用税率征税货物及劳务销售额</td><td>1</td><td></td><td></td><td></td><td></td></tr>
<tr><td>其中:应税货物销售额</td><td>2</td><td></td><td></td><td></td><td></td></tr>
<tr><td>应税劳务销售额</td><td>3</td><td></td><td></td><td></td><td></td></tr>
<tr><td>纳税检查调整的销售额</td><td>4</td><td></td><td></td><td></td><td></td></tr>
<tr><td>（二）按简易征收办法征税货物销售额</td><td>5</td><td></td><td></td><td></td><td></td></tr>
<tr><td>其中:纳税检查调整的销售额</td><td>6</td><td></td><td></td><td></td><td></td></tr>
<tr><td>（三）免、抵、退办法出口货物销售额</td><td>7</td><td></td><td></td><td></td><td></td></tr>
<tr><td>（四）免税货物及劳务销售额</td><td>8</td><td></td><td></td><td></td><td></td></tr>
<tr><td>其中:免税货物销售额</td><td>9</td><td></td><td></td><td></td><td></td></tr>
<tr><td>免税劳务销售额</td><td>10</td><td></td><td></td><td></td><td></td></tr>
<tr><td rowspan="11">税款计算</td><td>销项税额</td><td>11</td><td></td><td></td><td></td><td></td></tr>
<tr><td>进项税额</td><td>12</td><td></td><td></td><td></td><td></td></tr>
<tr><td>上期留抵税额</td><td>13</td><td></td><td></td><td></td><td></td></tr>
<tr><td>进项税额转出</td><td>14</td><td></td><td></td><td></td><td></td></tr>
<tr><td>免、抵、退货物应退税额</td><td>15</td><td></td><td></td><td></td><td></td></tr>
<tr><td>按适用税率计算的纳税检查应补缴税额</td><td>16</td><td></td><td></td><td></td><td></td></tr>
<tr><td>应抵扣税额合计</td><td>17＝12＋13－14－15＋16</td><td></td><td></td><td></td><td></td></tr>
<tr><td>实际抵扣税额</td><td>18(如 17＜11,则为 17,否则为 11)</td><td></td><td></td><td></td><td></td></tr>
<tr><td>应纳税额</td><td>19＝11－18</td><td></td><td></td><td></td><td></td></tr>
<tr><td>期末留抵税额</td><td>20＝17－18</td><td></td><td></td><td></td><td></td></tr>
<tr><td>简易征收办法计算的应纳税额</td><td>21</td><td></td><td></td><td></td><td></td></tr>
</table>

续表

项目		栏次	一般货物及劳务		即征即退货物及劳务	
			本月数	本年累计	本月数	本年累计
税款计算	按简易征收办法计算的纳税检查应补缴税额	22				
	应纳税额减征额	23				
	应纳税额合计	24＝19＋21－23				
税款缴纳	期初未缴税额（多缴为负数）	25				
	实收出口开具专用缴款书退税额	26				
	本期已缴税额	27＝28＋29＋30＋31				
	①分次预缴税额	28				
	②出口开具专用缴款书预缴税额	29				
	③本期缴纳上期应纳税额	30				
	④本期缴纳欠缴税额	31				
	期末未缴税额（多缴为负数）	32＝24＋25＋26－27				
	其中：欠缴税额（≥0）	33＝25＋26－27				
	本期应补（退）税额	34＝24－28－29				
	即征即退实际退税额	35				
	期初未缴查补税额	36				
	本期入库查补税额	37				
	期末未缴查补税额	38＝16＋22＋36－37				
授权声明	如果你已委托代理人申报,请填写下列资料： 为代理一切税务事宜,现授权 （地址）　　　　　　　　为本纳税人的代理申报人,任何与本申报表有关的往来文件,都可寄予此人。 授权人签字：	申报人声明	此纳税申报表是根据《中华人民共和国增值税暂行条例》的规定填报的,我相信它是真实的、可靠的、完整的。 声明人签字：			

以下由税务机关填写：

收到日期：　　　　　　　接收人：　　　　　　　主管税务机关盖章：

（二）小规模纳税人的纳税申报

增值税的小规模纳税人,应按主管税务机关核定的纳税期限,如实填写并及时报送《增值税纳税申报表》（适用于小规模纳税人）。其申报表的内容及格式,如表2-3所示。

表 2-3 增值税纳税申报表

（适用于小规模纳税人）

税款所属时期：自　年　月　日至　年　月　日　　　　　填表日期：　年　月　日

纳税人识别号：□□□□□□□□□□□　　　　　　　　金额单位：元至角分

纳税人名称		法定代表人姓名		营业地址		
开户银行及账号			经济类型	合伙企业	电话号码	

	项　目	栏次	本月数	本年累计	征收率
一 计 税 依 据	（一）应征增值税货物及劳务不含税销售额	1=2+3			
	其中：货物生产及加工修理修配劳务	2			
	货物批发、零售	3			
	（二）销售使用过的固定资产销售额	4			
	其中：税控器具开具的普通发票不含税销售额	5			
	（三）纳税检查调整的销售额	6			
	（四）免税货物及劳务销售额	7			
	其中：出口免税货物销售额	8			
	（五）税务机关核定的不含税销售额	9			

	项　目	栏目	本月数	本年累计
二 税 款 计 算	本期应纳税额	10		
	其中：纳税检查调整的应纳税额	11		
	本期减征的应纳税额	12		
	本期实际应纳税额	13=10−12		
	期初未缴税款（多缴为负）	14		
	本期已纳税款	15		
	其中：本期预缴税款	16		
	期末未缴税款（多缴为负）	17		
	其中：欠缴税款（≥0）	18		
	本期应补（退）税额	19		
三 财 务 指 标	原、辅材料、燃料、动力成本	20		
	商品成本	21		
	应提取的折旧费	22		
	支付的工资、奖金、福利费	23		
	支付房屋、设备等租金	24		

授 权 代 理 人	（如果你已委托代理申报人，请填写下列资料） 为代理一切税务事宜，现授权　　　　　　（地址） 　　　　　　为本纳税人的代理申报人， 任何与本申报表有关的往来文件，都可寄于此人。 授权人签字：	申报人声明	此纳税申报表是根据《中华人民共和国增值税暂行条例》的规定填报的，我相信它是真实的、可靠的、完整的。 声明人签字：

会计主管签字：　　　　　代理申报人签字：　　　　　纳税人盖章：

以下由税务机关填写：

收到日期		接收人		审核日期		主管税务机关盖章
审核记录						核收人签字：

注：本申报表为两联，第一联为申报表，由纳税人按期向主管税务机关申报；第二联为收执联，纳税人于申报时连同申报联交主管税务机关签章后收回作为申报凭证。"产业类型"只按"工业"或"商业"类型划分填写。

本章复习题

一、单项选择题

1. 下列项目中,应视同销售行为征收增值税的是(　　)。
   A. 将外购货物用于基建
   B. 将外购货物作为原材料投入生产
   C. 将外购货物无偿赠送他人
   D. 将外购货物租赁给他人使用

2. 下列各项中,属于增值税征收范围的是(　　)。
   A. 提供修理劳务
   B. 提供代理服务
   C. 提供运输劳务
   D. 提供租赁服务

3. 根据增值税法律制度规定,下列各项中,不缴纳增值税的是(　　)。
   A. 商品期货
   B. 寄售业代委托人销售物品
   C. 集邮商品的调拨
   D. 邮局发行报刊

4. 2009年5月中旬,某商店(增值税小规模纳税人)购进童装150套,"六一"儿童节之前以每套100元的含税价格全部零售出去。该商店当月销售这批童装应纳增值税为(　　)。
   A. 450元　　　B. 436.89元　　　C. 463.92元　　　D. 600元

5. 下列各项中,既是增值税法定税率,又是增值税进项税额扣除率的是(　　)。
   A. 7%　　　B. 10%　　　C. 13%　　　D. 17%

6. 下列各项中,属于增值税兼营行为的有(　　)。
   A. 汽车制造厂销售自产汽车并提供汽车租赁服务
   B. 饭店提供客房、餐饮服务并设立独立的柜台外销自制的食品
   C. 空调厂销售空调并提供安装服务
   D. 电脑公司销售自产电脑,并提供运输劳务

7. 下列属于增值税混合销售行为的有(　　)。
   A. 电信局提供电话安装的同时销售电话
   B. 建材企业销售建材的同时,也提供装饰装修服务
   C. 塑钢门窗商店销售产品,并为客户加工与安装
   D. 汽车生产企业既生产销售汽车,又提供汽车修理服务

8. 某一般纳税人为生产酒类产品的企业,该企业销售啤酒收取的包装物押金的增值税处理,正确的是(　　)。
   A. 逾期1年以上的并入销售额缴纳增值税
   B. 该押金收入为不含税收入

C. 不缴纳增值税
D. 无论是否返还均并入销售额

9. 下列各项外购货物中,准予抵扣进项税额的是( )。
   A. 用于厂房建设   B. 用于连续生产其他货物
   C. 用于非应税项目   D. 用于集体福利

10. 增值税一般纳税人发生的下列业务中,应当开具增值税专用发票的是( )。
    A. 向消费者销售应税货物
    B. 向某企业(一般纳税人)销售应税货物
    C. 将委托加工的货物用于集体福利
    D. 转让无形资产

11. 根据《增值税暂行条例》的规定,采取预收货款方式销售货物,增值税纳税义务的发生时间是( )。
    A. 销售方收到第一笔货款的当天   B. 销售方收到剩余货款的当天
    C. 销售方发出货物的当天   D. 购买方收到货物的当天

12. 增值税纳税人以1个月为一期纳税的,自期满之日起( )日内申报纳税。
    A. 3   B. 5   C. 10   D. 15

二、多项选择题

1. 根据增值税法律制度规定,下列各项中,应当征收增值税的有( )。
   A. 将外购的货物用于非应税项目   B. 将外购的货物用于投资
   C. 将外购的货物分配给股东   D. 将外购的货物用于集体福利

2. 根据增值税法律制度的规定,下列各项中,不属于增值税征收范围的有( )。
   A. 邮政部门销售集邮商品   B. 邮票部门发行报刊
   C. 商场销售金银饰品   D. 缝纫业务

3. 根据增值税法律制度的有关规定,下列各项中,不征收增值税的是( )。
   A. 电力公司销售电力   B. 销售商品混凝土
   C. 发行体育彩票   D. 融资租赁业务

4. 下列各项中,属于增值税纳税义务人的兼营行为的有( )。
   A. 电梯生产企业销售电梯后为客户安装的业务
   B. 建材商店销售建材的同时,还单独提供装饰装修服务
   C. 邮政局提供邮政服务的同时销售邮票
   D. 汽车制造厂既生产销售汽车,又提供汽车美容保养服务

5. 企业下列行为中,属于混合销售行为的有( )。

A. 某宾馆既经营客房又销售商品
B. 某企业既经营餐饮娱乐又经营健身业
C. 某装修公司为装修工程既提供建筑和装修材料,又进行装修
D. 运输企业销售货物并负责运输该货物

6. 向购买方收取的下列税金、费用中,可以并入销售额作为增值税的计税依据的是( )。
A. 向购买方收取的手续费   B. 向购买方收取的消费税
C. 向购买方收取的增值税   D. 向购买方收取的运费

7. 企业在商品销售价格之外向购买方收取的下列费用中,应并入销售额缴纳增值税的有( )。
A. 销项税额   B. 储备费   C. 包装费   D. 价外基金

8. 增值税一般纳税人发生的下列进项税额中,不得从销项税额中抵扣的有( )。
A. 用于建造房屋的购进物资   B. 用于免税项目的购进物资
C. 用于对外投资的购进物资   D. 非正常损失的购进物资

9. 根据增值税法律制度的规定,下列各项中,增值税一般纳税人不能开具增值税专用发票的是( )。
A. 销售不动产   B. 向个人消费者销售应税货物
C. 将货物用于集体福利   D. 收到代销单位送交的代销货物清单

10. 下列各项中,应视同销售货物行为征收增值税的是( )。
A. 将委托加工的货物用于非应税项目
B. 动力设备的安装
C. 销售代销的货物
D. 邮政局出售集邮商品

11. 下列各项中,应当征收增值税的有( )。
A. 医院提供治疗并销售药品   B. 邮局提供邮政服务并销售集邮商品
C. 商店销售空调并负责安装   D. 汽车修理厂修车并提供洗车服务

12. 根据《增值税暂行条例》的规定,个人销售额未达到起征点的,免征增值税。现行增值税的起征点为( )。
A. 销售货物的起征点为月销售额 2 000～5 000 元
B. 销售应税劳务的起征点为月销售额 3 000 元
C. 按次纳税的起征点为每次(日)销售额 150～200 元
D. 按次纳税的起征点为每次(日)销售额 200 元

三、判断题

1. 在税款征收中,纳税人发生税法上的混合销售行为,应当征收增值税,不征营业税。   (   )

2. 纳税人为鼓励购货方及早偿还货款,协议许诺给予购货方的现金折扣,可以从销售额中减除。   (   )

3. 纳税人采取以旧换新方式销售货物的,可以从新货物销售额中减除收购旧货物所支付的金额。   (   )

4. 已抵扣进项税额的购进货物,如果作为集体福利发放给职工个人的,发放时应视同销售计算增值税的销项税额。   (   )

5. 采用赊销、分期付款结算方式,增值税专用发票填开的时间为货物移送的当天。   (   )

6. 已抵扣进项税额的购进货物,如果因自然灾害而造成损失,应将损失货物的进项税额从当期发生的进项税额中扣减。   (   )

7. 计算增值税应纳税额时准予计算进项税额抵扣的货物运费金额是指在运输单位为货主开具的发票上注明的运费和政府收取的建设基金。   (   )

8. 已抵扣进项税额的购进货物,如果作为集体福利发放给职工个人的,发放时应视同销售计算增值税的销项税额。   (   )

9. 总分支机构不在同一县(市)的增值税纳税人,经批准,可由总机构向其所在地主管税务机关统一办理一般纳税人认定手续。   (   )

10. 纳税人取得运输发票后,应当自开票之日起90天内向主管国家税务局申报抵扣,超过90天的不得予以抵扣。   (   )

四、计算题

1. 某生产企业为增值税一般纳税人,适用增值税税率为17%,5月份发生有关生产经营业务如下:

(1) 销售甲产品给某大商场,开具增值税专用发票,取得不含税销售额80万元;另外,开具普通发票,取得销售甲产品的送货运输费收入5.85万元。

(2) 销售乙产品,开具普通发票,取得含税销售额29.25万元。

(3) 销售使用过的进口摩托车5辆,开具普通发票,每辆取得含税销售额1.04万元,该摩托车原值每辆0.9万元。

(4) 购进货物取得增值税专用发票,注明支付的货款60万元、进项税额10.2万元;另外支付购货的运输费用6万元,取得运输公司开具的普通发票。

(5) 向农业生产者购进免税农产品一批,支付收购价30万元,支付给运输单位的运费5万元,取得相关的合法票据。本月下旬将购进的农产品的20%用于本企业职工福利(以上相关票据均符合税法的规定并通过认证)。

要求:计算该企业5月应缴纳的增值税税额。

2. A电子设备生产企业(本题下称A企业)与B商贸公司(本题下称B公司)均为增值税一般纳税人,2009年2月份有关经营业务如下:

(1) A 企业从 B 公司购进生产用原材料和零部件,取得 B 公司开具的增值税专用发票,注明货款 180 万元、增值税 30.6 万元,货物已验收入库,货款和税款未付。

(2) B 公司从 A 企业购电脑 600 台,每台不含税单价 0.45 万元,取得 A 企业开具的增值税专用发票,注明货款 270 万元、增值税 45.9 万元。B 公司以销货款抵顶应付 A 企业的货款和税款后,实付购货款 90 万元、增值税 15.3 万元。

(3) A 企业为 B 公司制作大型电子显示屏,开具了普通发票,取得含税销售额 9.36 万元、调试费收入 2.34 万元。制作过程中委托 C 公司进行专业加工,支付加工费 2 万元、增值税 0.34 万元,取得 C 公司增值税专用发票。

(4) B 公司从农民手中购进免税农产品,收购凭证上注明支付收购货款 30 万元,支付运输公司的运输费 3 万元,取得普通发票。入库后,将收购的农产品 40% 作为职工福利消费,60% 零售给消费者并取得含税收入 35.03 万元。

(5) B 公司销售电脑和其他物品取得含税销售额 298.35 万元,均开具普通发票。

若有关发票均符合税法的规定并通过认证,要求:
(1) 计算 A 企业 2009 年 12 月份应缴纳的增值税。
(2) 计算 B 公司 2009 年 12 月份应缴纳的增值税。

3. 某企业为增值税一般纳税人,在某一纳税期间发生如下经济业务:

(1) 销售 A 产品一批,开具的专用发票注明价款、增值税额分别为 100 000 元、17 000 元。

(2) 向消费者个人销售 A 产品一批,开具的普通发票注明金额为 50 000 元,并由本企业下设的车队负责运输,另外收取运费 6 000 元。

(3) 为促销 A 产品,用以旧换新方式向消费者个人销售 A 产品 90 000 元(已扣除收购旧货支付的款项 10 000 元)。

(4) 向当地百货大楼销售 B 产品,价款、增值税额分别为 200 000 元、34 000 元,百货大楼当日付清货款后,该企业给予了 8% 的销售折扣,销售折扣开具红字发票入账。

(5) 销售本厂自用两年的小轿车,售价 100 000 元,成本 80 000 元。

(6) 收取的已达到 2 年期限的包装物押金收入 60 000 元,记入其他业务收入。

(7) 向灾区捐赠自产产品一批,产品的生产成本为 100 000 元,没有同类产品销售价格。

要求:请根据上述材料,计算该企业当期销项税额。

4. 某工业企业为增值税一般纳税人,适用增值税税率 17%,2009 年 6 月发生如下经济业务:

(1) 购进原材料 80 万元,取得专用发票,货款已由银行存款支付,本月尚未到

货,支付运费6万元,取得运输单位开具的普通发票;

(2) 向小规模纳税人购进粮食一批,支付价款30万元,取得普通发票,货物已验收入库。

(3) 销售一批货物价款150万元,开具增值税专用发票,货款已通过银行收取。

(4) 将新试制的一批新产品发给职工作福利,成本12万元,无同类产品价格,成本利润率10%。

(5) 没收到期未归还的包装物押金3.5万元。

要求:根据上述材料,计算当期销项税额、当期进项税额和当期应纳增值税额。

5. 某进出口公司为一般纳税人,当月进口一批货物,海关审定关税完税价格为700万元(人民币),该货物关税税率为10%,增值税税率为17%;该公司当月内销货物销售额为1 800万元(不含税),适用税率为17%。

要求:根据上述资料,计算该企业当月进口环节应纳增值税税额、内销环节应纳增值税税额。

6. 某自营出口的生产企业为增值税一般纳税人,适用的增值税税率为17%,退税率为15%。2009年11月和12月的生产经营情况如下:

(1) 11月份:外购原材料、燃料取得增值税专用发票,注明支付价款850万元、增值税额144.5万元,材料、燃料已验收入库;外购动力取得增值税专用发票,注明支付价款150万元、增值税额25.5万元,其中20%用于企业免税项目;以外购原材料80万元委托某公司加工货物,支付加工费取得增值税专用发票,注明价款30万元、增值税额5.1万元,支付加工货物的运输费用10万元并取得运输公司开具的普通发票。内销货物取得不含税销售额300万元,支付销售货物运输费用18万元并取得运输公司开具的普通发票;出口销售货物取得销售额500万元。

(2) 12月份:免税进口料件一批,支付国外买价300万元,运抵我国海关前的运输费用、保管费和装卸费用50万元,该料件进口关税税率20%,料件已验收入库;出口货物销售取得销售额600万元;内销货物600件,开具普通发票,取得含税销售额140.4万元;将与内销货物相同的自产货物200件用于本企业集体福利,货物已移送。

假设以上相关票据均符合税法的规定并通过认证,要求:

(1) 采用"免、抵、退"法计算企业2009年11月份应纳(或应退)的增值税。

(2) 采用"免、抵、退"法计算企业2009年12月份应纳(或应退)的增值税。

五、案例分析

2009年5月,某计算机公司生产出最新型号计算机,为了赢得市场,公开宣布每台不含税销售单价为0.9万元。当月向五个大商场销售出500台,对这五个商场在当月20天内付清500台计算机购货款,均给予了5%的销售折扣;发货给外省市分支机构200台,用于销售,并支付发货运费等项费用12万元,运输单位开具的货票上注明运费10万元、建设基金0.5万元、装卸费0.5万元、保险费1万元,另采取以旧换新方式,收购旧型号计算机,销售新型号计算机100台,每台按上述不含税销售单价折价0.25万元;购进计算机原材料零部件,取得增值税专用发票上注明的销售金额200万元,为即将举行的全国体育运动会赠送计算机50台。另外,当月还从国外购进两台计算机检测设备,取得的海关开具的完税凭证上注明的增值税税额是18万元。企业有关票据均符合税法的规定并通过认证,当月底该公司计算缴纳当月应纳增值税是:

当月销项税额 = [500×0.9×(1−5%)+100×(0.9−0.25)]×17%
= (427.5+65)×17% = 83.73(万元)

当月进项税额 = 12×10%+200×17%+18 = 1.2+34
= 1.2+34+18 = 35.2(万元)

当月应纳增值税额 = 83.73−35.2 = 48.53(万元)

请用《增值税暂行条例》及有关规定,具体分析该企业计算的当月应纳增值税税额是否正确;如有错误,请指出错在哪里,并正确计算企业当月应纳增值税税额。

六、业务题(根据所给经济业务作相关的涉税会计处理)

1. 华达工厂属于增值税一般纳税人,5月份发生如下业务:

(1) 2日,向本市某工厂购进甲原材料6 000千克,5元/千克,增值税进项税额为5 100元,材料入库,发票收到并开出转账支票支付。

(2) 3日,购进乙材料2 000千克,6元/千克,现金支付运杂费1 400元(其中运输发票上列明的运费为1 000元),增值税进项税为2 040元,已开出银行承兑汇票,材料验收入库。

(3) 5日,开出转账支票预付本市新华工厂购买甲材料货款30 000元。8日,收到预购的甲材料7 600千克入库,发票所列价款为35 000元,增值税进项税额5 950元,当天开出转账支票补付新华工厂余额10 950元。

(4) 20日,收到红利工厂转来的托收承付结算凭证(验单付款)及发票,所列乙材料价款10 000元,税额1 700元,已委托银行付款。25日,材料运到,验收后因质量不符而全部退货并取得当地主管税务机关开具的"证明单"送交销售方,代垫退货运费1 200元。27日,收到红利工厂代垫款1 200元及货款和开具的红字发票联抵扣。

(5) 22日,接受天宏工厂捐赠丙材料,增值税专用发票上列明:价款60 000元,税款10 200元,材料已验收入库。

(6) 26日,接受华能工厂捐赠机器1台,价值40 000元,增值税税额6 800元。

(7) 26日,委托新华木器厂加工产品包装用木箱,发出甲材料18 000元,支付加工费3 600元和增值税税额612元。支付往返运杂费380元,其中,运费300元,应计运费进项税额 21 元。

(8) 5 月份水费共计 12 000 元,其中,车间用水 9 500 元,管理用水 2 500 元,增值税专用发票注明增值额 1 560 元(税率 13%)。

2. 天华工厂是小规模纳税人,5 月份发生如下业务:

(1) 5 日,购入原材料钢材一批,增值税专用发票上注明:材料价款 9 000 元,增值税 1 530 元,已付款并验收入库。

(2) 10 日购入包装物一批,普通发票上注明货款 3 000 元,已付款并验收入库。

(3) 15 日,销售一批产品给华达工厂,取得产品销售收入 20 600 元,货款未收到。

(4) 20 日,接受外单位委托加工产品一批,收取加工费 15 450 元,以银行存款结算。

第三章 消费税会计

 引导案例：混淆产品销售收入，逃避纳税

深圳市江醇酿酒厂是年纳增值税、消费税过千万元的国有骨干企业，主要产品为白酒、酒精及饮料。1995年10月初，市国税局直属征收分局在审查其纳税申报时，发现纳税情况异常，特别是消费税应纳税额与上年同期相比下降很大。10月21日，征收分局派员对其该年1~9月份纳税情况进行了检查。

通过检查产品销售明细账，发现各类应征消费税产品依法定税率计算的应纳税额与申报数额一致，但酒精的产品销售收入达2 158万元，与1994年同期相比，增长了38%，增幅较大。对此，企业财务人员解释说，今年以来，酿酒厂进行了产品结构调整，减少了白酒产量，扩大了酒精生产规模，由于酒精消费税税率较低，所以在总的应税收入增长的情况下，应纳消费税额却减少了。

为了弄清情况，税务人员又对产品账进行了检查，白酒产量比去年同期增长了11%，酒精产量比去年同期增长了13.8%，增长幅度不大。企业生产的食用酒精全部计入产成品——食用酒精账户，1995年1月至9月份结转食用酒精销售成本102万元，结转工业酒精及医用酒精销售成本996万元，合计结转酒精销售成本1 098万元，与酒精产品销售收入明显不符。由此推断，企业存在混淆酒类产品销售与酒精产品销售的问题。

税务人员对包括该厂门市部在内的8个购货单位16份销货发票进行外调，发现开给本厂门市部的两份大额发票记账联与发票联产品名称不符，记账联为"食用酒精"，发票联为"粮食白酒"。再核对这两笔业务的核算情况，发现"产品销售收入——食用酒精"账页后面单设一账页，户名为"门市部"，只登记产品销售数量、销售金额，未登记单价及单位成本。该企业混淆产品销售收入、逃避纳税的问题终于查清。销售明细账的"门市部"户记载1995年1月至10月份食用酒精销售收入537万元，实际为粮食白酒销售收入，共少计消费税107.4万元。

讨论题：江醇酿酒厂实际应纳税额是多少？如何进行账务处理？

第一节 消费税概述

一、消费税的概念

消费税是对在我国境内从事生产、委托加工和进口应税消费品的单位和个人,就其应税消费品的销售额或销售数量,在特定环节征收的一种税。简单地说,消费税是对特定的消费品和消费行为征收的一种税。

消费税是世界各国广泛征收的税种,我国的消费税是1994年税制改革中新设置的税种之一,与增值税相配套,即在对货物普遍征收增值税的基础上,选择少数消费品再征收一道消费税,形成与增值税交叉征收的双层次调节模式,其目的是调节产业结构,引导消费方向,缓解分配不公,保证国家财政收入。

二、消费税的特点

与其他税种相比,消费税具有如下特点:

1. 征收范围具有选择性

消费税是在对货物普遍征收增值税的基础上,选择少数消费品再征收一道消费税,主要目的是为了调节产品结构,引导消费方向,保证国家财政收入。征税对象为消费品中的特殊消费品、非生活必需品、高能耗消费品和不可再生资源消费品等。我国消费税目前共设置14个税目,征收的具体品目采用正列举,征税界限清晰,征税范围有限。只有消费税税目税率表上列举的应税消费品才征收消费税,没有列举的则不应征收消费税。

2. 征收环节具有单一性

消费税只在生产、委托加工、进口或零售环节一次性征收,而不是在应税消费品生产、流通或消费的每个环节多次征收,是典型的一次课征制。

3. 征收方法具有灵活性

为了适应不同应税消费品的情况,消费税在征收方法上不力求一致,有些产品采取从价定率的方式征收,有些产品则采取从量定额的方式征收。在具体操作上,对一部分价格差异较大,且便于按价格核算的应税消费品,依消费品或消费行为的价格实行从价定率征收;对一部分价格差异较小,品种、规格比较单一的大宗应税消费品,依消费品的数量实行从量定额征收。目前,对烟和酒两类消费品既实行从价定率征收,同时还对其实行从量定额征收。

4. 消费税具有转嫁性

凡列入消费税征税范围的消费品,一般都是高价高税产品。消费品中所含的消费税税款最终会转嫁到消费者身上,由消费者负担。消费税转嫁性的特征,要比其他商品课税形式更为明显。

三、消费税的基本法律内容

（一）消费税的纳税人

消费税的纳税人是指在中华人民共和国境内生产、委托加工、进口消费税暂行条例规定的消费品的单位和个人，以及国务院确定的销售消费税暂行条例规定的消费品的其他单位和个人。

单位是指国有企业、集体企业、私有企业、股份制企业和其他企业，以及行政单位、事业单位、军事单位、社会团体和其他单位，还包括外商投资企业和外国企业；个人是指个体经营者和其他个人。

（二）消费税的征税范围

消费税应税消费品的范围包括5大类、14种产品。

第一类：过度消费会对身体健康、社会秩序、生态环境等方面造成危害的特殊消费品，如烟、酒、鞭炮等。

第二类：非生活必需品，如贵重首饰及珠宝玉石、化妆品等。

第三类：高能耗及高档消费品，如小汽车、摩托车等。

第四类：不可再生和替代的稀缺资源消费品，如汽油、柴油等油品。

第五类：具有一定财政意义的产品，如汽车轮胎等。

（三）消费税的税目和税率

消费税共分为14个税目，有些税目下还按照消费品的等级或品种设有若干子目，消费税税率采用比例税率和定额税率两种形式。

消费税具体税目、税率如表3-1所示。

表3-1　　　　　　　　消费税税目、税率（税额）表

税目	征收范围	计税单位	税率（税额）
一、烟			
1. 卷烟			
	（1）每标准条（200支）对外调拨价在70元以上（含70元）的	标准箱（5万支）	56%；150元
	（2）每标准条（200支）对外调拨价在70元以下的	标准箱（5万支）	36%；150元
2. 雪茄烟			36%
3. 烟丝			30%
4. 卷烟批发环节			5%
二、酒及酒精			

续表

税　目	征收范围	计税单位	税率(税额)
1. 白酒			
定额税率		每斤(500克)或500毫升	0.50元
比例税率			20%
2. 黄酒		吨	240元
3. 啤酒	(1) 每吨出厂价(含包装物及包装物押金)在3 000元(含3 000元,不含增值税)以上的	吨	250元
	(2) 每吨出厂价(含包装物及包装物押金)在3 000元以下的	吨	220元
	(3) 娱乐业和饮食业自制的	吨	250元
4. 其他酒			10%
5. 酒精			5%
三、化妆品	包括成套化妆品		30%
四、贵重首饰及珠宝玉石	(1) 金银首饰(含金基银基合金及镶嵌首饰)铂金首饰、钻石及钻石饰品		5%
	(2) 其他贵重首饰及珠宝玉石		10%
五、鞭炮、焰火			15%
六、成品油			
1. 汽油(无铅)		升	1.0元
汽油(含铅)		升	1.4元
2. 柴油		升	0.8元
3. 航空煤油		升	0.8元
4. 石脑油		升	1.0元
5. 溶剂油		升	1.0元
6. 润滑油		升	1.0元
7. 燃料油		升	0.8元
七、汽车轮胎			3%
八、摩托车			
	气缸容量在250毫升(含)以下的		3%
	气缸容量在250毫升以上的		10%
九、小汽车			

续表

税　目	征收范围	计税单位	税率(税额)
1. 乘用车	气缸容量(排气量，下同)在 1.0 升(含)以下的		1%
	气缸容量在 1.0 升以上至 1.5 升(含)的		3%
	气缸容量在 1.5 升以上至 2.0 升(含)的		5%
	气缸容量在 2.0 升以上至 2.5 升(含)的		9%
	气缸容量在 2.5 升以上至 3.0 升(含)的		12%
	气缸容量在 3.0 升以上至 4.0 升(含)的		25%
	气缸容量在 4.0 升以上的		40%
2. 中轻型商用客车			5%
十、高尔夫球及球具	包括高尔夫球、高尔夫球杆(包括杆头、杆身和握把)、高尔夫球包(袋)		10%
十一、高档手表	销售价格(不含增值税)每只在 10 000 元(含)以上的各类手表		20%
十二、游艇	包括艇身长度大于 8 米(含)小于 90 米(含)，内置发动机，可以在水上移动，一般为私人或团体购置，主要用于水上运动和休闲娱乐等非牟利活动的各类机动艇		10%
十三、木制一次性筷子	包括各种规格的木制一次性筷子。未经打磨、倒角的木制一次性筷子属于本税目征税范围		5%
十四、实木地板	包括各类规格的实木地板、实木指接地板、实木复合地板及用于装饰墙壁、天棚的侧端面为榫、槽的实木装饰板。未经涂饰的素板属于本税目征税范围		5%

如果纳税人兼营不同税率的应税消费品，应当分别核算其销售额或销售数量。未分别核算销售额和销售数量的，或者将不同税率的应税消费品组成成套消费品销售的，从高适用税率。

(四) 消费税的纳税环节

1. 生产销售环节

纳税人生产的应税消费品，在出厂销售时纳税。纳税人将自产自用的消费品用于本企业连续生产应税消费品的，该环节不纳税，在生产的产品出厂销售时，于移送使用时纳税；纳税人将自产自用的消费品用于其他方面的，于移送使用时纳税。

2. 委托加工环节

委托加工的应税消费品，由受托方在向委托方交货时，由受托方代收代缴税款；委托个体经营者加工的，由委托方收回后缴纳消费税。

3. 进口环节

进口应税消费品，于报关进口时纳税。

4. 零售环节

金银首饰改为零售环节征税,包括金、银和金基、银基合金首饰,以及金、银和金基、银基合金的镶嵌首饰。从 2003 年 5 月 1 日起,铂金首饰消费税改为零售环节征税。

不属于上述范围的应征消费税的首饰,如镀金(银)、保金(银)首饰,以及镀金(银)、包金(银)的镶嵌首饰,仍在生产销售环节征收消费税。

5. 批发环节

卷烟消费税除生产环节征税外,从 2009 年 5 月 1 日起,增加一道批发环节。

(五)卷烟批发环节征收消费税的规定

自 2009 年 5 月 1 日起,在卷烟批发环节征一道从价税。

(1)纳税义务人:在我国境内从事卷烟批发业务的单位和个人。

(2)征收范围:纳税人批发销售的所有牌号规格的卷烟。

(3)计税依据:纳税人批发卷烟的销售额(不含增值税)。

(4)纳税人应将卷烟销售额与其他商品销售额分开核算,未分开核算的,一并征收消费税。

(5)适用税率:5%。

(6)纳税人销售给纳税人以外的单位和个人的卷烟于销售时纳税。纳税人之间销售的卷烟不缴纳消费税。

(7)卷烟消费税在生产和批发两个环节征收后,批发企业在计算纳税时不得扣除已含的生产环节的消费税税款。

第二节 消费税计算

一、消费税从价定率的计算

实行从价定率征收方法计算应纳消费税税额,计税依据为应税消费品的销售额,其基本计算公式为:

$$应纳消费税税额 = 销售额 \times 比例税率$$

(一)生产销售应税消费品的计算

【例 3-1】 美馨化妆品厂为增值税一般纳税人,4 月 1 日向某大型商场销售化妆品一批,开具增值税专用发票,取得不含增值税销售额 100 万元,增值税额 17 万元。4 月 25 日向某单位销售化妆品一批,开具普通发票,取得含增值税销售额 11.7 万元。化妆品适用消费税税率 30%。试计算该化妆品生产企业 4 月应缴纳的消费税额。

解 应缴纳的消费税额=[100+11.7÷(1+17%)]×30%=33（万元）

（二）自产自用应税消费品的计算

所谓自产自用，是指纳税人生产应税消费品后，不是用于直接对外销售，而是用于连续生产应税消费品或其他方面。如果纳税人将自产应税消费品用于连续生产应税消费品，不征收消费税；如果纳税人用于其他方面（具体包括将应税消费品用于生产非应税消费品、在建工程、管理部门、对外捐赠、赞助、集资、广告样品、职工福利、奖励、对外投资、对外抵债和非货币性交易等），一律于移送使用时纳税。

纳税人自产自用的应税消费品，用于其他方面的，应按照纳税人同类消费品的平均销售价格计算纳税，若没有同类消费品销售价格，则可按组成计税价格计算。计算公式为：

$$组成计税价格=成本×(1+成本利润率)÷(1-消费税税率)$$

公式中的成本是指应税消费品的产品生产成本，利润是指根据应税消费品的全国平均成本利润率计算的利润。应税消费品全国平均成本利润率为：甲类卷烟10%，乙类卷烟5%，雪茄烟5%，烟丝5%，粮食白酒10%，薯类白酒5%，其他酒5%，酒精5%，化妆品5%，鞭炮、焰火5%，贵重首饰及珠宝玉石6%，汽车轮胎5%，摩托车6%，高尔夫球及球具10%，高档手表20%，游艇10%，木制一次性筷子5%，实木地板5%，乘用车8%，中轻型商用客车5%。

【例3-2】 某化妆品生产企业因妇女节将本厂自产的新型化妆品赠送给本厂女职工，每人一套，市场上尚无类似产品，该批化妆品成本为65 000元，成本利润率为5%，试计算应纳的消费税。化妆品消费税税率为30%。

解 组成计税价格=65 000×(1+5%)÷(1-30%)=97 500（元）
应纳消费税=97 500×30%=29 250（元）

（三）委托加工应税消费品的计算

委托加工应税消费品是指由委托方提供原料及主要材料，受托方只收取加工费和代垫部分辅助材料加工的应税消费品。对于由受托方提供原材料生产的应税消费品，或受托方先将原材料卖给委托方，然后再接受加工的应税消费品，或由受托方以委托方名义购进原材料生产的应税消费品，不论纳税人在财务上如何处理，都不得作为委托加工应税消费品，而应当按照销售自制应税消费品缴纳消费税。

税法规定，委托加工应税消费品业务中，受托方是代收代缴义务人，受托方在收取加工费的同时应代收加工产品的消费税。对纳税人委托个体经营者加工的应税消费品，一律于委托方收回后在委托方所在地缴纳消费税。委托加工的应税消费品，按照受托方同类消费品的销售价格计算纳税。受托方无同类消费品销售价格的，按照组成计税价格计算纳税。计算公式为：

$$组成计税价格=(材料成本+加工费)÷(1-消费税税率)$$

【例 3-3】 A 企业委托 B 企业加工一批轮胎,原材料成本为 100 000 元,支付加工费为 26 000 元(不含增值税),消费税税率为 10%,汽车轮胎加工完毕验收入库。则

消费税的组成计税价格=(100 000+26 000)÷(1−10%)=140 000(元)

(受托方)代收代缴的消费税=140 000×10%=14 000(元)

(四) 进口应税消费品的计算

进口的应税消费品,按照组成计税价格计算纳税。计算公式为:

$$组成计税价格=(关税完税价格+关税)÷(1-消费税税率)$$

【例 3-4】 某外资企业进口一批汽车轮胎,海关核定关税完税价格为 600 万元。已知关税税率为 60%,消费税税率为 10%。试计算其应纳消费税税额。

解 组成计税价格=(关税完税价格+关税)÷(1−消费税税率)
=(600+600×60%)÷(1−10%)=1 066.67(万元)

应纳消费税税额=组成计税价格×适用税率
=1 066.67×10%=106.67(万元)

二、消费税从量定额的计算

我国消费税对啤酒、黄酒、汽油、柴油等实行定额税率,采用从量定额的办法征税,其计税依据是纳税人销售应税消费品的数量,基本计算公式为:

$$应纳消费税税额=课税数量×单位税额$$

实行从量定额办法计算应纳税额的应税消费品,计量单位的换算标准如下:

黄酒:1 吨=962 升;

啤酒:1 吨=988 升;

汽油:1 吨=1 388 升;

柴油:1 吨=1 176 升;

航空煤油:1 吨=1 246 升;

石脑油:1 吨=1 385 升;

溶剂油:1 吨=1 282 升;

润滑油:1 吨=1 126 升;

燃料油:1 吨=1 015 升。

(一) 生产销售应税消费品的计算

生产销售应税消费品的应纳消费税的计算公式为:

$$应纳消费税税额=销售数量×单位税额$$

【例 3-5】 某润滑油厂本月销售润滑油 300 吨,每吨润滑油出厂价格为 3 500 元(不含增值税)。试计算润滑油厂当月应纳的消费税。

解 (1) 润滑油的计量单位换算标准为:1 吨=1 126 升,则
$$300×1\ 126=337\ 800\ (升)$$
(2) 润滑油的单位税额为 0.2 元/升。
(3) 应纳消费税=337 800×0.2=67 560(元)

(二) 自产自用应税消费品的计算

自产自用应税消费品的应纳消费税的计算公式为:

$$应纳消费税税额=移送使用数量×单位税额$$

【例 3-6】 5 月份除了销售汽油、柴油外,该公司各种车辆自用无铅汽油 100 吨、柴油 50 吨。试计算自产自用部分应税消费品的应纳消费税税额。

解 汽油应纳消费税税额=100×1 388×0.20=27 760(元)
柴油应纳消费税税额=50×1 176×0.10=5 880(元)
应纳消费税税额合计=27 760+5 880=33 640(元)

(三) 委托加工应税消费品的计算

委托加工应税消费品的应纳消费税的计算公式为:

$$应纳消费税税额=纳税人收回数量×单位税额$$

【例 3-7】 胜利公司提供原料委托外协单位生产啤酒,5 月份共计收回啤酒 5 吨(每吨出厂价 2 000 元)。试计算外协单位应代收代缴的消费税税额。

解 外协单位应代收代缴的消费税税额=5×220= 1 100(元)

(四) 进口应税消费品的计算

进口应税消费品的应纳消费税的计算公式为:

$$应纳消费税税额=进口征税数量×单位税额$$

【例 3-8】 胜利进出口公司经海关核定进口黄酒 70 吨,试计算其应纳消费税税额。

解 进口黄酒应纳消费税税额=240×70=16 800(元)

三、消费税复合计税的计算

卷烟、粮食白酒、薯类白酒实行从价定率和从量定额相结合计算应纳税额的复合计税办法,其基本计算公式为:

$$应纳消费税税额=销售额×比例税率+销售数量×单位税额$$

【例 3-9】 胜利公司本月生产销售粮食白酒 800 吨,每吨不含税销售额 19 000 元,货物已经发出,款项已经收到。试计算其应纳消费税税额。

解 应纳消费税税额 $= 800 \times 19\,000 \times 20\% + 800 \times 2\,000 \times 0.5$
$= 3\,840\,000$(元)

四、应税消费品已纳税款的扣除

为了避免重复征税,现行消费税规定,将外购应税消费品和委托加工收回的应税消费品继续生产应税消费品销售的,可以将外购应税消费品和委托加工收回应税消费品已缴纳的消费税给予扣除。

(一) 外购应税消费品已纳税款的扣除

由于某些应税消费品是用外购已缴纳消费税的应税消费品连续生产出来的,在对这些连续生产出来的应税消费品计算征税时,税法规定应按当期生产领用数量计算准予扣除外购的应税消费品已纳的消费税税款。扣除范围包括:

(1) 外购已税烟丝为原料生产的卷烟。
(2) 外购已税化妆品为原料生产的化妆品。
(3) 外购已税珠宝、玉石为原料生产的贵重首饰及珠宝、玉石。
(4) 外购已税鞭炮、焰火为原料生产的鞭炮、焰火。
(5) 外购已税汽车轮胎(内胎和外胎)为原料生产的汽车轮胎。
(6) 外购已税摩托车零件生产的摩托车(如用外购两轮摩托车改装三轮摩托车)。
(7) 外购已税杆头、杆身和握把为原料生产的高尔夫球杆。
(8) 外购已税木制一次性筷子为原料生产的木制一次性筷子。
(9) 外购已税实木地板为原料生产的实木地板。
(10) 外购已税石脑油为原料生产的应税消费品。
(11) 外购已税润滑油为原料生产的润滑油。

上述当期准予扣除外购应税消费品已纳消费税税款的计算公式为:

$$\text{当期准予扣除的外购应税消费品已纳税款} = \text{当期准予扣除的外购应税消费品买价} \times \text{外购应税消费品适用税率}$$

$$\text{当期准予扣除的外购应税消费品买价} = \text{期初库存的外购应税消费品的买价} + \text{当期购进的应税消费品的买价} - \text{期末库存的外购应税消费品的买价}$$

【例 3-10】 某卷烟生产企业,某月初库存外购应税烟丝金额 20 万元,当月又外购应税烟丝金额 50 万元(不含增值税),月末库存烟丝金额 10 万元,其余被当月生产卷烟领用。试计算卷烟厂当月准许扣除的外购烟丝已缴纳的消费税税额。

解 (1) 烟丝适用的消费税税率为 30%。

(2) 当期准许扣除的外购烟丝买价＝20＋50－10＝60（万元）

(3) 当月准许扣除的外购烟丝已缴纳的消费税税额＝60×30％＝18（万元）

外购已税消费品的买价是指购货发票上注明的销售额（不包括增值税税款）。

需要说明的是，纳税人用外购的已税珠宝、玉石生产的改在零售环节征收消费税的金银首饰（镶嵌首饰），在计税时一律不得扣除外购珠宝、玉石的已纳税款。

对自己不生产应税消费品，而只是购进后再销售应税消费品的工业企业，其销售的化妆品、鞭炮、焰火和珠宝、玉石，凡不能构成最终消费品直接进入消费品市场，而需进一步生产加工的，应当征收消费税，同时允许扣除上述外购应税消费品的已纳税款。

允许扣除已纳税款的应税消费品只限于从工业企业购进的应税消费品和进口环节已缴纳消费税的应税消费品，对从境内商业企业购进应税消费品的已纳税款一律不得扣除。

(二) 委托加工收回的应税消费品已纳税款的扣除

委托加工的应税消费品因为已由受托方代收代缴消费税，因此，委托方收回货物后用于连续生产应税消费品的，其已纳税款准予按照规定从连续生产的应税消费品应纳消费税税额中抵扣。按照国家税务总局的规定，从1995年6月1日起，下列连续生产的应税消费品准予从应纳消费税税额中按当期生产领用数量计算扣除委托加工收回的应税消费品已纳消费税税款：

(1) 以委托加工收回的已税烟丝为原料生产的卷烟。

(2) 以委托加工收回的已税化妆品为原料生产的化妆品。

(3) 以委托加工收回的已税珠宝、玉石为原料生产的贵重首饰及珠宝、玉石。

(4) 以委托加工收回的已税鞭炮、焰火为原料生产的鞭炮、焰火。

(5) 以委托加工收回的已税汽车轮胎为原料生产的汽车轮胎。

(6) 以委托加工收回的已税摩托车零件生产的摩托车。

(7) 以委托加工收回的已税杆头、杆身和握把为原料生产的高尔夫球杆。

(8) 以委托加工收回的已税木制一次性筷子为原料生产的木制一次性筷子。

(9) 以委托加工收回的已税实木地板为原料生产的实木地板。

(10) 以委托加工收回的已税石脑油为原料生产的应税消费品。

(11) 以委托加工收回的已税润滑油为原料生产的润滑油。

上述当期准予扣除委托加工收回的应税消费品已纳消费税税款的计算公式为：

$$\text{当期准予扣除的委托加工应税消费品已纳税款} = \text{期初库存的委托加工应税消费品已纳税款} + \text{当期收回的委托加工应税消费品已纳税款} - \text{期末库存的委托加工应税消费品已纳税款}$$

需要说明的是，纳税人用委托加工收回的已税珠宝、玉石为原料生产的改在零售环节征收消费税的金银首饰,在计税时一律不得扣除委托加工收回的珠宝、玉石原料的已纳消费税税款。

五、出口应税消费品退(免)税的计算

纳税人出口应税消费品与已纳增值税出口货物一样,国家都是给予退(免)税优惠的。出口应税消费品同时涉及退(免)增值税和消费税,且退(免)消费税与出口货物退(免)增值税在退(免)税范围的限定、退(免)税办理程序、退(免)税审核及管理上都有许多一致的地方。1995年7月1日以后报关离境的应税消费品的退(免)消费税与其退(免)增值税一样都统一执行财政部、国家税务总局颁发的《出口货物退(免)税若干问题规定》以及国家税务总局1994年颁发的《出口货物退(免)税管理办法》中仍有效的部分。

(一)出口退税率的规定

计算出口应税消费品应退消费税的税率或单位税额,依据《消费税暂行条例》所附消费税税目税率(税额)表执行。这是退(免)消费税与退(免)增值税的一个重要区别。当出口的货物是应税消费品时,其退还增值税要按规定的退税率计算,其退还消费税则按该应税消费品所适用的消费税税率计算。企业应将不同消费税税率的出口应税消费品分开核算和申报,凡划分不清适用税率的,一律从低适用税率计算应退消费税税额。

(二)出口应税消费品退(免)税政策

出口应税消费品退(免)消费税在政策上分为以下三种情况:

1. 出口免税并退税

适用这个政策的是:有出口经营权的外贸企业购进应税消费品直接出口,以及外贸企业受其他外贸企业委托代理出口应税消费品。这里需要重申的是,外贸企业只有受其他外贸企业委托,代理出口应税消费品才可办理退税,外贸企业受其他企业(主要是非生产性的商贸企业)委托,代理出口应税消费品是不予退(免)税的。这个政策限定与前述出口货物退(免)增值税的政策规定是一致的。

2. 出口免税但不退税

适用这个政策的是:有出口经营权的生产性企业自营出口或生产企业委托外贸企业代理出口自产的应税消费品,依据其实际出口数量免征消费税,不予办理退还消费税。这里,免征消费税,是指对生产性企业按其实际出口数量免征生产环节的消费税。不予办理退还消费税,是指因已免征生产环节的消费税,该应税消费品出口时,已不含有消费税,所以也无须再办理退还消费税了。这项政策规定与前述生产性企业自营出口或委托代理出口自产货物退(免)增值税的规定是不一样的。其政策区别的原因是,消费税仅在生产企业的生产环节征收,生产环节免税了,出口的应税消费

品就不含有消费税了;而增值税却在货物销售的各个环节征收,生产企业出口货物时,已纳的增值税就需退还。

3. 出口不免税也不退税

适用这个政策的是:除生产企业、外贸企业外的其他企业,具体是指一般商贸企业,这类企业委托外贸企业代理出口应税消费品一律不予退(免)税。

(三)出口应税消费品退税额的计算

外贸企业从生产企业购进货物直接出口或受其他外贸企业委托代理出口应税消费品的应退消费税税款,分两种情况处理:

(1)属于从价定率计征消费税的应税消费品,应依照外贸企业从工厂购进货物时征收消费税的价格计算应退消费税税款,其计算公式为:

$$应退消费税税款=出口货物的工厂销售额×税率$$

上述公式中"出口货物的工厂销售额"不包含增值税。对含增值税的价格应换算为不含增值税的销售额。

【例3-11】 某外贸企业从摩托车厂购进摩托车200辆,取得增值税专用发票注明价款5 000元/辆,当月全部出口,离岸价800美元/辆(汇率为1∶8.3)。试计算应退增值税和消费税。增值税退税率为13%,消费税税率为10%。

解 应退增值税=5 000×200×13%=130 000(元)

应退消费税=5 000×200×10%=100 000(元)

(2)属于从量定额计征消费税的应税消费品,应以货物购进和报关出口的数量计算应退消费税税款,其计算公式为:

$$应退消费税税款=出口数量×单位税额$$

(四)出口应税消费品办理退(免)税后的管理

出口的应税消费品办理退税后发生退关或国外退货,进口时予以免税的,报关出口者必须及时向其所在地主管税务机关申报补缴已退的消费税税款。

纳税人直接出口的应税消费品办理免税后发生退关或国外退货,进口时已予以免税的,经所在地主管税务机关批准,可暂不办理补税,待其转为国内销售时,再向其主管税务机关申报补缴消费税。

第三节 消费税会计处理

一、消费税的计税凭证

消费税与增值税之间存在着交叉纳税的关系,缴纳消费税的消费品同时要缴纳增值税,而且这两种税都是以含消费税但不含增值税的销售额为计税依据,因此,同一会计凭证可以同时作为这两种税的计税凭证。一般情况下,以销售方开具给购货方的增值税专用发票或普通发票为计税凭证。

二、消费税会计处理设置的账户

(一)"应交税费"账户

消费税纳税义务人通过"应交税费"账户下设"应交消费税"明细账户进行消费税核算,其贷方登记纳税人计算出的应纳消费税税额,借方登记已纳的消费税和待抵扣的消费税,贷方余额表示尚未缴纳的消费税,借方余额表示多缴或待抵扣的消费税。

(二)"营业税金及附加"账户

由于消费税是价内税,其应纳的消费税已包含在应税消费品销售收入中,因此需通过损益类账户"营业税金及附加"扣除销售收入中的价内税。该账户属于损益类账户,借方表示计算的应纳税金及附加,贷方表示期末转入"本年利润"的税金及附加,该账户期末结转后无余额。

三、消费税的账务处理

(一)自产应税消费品销售的账务处理

自产应税消费品销售后,纳税人按规定计算出应纳税额,借记"营业税金及附加",贷记"应交税费——应交消费税";实际缴纳时,借记"应交税费——应交消费税",贷记"银行存款"。

【例3-12】 胜利公司本月销售不含铅汽油1 000吨(每吨1 388升),不含税价格为每吨3 000元,则

应纳消费税税额=1 000×1 388×0.2=277 600(元)

增值税销项税额=3 000×1 000×17%=510 000(元)

有关会计处理如下:

借:银行存款　　　　　　　　　　　　　3 510 000
　　贷:主营业务收入　　　　　　　　　　　3 000 000
　　　　应交税费——应交增值税(销项税额)　510 000
借:营业税金及附加　　　　　　　　　　　277 600
　　贷:应交税费——应交消费税　　　　　　277 600

(二)应税消费品包装物销售及没收逾期包装物押金的账务处理

企业随同产品出售但单独计价的包装物,按规定应纳的消费税,借记"营业税金及附加"账户,贷记"应交税费——应交消费税"账户。

没收应税消费品包装物逾期押金,应计算缴纳消费税和增值税。按没收的押金,借记"其他应付款",按不含增值税的没收押金,贷记"其他业务收入",按押金应纳增值税,贷记"应交税费——应交增值税(销项税额)";按没收押金应纳的消费税,借记"营业税金及附加",贷记"应交税费——应交消费税"。

【例3-13】 胜利公司销售化妆品,包装物单独计价,2009年8月销售甲型化妆品500 000元,其中包装物价值50 000元,包装物成本20 000元,款项已通过银行收到。则

应纳消费税=500 000×30%=150 000(元)

应纳增值税=500 000×17%=85 000(元)

有关会计处理如下:

(1) 销售应税消费品时:

借:银行存款　　　　　　　　　　　　　　585 000
　　贷:主营业务收入　　　　　　　　　　450 000
　　　　其他业务收入　　　　　　　　　　 50 000
　　　　应交税费——应交增值税(销项税额)　85 000

(2) 计缴应税消费品及包装物消费税时:

借:营业税金及附加　　　　　　　　　　　150 000
　　贷:应交税费——应交消费税　　　　　150 000

(3) 结转包装物成本时:

借:其他业务成本　　　　　　　　　　　　 20 000
　　贷:周转材料——包装物　　　　　　　 20 000

【例3-14】 胜利公司生产销售烟丝,包装物出借,包装物成本5 000元,收取押金11 700元,返还包装物的期限为两个月。两个月后购买方未能返还包装物,则胜利公司计算应交消费税、增值税及会计处理如下:

应纳增值税=11 700÷(1+17%)×17%=1 700(元)

应纳消费税=11 700÷(1+17%)×30%=3 000(元)

(1) 收到押金时:

借:银行存款　　　　　　　　　　　　　　 11 700
　　贷:其他应付款　　　　　　　　　　　 11 700

(2) 没收押金计算增值税、消费税时:

借:其他应付款　　　　　　　　　　　　　 11 700
　　贷:应交税费——应交增值税(销项税额)　1 700
　　　　其他业务收入　　　　　　　　　　 10 000

借:营业税金及附加　　　　　　　　　　　　　3 000
　　贷:应交税费——应交消费税　　　　　　　　　　3 000
(3) 结转包装物成本:
借:其他业务成本　　　　　　　　　　　　　　5 000
　　贷:周转材料——包装物　　　　　　　　　　　　5 000

(三) 应税消费品视同销售的账务处理

纳税人将自产应税消费品用于连续生产应税消费品以外的其他方面,必须视同销售计算缴纳增值税和消费税。对按规定计算的应交消费税,借记"固定资产"、"在建工程"、"营业外支出"、"管理费用"、"应付职工薪酬"、"生产成本"、"销售费用"等账户,贷记"应交税费——应交消费税"账户。

【例 3-15】 胜利公司为增值税一般纳税人,将自产汽车一辆用于在建工程,同类汽车价格为 200 000 元,该汽车成本为 150 000 元,适用消费税税率为 5%,则胜利公司计算应交消费税、增值税及会计处理如下:

应纳消费税 = 200 000 × 5% = 10 000（元）
应纳增值税 = 200 000 × 17% = 34 000（元）

借:在建工程　　　　　　　　　　　　　　　194 000
　　贷:库存商品　　　　　　　　　　　　　　　　150 000
　　　　应交税费——应交消费税　　　　　　　　　10 000
　　　　应交税费——应交增值税（销项税额）　　　34 000

(四) 委托加工应税消费品的账务处理

需要缴纳消费税的委托加工物资,由受托方代收代缴税款。受托方将按照规定计算的应代收代缴税款金额通过"应交税费——应交消费税"账户核算,借记"应收账款"、"银行存款"等账户,贷记"应交税费——应交消费税"账户。

委托方收回委托加工物资后,直接用于销售的,在销售环节不再缴纳消费税,把代收代缴的消费税计入委托加工的应税消费品成本,借记"委托加工物资"、"生产成本"等账户,贷记"应付账款"、"银行存款"等账户;委托加工应税消费品收回后用于连续生产应税消费品的,在委托方生产出应税消费品销售时再度缴纳消费税,为了避免重复征税,原来由受托方代收代缴的消费税可以按税法规定抵扣。委托方应按代收代缴的消费税款,借记"应交税费——应交消费税"账户,贷记"应付账款"、"银行存款"等账户。

【例 3-16】 胜利公司委托光明工厂（均为一般纳税人）加工烟丝,发出材料的实际成本为 4 000 元,加工费为 800 元（不含税价）,B 企业同类、同量烟丝的销售收入为 8 000 元。胜利公司将烟丝提回后直接销售,已售 7 900 元,烟丝的加工费及光明工厂代交的消费税均未结算。

根据消费税暂行条例规定,委托加工的应税消费品,应按照受托方同类消费品的销售价格计算纳税;没有同类消费品销售价格的,按照组成计税价格计算纳税。本例中受托方同类、同量烟丝的销售收入为8 000元,因此受托方应按8 000元为依据计算应代扣代缴烟丝的消费税,烟丝的消费税税率为30%,受托方应代扣代缴的消费税为2 400元(8 000×30%)。

相关的会计处理如下:

(1)胜利公司:

① 发出材料时:

借:委托加工物资　　　　　　　　　4 000
　　贷:原材料　　　　　　　　　　　　　　4 000

② 提回烟丝计算应付的加工费为800元,增值税为136元(800×17%)。应支付的消费税2 400元应计入"委托加工物资"成本。

借:委托加工物资　　　　　　　　　3 200
　　应交税费——应交增值税(进项税额)　136
　　贷:应付账款　　　　　　　　　　　　　3 336
借:库存商品——烟丝　　　　　　　7 200
　　贷:委托加工物资　　　　　　　　　　　7 200

③ 销售烟丝:

借:应收账款　　　　　　　　　　　9 243
　　贷:主营业务收入　　　　　　　　　　　7 900
　　　　应交税费——应交增值税(销项税额)　1 343

(2)光明工厂:

① 收到材料时:作备查记录。

② 交回烟丝计算应收的加工费时:

借:应收账款　　　　　　　　　　　3 336
　　贷:主营业务收入　　　　　　　　　　　800
　　　　应交税费——应交消费税　　　　　2 400
　　　　　　　　——应交增值税(销项税额)　136

【例3-17】 如果上例中,胜利公司将烟丝提回后投入卷烟生产,生产出的卷烟全部售出,销售收入为15 000元,该类卷烟的消费税税率为40%,销售卷烟的消费税为6 000元。光明工厂的会计处理同上例。胜利公司有关的会计处理如下:

(1)发出材料的处理同上例。

(2) 计算应付的加工费及消费税：

借：委托加工物资　　　　　　　　　　　800
　　应交税费——应交消费税　　　　　2 400
　　　　　　——应交增值税（进项税额）　136
　　贷：应付账款　　　　　　　　　　　3 336

(3) 烟丝验收入库：

借：原材料——烟丝　　　　　　　　4 800
　　贷：委托加工物资　　　　　　　　4 800

(4) 生产卷烟销售时：

借：应收账款　　　　　　　　　　　17 550
　　贷：主营业务收入　　　　　　　　15 000
　　　　应交税费——应交增值税（销项税额）　2 550

借：营业税金及附加　　　　　　　　6 000
　　贷：应交税费——应交消费税　　6 000

(5) 交纳消费税时：

借：应交税费——应交消费税　　　　3 600
　　贷：银行存款　　　　　　　　　　3 600

但对纳税人委托个体经营者加工的应税消费品，一律于委托方收回后在委托方所在地缴纳消费税。

（五）出口产品的账务处理

生产企业直接出口应税消费品或通过外贸企业出口应税消费品，按照规定直接予以免税的，可不计算应交消费税。出口后如发生退关或退货，经所在地主管税务机关批准，可暂不办理补税，待其转为国内销售时，再计缴消费税。

通过外贸企业出口应税消费品时，如按照规定实行先征后退办法的，由生产企业先交消费税，待外贸企业办理报关后再向税务机关申请退税，所退税款应由外贸企业退还给生产企业，生产企业的账务处理为：计征消费税时，借记"应收账款"账户，贷记"应交税费——应交消费税"账户；缴纳消费税时，借记"应交税费——应交消费税"账户，贷记"银行存款"账户；收到退还的消费税时，借记"银行存款"账户，贷记"应收账款"账户；上述应税消费品发生退关、退货而补交已退的消费税时，作相反的会计分录。

代理出口应税消费品的外贸企业将应税消费品出口后，收到税务部门退回生产企业缴纳的消费税，借记"银行存款"账户，贷记"应付账款"账户。将此项税金退还生产企业时，借记"应付账款"账户，贷记"银行存款"账户。上述应税消费品发生退关、退货而补交已退的消费税时,借记"应收账款"账户,贷记"银行存款"账户,收到生产企业退还的税款,作相反的会计分录。

生产企业将应税消费品销售给外贸企业,由外贸企业自营出口的,其缴纳的消费税视同一般销售业务处理。自营出口应税消费品的外贸企业,应在应税消费品报关出口后申请出口退税时,借记"其他应收款"账户,贷记"主营业务成本"账户。实际收到出口应税消费品退回的税金,借记"银行存款"账户,贷记"其他应收款"账户。发生退关或退货而补交已退的消费税,作相反的会计分录。

(六)缴纳消费税及退税的账务处理

消费税的纳税人向税务机关办理消费税纳税申报后,根据税务机关审核后的应交消费税税额,自行到银行缴纳消费税税额,借记"应交税费——应交消费税"账户,贷记"银行存款"账户。但报关进口环节缴纳的消费税税额,应计入进口应税消费品的实际成本之中,借记"材料采购"、"原材料"、"库存商品"等账户,贷记"银行存款"等账户。

【例3-18】 胜利公司以转账方式缴纳本月申报的上月应交消费税税额28 000元。其会计处理为:

借:应交税费——应交消费税　　　　　　28 000
　　贷:银行存款　　　　　　　　　　　　　　　28 000

【例3-19】 胜利公司从国外进口一批高档手表,报关进口时以转账支票支付进口关税60 000元,进口消费税税额90 000元。其会计处理为:

借:库存商品　　　　　　　　　　　　　150 000
　　贷:银行存款　　　　　　　　　　　　　　　150 000

第四节　消费税纳税申报

一、消费税的纳税义务发生时间

消费税纳税义务发生时间分为以下几种情况:

(1)纳税人销售应税消费品的纳税义务发生时间:

① 采用预收货款结算方式销售应税消费品的,纳税义务发生时间为发出应税消费品的当天。

② 采取赊销和分期收款结算方式销售应税消费品的,纳税义务发生时间为销售合同约定的收款日期的当天。书面合同没有约定收款日期或者无书面合同的,为发出应税消费品的当天。

③ 采取托收承付和委托收款结算方式销售应税消费品的,纳税义务发生时间为

发出应税消费品并办妥托收手续的当天。

④ 采取其他结算方式销售应税消费品的,纳税义务发生时间为收讫销售款或取得索取销售款凭据的当天。

(2) 纳税人自产自用的应税消费品,纳税义务发生时间为消费品移送使用的当天。

(3) 纳税人委托加工的应税消费品,纳税义务发生时间为纳税人提货的当天。

(4) 纳税人进口应税消费品的,纳税义务发生时间为报关进口的当天。

二、消费税的纳税地点

消费税纳税地点分为以下四种情况:

(1) 纳税人销售应税消费品,以及自产自用应税消费品的,除国家另有规定外,应当向机构所在地或者居住地的主管税务机关申报纳税。纳税人的总机构与分支机构不在同一县(市)的,应在生产应税消费品的分支机构所在地缴纳消费税。但经国家税务总局及所属税务分局批准,纳税人分支机构应纳消费税款也可由总机构汇总向总机构所在地主管税务机关缴纳。

(2) 委托加工的应税消费品,除受托方为个人外,由受托方向机构所在地或者居住地的主管税务机关申报、缴纳消费税。

(3) 进口的应税消费品,由进口人或者代理人向报关地海关申报纳税。

(4) 纳税人到外县(市)销售或委托外县(市)代销自产应税消费品的,应事先向其所在地主管税务机关提出申请,并于应税消费品销售后,回纳税人核算地缴纳消费税。

三、消费税的纳税期限

消费税的纳税期限分别为1日、3日、5日、10日、15日、1个月或1个季度,纳税人的具体纳税期限,由主管税务机关根据纳税人应纳税额的大小分别核定,不能按照固定期限纳税的,可以按次纳税。

纳税人以1个月或1个季度为一期纳税的,自期满之日起15日内申报纳税。以1日、3日、5日、10日或15日为一期纳税的,自期满之日起5日内预缴税款,于次月1日起15日内申报纳税并结清上月应纳税款。

纳税人进口应税消费品的,自海关填发进口消费税专用缴款书之日起15日内缴纳税款。

四、消费税的纳税申报

缴纳消费税的纳税人无论有无发生消费税的纳税义务,均应于次月1日至10日内向主管税务机关办理消费税的纳税申报,并填制"消费税纳税申报表"(见表3-2)。

表 3-2　　　　　　　　　　**消费税纳税申报表**

　　　　　　　　　　　　　　　填表日期：　年　月　日

纳税编码：

纳税人识别号：□□□□□□□□□

纳税人名称：　　　　　　　　　　　　　　　　地　址：

税款所属期：　年　月　日至　年　月　日　　联系电话：

应税消费品名称	适用税目	应税销售额(数量)	适用税率(单位税额)	当期准予扣除外购应税消费品买价(数量)				外购应税消费品适用税率(单位税额)
				合计	期初库存外购应税消费品买价(数量)	当期购进外购应税消费品买价(数量)	期末库存外购应税消费品买价(数量)	
1	2	3	4	5＝6＋7－8	6	7	8	9
合　计								

应纳消费税		当期准予扣除外购应税消费品已纳税款	当期准予扣除委托加工应税消费品已纳税款			
本　期	累　计		合　计	期初库存委托加工应税消费品已纳税款	当期收回委托加工应税消费品已纳税款	期末库存委托加工应税消费品已纳税款
15＝3×4－10 或 3×4－11 或 3×4－10－11	16	10＝5×9 或 10＝5×9 (1－减征幅度)	11＝12＋13－14	12	13	14

已纳消费税		本期应补(退)税金额			
本　期	累　计	合　计	上期结算税额	补交本年度欠税	补交以前年度欠税
17	18	19＝15－26－27	20	21	22

截止上年年底累计欠税额	本年度新增欠税额		减免税额	预缴税额	多缴税额
	本　期	累　计			
23	24	25	26＝3×4×减征幅度	27	28

如纳税人填报,由纳税人填写以下各栏		如委托代理人填报,由代理人填写以下各栏		备　注
会计主管	纳税人	代理人名称	代理人(公章)	
(签章)	(公章)	代理人地址		
		经办人	电话	
以下由税务机关填写				
收到申报表日期		接收人		

填表说明：① 表中 2 栏"适用税目"必须按照《中华人民共和国消费税暂行条例》规定的税目填写。

② 第 10 栏,准予抵扣项目无减税优惠的按"10＝5×9"的勾稽关系填报；准予抵扣项目有减税优惠的按"10＝5×9(1－减征幅度)"的勾稽关系填报。目前准予抵扣且有减税优惠的项目为石脑油、润滑油,减征幅度为 70%。

③ 第 26 栏,全额免税的应税消费品按"26＝3×4"填报,减税款的应税消费品按"26＝3×4×减征幅度"填报。目前有减税优惠的项目为石脑油、润滑油、润滑油、燃料油,减征幅度为 70%。

④ 本表一式三份,区(分)局、计征局、纳税人各一份。

本章复习题

一、单项选择题

1. 下列经营业务中,应征收消费税的有(　　)。
   A. 轮胎厂生产销售的农用的车辆通用轮胎
   B. 商场销售的卷烟
   C. 汽车加油站销售的汽油
   D. 汽车制造厂生产销售的卡车

2. 下列项目中,征收消费税的有(　　)。
   A. 进口高档家具　　　　　　B. 商店销售白酒
   C. 委托加工烟丝　　　　　　D. 销售房屋

3. 下列纳税人自产自用应税消费品,不需交纳消费税的有(　　)。
   A. 工厂自产轮胎生产农用车
   B. 日化工厂自产化妆品用于广告样品
   C. 酿造厂自产酒精勾兑白酒
   D. 汽车制造厂自产汽车赞助汽车拉力赛

4. 下列外购已税消费品连续生产应税消费品销售时,不能扣除外购已纳消费税的有(　　)。
   A. 外购已税汽车轮胎生产的小轿车
   B. 外购已税珠宝玉石生产的珠宝玉石
   C. 外购已税酒生产的勾兑酒
   D. 外购已税两轮摩托车改装的三轮摩托车

5. 某外贸进出口公司当月从日本进口 140 辆小轿车,每辆车的关税完税价格为 8 万元,已知小轿车关税税率为 110%,消费税为 5%。进口这些轿车应缴纳(　　)万元消费税。
   A. 61.6　　　B. 123.79　　　C. 56　　　D. 80

6. 委托个体经营者加工应税消费品,其消费税的纳税义务人应当是(　　)。
   A. 委托方　　　　　　　　　B. 受托方
   C. 委托方或受托方　　　　　D. 销售方

7. 我国现行消费税法规定,委托加工的应税消费品仅指(　　)。
   A. 受托方提供原材料生产的应税消费品
   B. 由受托方先将原材料卖给委托方,然后再接受加工的应税消费品
   C. 由受托方以委托方名义购进原材料生产的应税消费品

D. 由委托方提供原材料和主要材料,受托方只收取加工费和代垫部分辅助材料加工的应税消费品

8. 下列各项中,符合消费税法有关应按当期生产领用数量计算准予扣除外购的应税消费品已纳消费税税款规定的是(　　)。
　　A. 外购已税白酒生产的药酒
　　B. 外购已税化妆品生产的化妆品
　　C. 外购已税白酒生产的巧克力
　　D. 外购已税珠宝玉石生产的金银镶嵌首饰

二、多项选择题

1. 下列消费品中,属于消费税应税消费品的有(　　)。
　　A. 洗发水、护发素　　　　　B. 珠宝、金银首饰
　　C. 手提电话　　　　　　　　D. 摩托车

2. 下列消费品中,(　　)在零售环节征收消费税。
　　A. 烟　　　B. 金银首饰　　C. 化妆品　　D. 钻石及钻石饰品

3. 下列消费品中,实行从价定率和从量定额复合税率计征消费税的消费品有(　　)。
　　A. 小汽车　　B. 卷烟　　　C. 粮食白酒　　D. 薯类白酒

4. 消费税不同应税产品的纳税环节包括(　　)。
　　A. 批发环节　　B. 进口环节　　C. 零售环节　　D. 生产销售环节

5. 下列消费税品中,实行从量定额征收消费税的有(　　)。
　　A. 黄酒　　　B. 啤酒　　　C. 柴油　　　D. 白酒

6. 下列说法正确的有(　　)。
　　A. 凡是征收消费税的货物都征增值税
　　B. 凡是征收增值税的货物都征消费税
　　C. 应税消费品征收增值税的,其税基含有消费税
　　D. 应税消费品征收消费税的,其税基含有增值税

7. 下列各项中,应当征收消费税的有(　　)。
　　A. 用于本企业连续生产的应税消费品
　　B. 用于奖励代理商销售业绩的应税消费品
　　C. 用于本企业生产性基建工程的应税消费品
　　D. 用于捐助国家指定的慈善机构的应税消费品

8. 下列外购已税消费品,用于连续生产销售时,消费税准予扣除的有(　　)。
　　A. 外购已税珠宝玉石生产的金银首饰
　　B. 外购已税烟丝生产的卷烟
　　C. 外购已税鞭炮焰火生产的鞭炮焰火

D. 外购已税摩托车生产的摩托车

9. 下列情形需要缴纳消费税的有（　　）。
   A. 酒厂把生产的滋补酒以福利形式发给职工
   B. 摩托车把自己生产的摩托车赠送给摩托车拉力赛赛手使用
   C. 卷烟厂生产的烟丝用于卷烟生产
   D. 石化厂把自己生产的柴油用于本厂基建工程的车辆使用

10. 下列企业出口应税消费品时，既退增值税又退消费税的有（　　）。
    A. 酒厂出口白酒　　　　　　　B. 烟厂出口卷烟、雪茄烟
    C. 外贸企业收购烟、酒后出口　　D. 外贸企业委托外贸代理出口烟、酒

三、计算题

1. 某汽车制造厂（一般纳税人）2009年11月发生以下业务：

   （1）外购汽车轮胎已入库，取得的税控专用发票上注明价款100万元，增值税17万元。

   （2）进口汽车发动机一批，关税完税价格300万元，进口关税税率假设为35%，海关已代征进口环节税金，支付运输企业运输费1万元（取得运费普通发票），货已入库。

   （3）销售小轿车一批，开具的税控专用发票上注明销售额400万元，货款尚未收到。

   （4）销售小轿车，取得价税合并的价款234万元。

   （5）应客户要求，用自产小轿车的底盘改装一辆抢险车，取得含税收入13万元，另收改装费2万元，开具普通发票。

   小轿车消费税税率为5%。

   要求：计算该汽车制造厂应纳的消费税和增值税。

2. 某白酒生产企业（以下简称甲企业）为增值税一般纳税人，2009年7月发生以下业务：

   （1）向某烟酒专卖店销售粮食白酒20吨，开具普通发票，取得含税收入200万元，另收取包装物租金20万元。

   （2）提供10万元的原材料委托乙企业加工散装药酒1 000千克，收回时向乙企业支付不含增值税的加工费1万元，乙企业已代收代缴消费税。

   （3）委托加工收回后将其中900千克散装药酒继续加工成瓶装药酒1 800瓶，以每瓶不含税售价100元通过非独立核算门市部销售完毕。（说明：药酒的消费税税率为10%，白酒的消费税税率为20%加0.5元/500克）

   要求：根据上述资料，计算回答下列问题，每问需计算出合计数：

   （1）计算本月甲企业向专卖店销售白酒应缴纳的消费税。

   （2）计算乙企业已代收代缴的消费税。

（3）计算本月甲企业销售瓶装药酒应缴纳的消费税。

3. 某酒厂为增值税一般纳税人,2009年10月份发生下列业务：

（1）销售自制粮食白酒5 000箱,每箱10斤,不含税单价为80元/箱,收取包装物押金70 200元,运输费23 400元。

（2）从A酒厂购进粮食酒精6吨,用于勾兑38度白酒20吨,当月全部出售,取得不含税收入80 000元。

（3）将自产48度粮食白酒10吨,以成本价每吨7 000元分给职工作福利,对外销售不含税单价为每吨9 500元。

（4）委托某个体工商业户小规模纳税人生产10吨白酒,本厂提供原材料成本3.5万元,支付加工费1 060元（不含税），收回后装瓶出售,取得不含税收入80 000元,销项税额13600元。

要求：计算该厂10月应纳消费税。

四、业务题

某卷烟厂委托甲厂加工烟丝,卷烟厂和甲厂均为一般纳税人。卷烟厂提供烟叶55 000元,甲厂收取加工费20 000元,增值税3 400元。委托加工的烟丝收回后,一半用于销售,另一半经过进一步加工后作为卷烟对外销售。假设当月销售3个标准箱,每标准条调拨价60元,期初库存委托加工应税烟丝已交消费税2 580元,期末库存委托加工应税烟丝已交消费税19 880元。

要求：作出相关会计处理。

第四章 营业税会计

 引导案例:胜利公司工程承包

胜利公司主营修筑公路、桥梁,兼营汽车修理、房屋建筑等,同时该单位还成立了一个汽车运输队,并拥有一个餐厅和一个招待所,餐厅和招待所承包给别人,收取承包费。该公司1998年5月发生以下业务:

1. 该公司之前承包一项修筑某大桥的工程,工程竣工获得实际收入200万元。
2. 其汽车运输大队,取得运输收入10万元。
3. 修理部门取得收入35万元,其中,专门从事汽车修配收入25万元,另完成零配件销售取得收入10万元。
4. 该公司将一部分闲散资金用于二级市场的股票买卖,获利20万元。
5. 将90万元资金借给其下属企业使用,收取资金占用费9万元。
6. 账面上反映收到餐厅的承包费为7万元,招待所的承包费为5万元。

根据收入的来源情况,该公司的办税员将建筑工程收入按照"建筑业"税目3%的税率纳税,将运输收入按"交通运输业"税目3%的税率纳税,将修理部门取得的汽车修配服务收入、资金占用费收入以及餐厅、招待所承包费收入按照"服务业"税目5%的税率纳税,零配件销售收入按增值税纳税,而股票收入没有纳税。在办理申报时,税务机关告知其申报中有错误,汽车修配收入也应按增值税纳税,而资金占用费收入应按"金融保险业"税目纳税,并在对其会计凭证、成本列支以及其他相关材料的查核中,发现该公司自己在餐厅和招待所发生的招待费用并未计入餐厅和招待所的营业额中,而且在账目上未作任何处理,直接冲抵了承包费用,造成偷漏营业税现象。

讨论题:1. 营业税计税依据的确定。
2. 增值税与营业税征税范围的区分以及兼营行为的税率适用。

第一节 营业税概述

一、营业税的概念

营业税是对在我国境内提供应税劳务、转让无形资产或销售不动产的单位和个人,就其营业额征收的一种税。

营业税在我国起源较早,周代对"商贾虞衡"的课税,汉代征收的"算缗钱",明代征收的"市肆门摊税",清代开征的当税等,都是对商业营业额征收的营业税。

现行营业税的基本规范,是国务院于1993年12月13日颁布,1994年1月1日开始实施的《中华人民共和国营业税暂行条例》。2009年为了适应经济形势发展和增值税转型改革的需要,对营业税暂行条例进行了修订。主要内容是调减了按照差额征收营业税的项目,同时明确了交易价格明显偏低的处理规定,规范了营业税扣缴义务人的规定,调整了部分营业税纳税地点,延长了营业税的申报缴纳期限,使营业税制度规定更加规范和严谨。

二、营业税的特点

现行的营业税具有如下特点:

1. 一般以营业额全额为计税依据

营业税属于传统商品劳务税,计税依据为营业额全额,税额不受成本、费用高低影响,对于保证财政收入的稳定增长具有十分重要的作用。

2. 按行业设计税目税率

营业税按不同行业盈利水平差异,实行行业差别比例税率。同一行业同一税率,不同行业不同税率,以体现公平税负、鼓励平等竞争的政策精神。

3. 计算简便,便于征管

营业税一般以营业收入全额为计税依据,实行比例税率,税款随营业收入的实现而实现,征税对象易于控制和掌握,便于计算和征收管理。

三、营业税的基本法律内容

(一)营业税的纳税人和扣缴义务人

1. 营业税的纳税人

凡在我国境内提供应税劳务、转让无形资产或销售不动产的单位和个人,均为营业税的纳税义务人。

单位是指国有企业、集体企业、私有企业、股份制企业、外商投资企业、外国企业、其他企业和行政单位、事业单位、军事单位、社会团体及其他单位;个人是指个体工商业户及其他有经营行为的个人,包括中国公民和外国公民。

企业租赁或承包给他人经营的,以承包人或承租人为纳税人。

单位或个体户的员工、雇工在为本单位或雇主提供劳务时,不是纳税人。

2. 营业税的扣缴义务人

根据税法规定,某些单位和个人在纳税人发生应税行为时,负有代扣代缴、代收代缴营业税的义务,这些单位和个人就是税法确定的扣缴义务人。具体包括以下几

个方面:

(1) 委托金融机构发放贷款的,以受托发放贷款的金融机构为扣缴义务人。

(2) 建筑安装业务实行分包或转包的,以总承包人为扣缴义务人。

(3) 境外单位或个人在境内发生应税行为而在境内未设机构的,以代理人为扣缴义务人;没有代理人的,以受让者或购买者为扣缴义务人。

(4) 单位或个人举行演出,由他人售票的,以售票者为扣缴义务人。

(5) 演出经纪人为个人的,以售票者为扣缴义务人。

(6) 保险业的分保险业务,以初保人为扣缴义务人。

(7) 个人转让(除土地使用权以外)各项无形资产,以受让者为扣缴义务人。

(8) 财政部规定的其他扣缴义务人。

(二) 营业税的征税范围

现行营业税的征税范围是在我国境内提供的应税劳务、转让的无形资产和销售的不动产。

"在我国境内"是指所提供的应税劳务发生在境内;在境内载运旅客或货物出境;在境内组织旅客出境旅游;境内保险机构提供的保险劳务(但境内保险机构为出口货物提供保险除外);境外保险机构以在境内的物品为标的提供的保险劳务;所转让的无形资产在境内使用;所销售的不动产在境内。

"提供应税劳务、转让无形资产或销售不动产"是指有偿提供应税劳务、有偿转让无形资产或有偿转让不动产所有权的行为。"有偿"包括取得货币、货物或其他经济利益。单位或个人自建建筑物后销售,其自建行为视同提供应税劳务。转让不动产有限产权或永久产权以及单位将不动产无偿赠与他人的,视同销售不动产。

"应税劳务"是指属于交通运输业、建筑业、金融保险业、邮电通信业、文化体育业、娱乐业、服务业税目征税范围的劳务。

(三) 营业税的税目

营业税将征税范围具体划分为9个税目。

1. 交通运输业

交通运输业包括陆路运输、水陆运输、航空运输、管道运输和装卸搬运5大类。

远洋运输企业从事程租、期租业务和航空运输企业从事湿租业务取得的收入,属于交通运输业,按3%税率征收营业税。

自2005年6月1日起,对公路经营企业收取的高速公路车辆通行费收入统一减按3%的税率征收营业税。

2. 建筑业

建筑业是指建筑安装工程作业等,包括建筑、安装、修缮、装饰和其他工程作业,以及管道煤气集资费业务。

3. 金融保险业

金融保险业包括银行、信用合作社、证券公司、证券交易所、黄金交易所、金融租赁公司、证券基金管理公司、财务公司、证券投资公司、保险公司及应批准设立的金融保险机构。下设两个子目：金融和保险。

金融是指经营货币资金融通活动的业务，包括贷款、融资租赁、金融商品转让、金融经纪业和其他金融业务。

保险是指将通过契约形式集中起来的资金，用以补偿被保险人的经济利益的活动。

4. 邮电通信业

下设邮政、电信业两个税目。单位和个人从事快递业务的，也按此税目计税。

邮政是指传递实物信息的业务，包括传递函件或包件（含快递业务）、邮汇、报刊发行、邮务物品销售、邮政储蓄及其他邮政业务。

电信是指用各种电传设备传输电信号而传递信息的业务，包括电报、电传、电话、电话机安装、电信物品销售及其他电信业务。电信业务包括基础电信业务和增值电信业务。

5. 文化体育业

文化业是指经营文化活动的业务，包括表演、播映、经营游览场所和各种展览、培训活动，举办文学、艺术、科技讲座、讲演、报告会，图书馆的图书和资料的借阅业务等。

体育业是指举办各种体育比赛和为体育比赛或体育活动提供场所的业务。以租赁方式为文化活动、体育比赛提供场所，不按本税目征税，而按服务业征税。

6. 娱乐业

娱乐业是指为娱乐活动提供场所和服务的业务，包括经营歌厅、舞厅、卡拉OK歌舞厅、音乐茶座、台（桌）球、高尔夫球、保龄球、游艺、网吧等娱乐场所，对于娱乐场所为顾客提供的饮食服务及其他各种服务，也按照娱乐业征税。

7. 服务业

服务业是指利用设备、工具、场所、信息或技能为社会提供服务的业务，包括代理业、旅店业、饮食业、旅游业、仓储业、租赁业、广告业和其他服务业。

8. 转让无形资产

转让无形资产是指转让无形资产的所有权或使用权的行为，包括转让土地使用权、转让商标权、转让专利权、转让非专利技术、出租电影拷贝、转让著作权和转让商誉。

自2003年1月1日起，以无形资产投资入股，参与接受投资方利润分配、共同承担投资风险的行为，不征收营业税。在投资期后转让其股权的，也不征收营业税。

9. 销售不动产

销售不动产是指有偿转让不动产所有权的行为,包括销售建筑物或构筑物和销售其他土地附着物。

(1) 在销售不动产时连同不动产所占土地的使用权一并转让的行为,比照销售不动产征收营业税。

(2) 转让不动产有限产权或永久使用权,以及单位将不动产无偿赠送他人,应视同销售不动产,征收营业税。单位或个人将不动产无偿赠与他人的行为,视为销售不动产。

(3) 纳税人将自建住房销售给本单位职工,属于销售不动产行为,应照章征收营业税。

自 2003 年 1 月 1 日起,以不动产投资入股,参与接受投资方利润分配、共同承担投资风险的行为,不征收营业税。在投资期后转让其股权的,也不征收营业税。

（四）营业税的税率

营业税的税率如表 4-1 所示。

表 4-1　　　　　　　　营业税税目、税率表

税　目	税率/%	税　目	税率/%
一、交通运输业	3	六、娱乐业	5～20
二、建筑业	3	七、服务业	5
三、金融保险业	5	八、转让无形资产	5
四、邮电通信业	3	九、销售不动产	5
五、文化体育业	3		

自 2009 年 1 月 1 日起,娱乐业适用 5%～20%的税率,由省级人民政府确定。

纳税人兼有不同税目应税行为的,应分别核算不同税目的销售额。不分别核算或不能准确提供销售额的,从高适用税率。

（五）营业税的税收优惠政策

1. 营业税的起征点

按月纳税的为月营业额 1 000～5 000 元;按次纳税的为每次(日)营业额 100 元。

2. 营业税的免税规定

营业税的免税、减税项目由国务院规定,任何地区内部均不得规定免税、减税项目。

(1) 营业税暂行条例和国家政策性文件所规定的免税项目。

① 育养。指托儿所、幼儿园、养老院、残疾人福利机构提供的育养服务,婚姻介绍,殡葬服务。

② 残疾人。指残疾人员个人提供的劳务。

③ 医疗。指医院、诊所和其他医疗机构提供的医疗服务。

④ 教育。指学校和其他教育机构提供的教育劳务,学生勤工俭学提供的劳务。

⑤ 农业。指农业机耕、排灌、病虫害防治、植保、农牧保险以及相关技术培训业务,家禽、牲畜、水生动物的配种和疾病防治。

⑥ 文化。指纪念馆、博物馆、文化馆、美术馆、展览馆、书艺院、图书馆、文物保护单位举办文化活动的门票收入,宗教场所举办文化、宗教活动的门票收入。

(2) 国务院规定的免税项目。

① 科研。指科研单位取得的技术转让收入。

② 个人转让著作权。

③ 将土地使用权转让给农业生产者,用于农业生产。

④ 保险公司开展的 1 年期以上返还性人身保险业务的保费收入。所谓返还性人身保险业务,是指保期 1 年以上、到期返还本利的普通人寿保险、养老年金保险、健康保险。

⑤ 工会疗养院(所)可视为"其他医疗机构",免征营业税。

⑥ 凡经中央及省级财政部门批准纳入预算管理或财政专户管理的行政事业性收费、基金,无论是行政单位还是事业单位收取的,均不征收营业税。

⑦ 立法机关、司法机关、行政机关的收费,同时具备下列条件的,不征收营业税:

一是国务院、省级人民政府或其所属财政、物价部门以正式文件允许收费,而且收费标准符合文件规定的;

二是所收费用由立法机关、司法机关、行政机关自己直接收取的。

⑧ 社会团体按财政部门或民政部门规定标准收取的会费,不征收营业税;各党派、共青团、工会、妇联、中科院、青联、台联、侨联所收取的党费、会费,比照上述规定执行。

注:自 2006 年 6 月 1 日起,个人购买满 5 年以上的普通住房对外销售的,免征营业税。

(3) 国家所规定的有关行业的税收政策。

① 对于从事国际航空运输业务的外国企业或我国香港、澳门、台湾地区的企业从我国大陆运载旅客、货物、邮件的运输收入,在国家另有规定之前,应按 4.65% 的综合计征率计算征税。

② 中国人民保险公司和中国进出口银行办理的出口信用保险业务,不作为境内提供保险,为非应税劳务,不征收营业税。

③ 人民银行对金融机构的贷款业务,不征收营业税。人民银行对企业贷款或委托金融机构贷款的业务应当征收营业税。

④ 金融机构往来业务暂不征收营业税。金融机构往来是指金融企业联行、金融企业与人民银行及同业之间的资金往来业务,包括再贴现、转贴现业务取得的收入。

⑤ 对电影放映单位放映电影取得的票价收入按收入全额征收营业税后,对电影发行单位向放映单位收取的发行收入不再征收营业税,但对电影发行单位取得的片租收入仍应按全额征收营业税。

⑥ 对金融机构的出纳长款收入,不征收营业税。

第二节 营业税计算

一、一般业务营业税的计算

纳税人提供应税劳务、转让无形资产或销售不动产,按照营业额和规定的税率计算应纳营业税税额。应纳营业税税额的计算公式为:

$$应纳营业税税额 = 营业额 \times 税率$$

营业税的计税依据是营业额。营业额是指纳税人提供应税劳务、转让无形资产或销售不动产时,向对方收取的全部价款和价外费用,包括取得的货币、货物或其他经济利益。价外费用包括向对方收取的手续费、基金、集资费、代收款项、代垫款项及其他各种性质的价外费用。凡价外费用,无论会计制度规定如何计算,均应并入营业额计算应纳税额。

【例 4-1】 胜利公司从事多种经营,本月主要业务发生额如下:客房收入 175 000 元;餐厅收入 130 000 元;出租一层办公用房月租金收入 20 000 元;游艺厅收入 84 000 元(单独核算)。试计算该公司本月应缴纳的营业税税额。

解 应纳营业税税额 = (175 000 + 130 000 + 20 000) × 5% + 84 000 × 20%
= 33 050(元)

二、营业价格明显偏低的核定

对于纳税人提供劳务、转让无形资产或销售不动产的价格明显偏低而无正当理由的,单位或个人自己新建建筑物后销售以及单位将不动产无偿赠送他人的,主管税务机关有权按下列顺序核定其营业额:

(1) 按纳税人最近时期发生同类应税行为的平均价格核定。

(2) 按其他纳税人最近时期发生同类应税行为的平均价格核定。

(3) 按公式核定计税价格:

$$计税价格 = [营业成本或工程成本 \times (1 + 成本利润率)] \div (1 - 营业税税率)$$

上述公式中的成本利润率由省、自治区、直辖市人民政府所属地方税务机关确定。

三、特定业务营业税的计算

由于营业税的纳税人从事不同的行业,各行业间存在不同的情况,因此,对某些特定业务行为的营业税税额的计算作了特殊规定。

(一)交通运输业

运输企业自我国境内运输旅客或货物出境,在境外改由其他运输企业承运旅客或货物,应以全程运费减去付给该承运企业的运费后的余额作为营业额计算营业税税额。

联运业务是指两个以上运输企业共同完成旅客或货物从发送地点至到达地点所进行的运输业务。联运的特点是一次购买、一次收费、一票到底。运输企业从事联运业务,以实际取得的营业额为计税依据计算应纳营业税税额。

【例4-2】 某运输公司本期运送一批旅客出境,共收取运费收入 30 000 元,在境外改由其他运输企业承运,运输公司支付给承运企业运输费 10 000 元。同期,运输公司在境内取得货物运输收入 48 000 元,装卸费收入 12 000 元。试计算该运输公司本期应缴纳的营业税。

解 运送旅客出境应纳营业税额=(30 000−10 000)×3‰=600(元)

境内运输应纳营业税额=(48 000+12 000)×3‰=1 800(元)

运输公司本期应纳营业税额=600+1 800=2 400(元)

【例4-3】 某铁路部门从事铁路航空联运,本月收取联运费用 200 万元,其中,铁路的运营收入为 70 万元,航空公司的空运收入为 130 万元。试计算其应纳的营业税税额。

解 铁路部门应纳营业税税额=70×3‰=2.1(万元)

航空部门应纳营业税税额=130×3‰=3.9(万元)

【例4-4】 大发公司主营业务为汽车货物运输,经主管税务机关批准使用运输企业发票,是按"交通运输业"税目征收营业税的单位。该公司 2009 年取得运输货物收入 1 200 万元,其中,运输货物出境取得收入 100 万元,运输货物入境取得收入 100 万元,支付给其他运输企业的运费(由鸿运公司统一收取价款)200 万元;销售货物并负责运输所售货物共取得收入 300 万元;派本单位卡车司机赴国外为该国某公司提供劳务,鸿运公司取得收入 50 万元;附设非独立核算的搬家公司取得收入 20 万元。试计算鸿运公司 2009 年应纳营业税。

分析:该公司入境货运收入不属于营业税范围,支付给其他企业的运费应扣除;运输企业销货并负责运输应征收增值税;派员工赴国外为境外公司提供劳务取得的收入,不属于在境内提供劳务,不征收营业税;搬家公司收入应按运输业征收营业税。

应纳营业税=(1 200−100−200)×3‰+20×3%=27.6(万元)

(二)建筑业

建筑业的总承包人将工程分包或转包给他人,以工程的全部承包额减去付给分包人或转包人的价款后的余额作为营业额计算营业税税额。

从事建筑业劳务的(不含装饰劳务),无论与对方如何结算,其营业额均应包括工程所用原材料及其他物资和动力的价款在内,但不包括建设方提供的设备的价款。

从事安装工程作业,凡所安装的设备的价值作为安装工程产值的,营业额中还应包括设备的价款。

纳税人自建自用的房屋不纳营业税,如纳税人将自建房屋对外销售,其自建行为应按建筑业缴纳营业税,再按销售不动产缴纳营业税。

纳税人从事装饰劳务的,其营业额为提供装饰劳务取得的全部价款和价外费用。

施工企业向建设单位收取的材料差价款、抢工费、全优工程奖和提前竣工奖,应并入计税营业额中征收营业税。

【例 4-5】 成功建筑安装公司承建写字楼一栋,合同规定工程价款为 1 000 万元,由建设单位提供部分建筑材料,价款 200 万元,工程结束时,一次性结算工程款。后来,因工期紧张,该公司工程的一部分转给另一施工单位,转包支付价款 100 万元。试计算该建筑公司应交的营业税。

解 工程价款以外的 200 万元材料价款,应计入营业额;转包价款可以扣除。

应交营业税=(1 000+200−100)×3%=33(万元)

【例 4-6】 顺风建筑公司具备主管部门批准的建筑企业资质,2004 年承包一项工程,签订的建筑工程施工承包合同注明的建筑业劳务价款为 9 000 万元(其中安装的设备价款为 3 000 万元),另外销售建筑材料 1 000 万元。顺风公司将 1 500 万元的安装工程分包给 B 建筑公司。工程竣工后,建设单位支付给顺风公司材料差价款 600 万元,提前竣工奖 150 万元。顺风公司又将其中的材料差价款 200 万元和提前竣工奖 50 万元支付给 B 企业。试计算顺风企业应纳营业税额和代扣代缴营业税额。

分析:顺风公司符合有建筑施工企业资质和在签订的建筑工程施工承包合同中单独注明建筑业劳务价款两个条件。因此应就其建筑施工劳务和销货分别征收营业税和增值税;安装的设备价款按规定不计入营业额;材料差价款和提前竣工奖应包含在营业额内,但顺风公司将工程分包给 B 公司的价款及支付的材料差价款和提前竣工奖应准予扣除。转包收入应由总承包人代扣代缴营业税。

应纳营业税额=(9 000−3 000−1 500+600+150−200−50)×3%
=5 000×3%=150(万元)

代扣代缴营业税额=(1 500+200+50)×3%=52.5(万元)

(三)金融保险业

一般贷款业务是以贷款利息收入作为营业额计算营业税税额。而转贷业务自2009年1月1日起,也按贷款利息收入全额作为营业额计算营业税税额。

金融机构从事外汇、有价证券、期货买卖业务,以卖出价减去买入价后的余额为营业额计算营业税税额。这里所称"期货"是指非货物期货。对货物期货征收增值税,不征收营业税。

纳税人经营融资租赁业务,以其向承租人收取的全部价款和价外费用(包括残值)减去出租方承担的出租货物的实际成本后的余额为营业额。再以直线法计算出本期营业额作为本期税基。

现在实际征收过程中,对初保人按其向投保人收取的保费收入金额(即不扣除分保费支出)征税,对分保人取得的分保费收入不再征收营业税。

保险公司办理储金业务的营业额以纳税人在纳税期内的储金平均余额乘以人民银行公布的1年期存款利率折算的月利率计算。按上述规定计算储金业务的营业额以后,在计算保险企业其他业务营业额时,应相应从"保费收入"账户营业收入中扣除储金业务的保费收入。

保险企业已征收过营业税的应收未收保费,凡在财务会计制度规定的核算期限内未收回的,允许从营业额中减除。已冲减的应收未收保费在会计核算期限以后收回的,应并入当期营业额中。

保险企业开展无赔偿奖励业务的,以向投保人实际收取的保费为营业额。

中国境内保险人将其承保的以境内标的物为保险标的的保险业务向境外再保险人办理分保的,以全部保费收入减去分保保费后的余额为营业额。境内保险人应扣缴境外再保险人就其取得的分保收入应缴纳的营业税税款。

【例4-7】 某行营业部第四季度吸收存款支付利息40万元,贷款取得利息收入70万元。同时,以6%的季度利率从境外筹措资金4 000万元,并将其中的3 000万元转贷给企业,获得转贷利息收入210万元。另收取结算业务手续费12万元。试计算该银行本季度应纳的营业税。

解 一般贷款业务和手续费应纳营业税=(70+12)×5%=4.1(万元)

转贷业务应纳营业税=210×5%=10.5(万元)

该银行本季度应纳营业税额=4.1+1.5=5.6(万元)

(四)邮电通信业

邮政部门销售集邮商品、发行报刊,应为混合销售,视为提供应税劳务,计缴营业税。

电信部门销售无线寻呼机、移动电话等,应计缴营业税。若是邮政、电信部门以外的单位、个人从事上述业务,则计征增值税。

电信局提供上网服务而取得的收入,应按邮电通信业的税率(3%)计算应交营业税,而上网培训、饮料消费收入则应分别按文化体育业和服务业计征营业税。非邮电部门经营时,则均按服务业计缴营业税。

邮电单位与其他单位合作、共同为用户提供服务并由邮电单位统一收取价款的,以全部收入减去支付给合作方价款后的余额为营业额。

(五)文化体育业

单位或个人进行演出,以全部票价收入或包场收入减去付给提供演出场所的单位、演出公司或经纪人的费用后的余额作为营业额计算营业税税额。

【例 4-8】 某歌舞团于 2009 年 9 月来某市演出。由市人民影剧院提供场所,并由其售票,共收取门票 200 000 元,按照协议应该支付经纪人 10 000 元,支付市影剧院 40 000 元。试计算该歌舞团、市影剧院和经纪人各自应纳的营业税。

解 歌舞团应纳营业税 = (200 000 − 10 000 − 40 000) × 3%
            = 4 500(元)(由剧院扣缴)

经纪人应纳营业税 = 10 000 × 5% = 500(元)(由剧院扣缴)

影剧院应纳营业税 = 40 000 × 5% = 2 000(元)

(六)娱乐业

经营娱乐业向顾客收取的各项费用,包括门票费、台位费、点歌费、烟酒费和饮料费及其他收费,作为营业额计算营业税。

【例 4-9】 某综合娱乐服务公司 2009 年 5 月发生如下业务:① 歌舞厅门票收入 5 万元,点歌费收入 0.3 万元,烟酒饮料销售收入 1 万元;② 保龄球馆收入 4 万元;③ 开办的网吧收入 7 万元;④ 餐厅收入 30 万元。试计算该公司当月应纳营业税额。

分析:按相关税法规定,点歌费不得从营业额中扣除,歌舞厅发生的烟酒等销售属于混合销售,按照"主业"应按"娱乐业"征收营业税;保龄球馆收入自 2004 年 7 月 1 日起营业税税率下调为 5%;餐厅收入应按"服务业"税目征税;其他均属于"娱乐业",应按相应税目计征营业税。

应纳营业税额 = (5 + 0.3 + 1) × 20% + 4 × 5% + 7 × 20% + 30 × 5%
        = 4.36(万元)

(七)服务业

(1)旅游业。

① 旅游企业组织旅游团在中国境内旅游的,以收取的旅游费减去替旅游者支付给其他单位的房费、餐费、交通、门票和其他代付费用后的余额为营业额。

② 旅游企业组织旅游团到境外旅游,在境外改由其他旅游企业接团的,按照境外旅游的办法确定营业额。

③ 单位和个人在旅游景点经营索道取得的收入按"服务业"税目"旅游业"项目

征收营业税。

（2）广告代理业。以代理者向委托方收取的全部价款和价外费用减去付给广告发布者的广告发布费后的余额为营业额。

（3）代理业。以纳税人从事代理业务向委托方实际收取的报酬为营业额。

① 电脑福利彩票投注点代销福利彩票取得的任何形式的手续费收入,应照章征收营业税。

② 对拍卖方向委托方收取的手续费,应当征收营业税。

③ 纳税人从事无船承运业务,以其向委托人收取的全部价款和价外费用扣除其支付的海运费以及报关、港杂、装卸费用后的余额为计税营业额申报缴纳营业税。纳税人应按照其从事无船承运业务取得的全部价款和价外费用向委托人开具发票,同时应凭其取得的开具给本纳税人的发票或其他合法有效凭证作为差额缴纳营业税的扣除凭证。

（4）经营租赁业务。出租方取得的租金收入按"服务业"税目计算应纳营业税。

（5）商业企业向供货方收取的与商品销售量、销售额无必然联系,且商业企业向供货方提供一定劳务的收入,如进场费、上架费、展示费、管理费等,不属于平销返利,不冲减当期增值税进项税额,应按营业税"服务业"税目全额计缴营业税。

【例 4-10】 某旅行社本月收取××十日游旅客旅游费 4 万元。旅游期间支付旅客旅馆费 8 000 元,餐费 5 000 元,交通费 10 000 元,门票费 2 000 元,本月 20 日旅游团返回。试计算该旅行社本月应纳税额。

解 营业收入＝40 000－8 000－5 000－10 000－2 000＝15 000（元）

应交营业税＝15 000×5％＝750（元）

【例 4-11】 某旅行社本月组织团体旅游,境内组团旅游收入 20 万元,替旅游者支付给其他单位餐费、住宿费、交通费、门票共计 12 万元,后为应对其他旅行社的竞争,该旅行社同意给予旅游者 5％的折扣,并将价款与折扣额在同一张发票上注明;组团境外旅游收入 30 万元,付给境外接团企业费用 18 万元;另外为散客代购火车票、机票、船票取得手续费收入 1 万元,为游客提供打字、复印、洗相服务收入 2 万元。试计算该旅行社当月应纳营业税额。

分析:按规定,旅游企业组团境内旅游,以收取的全部旅游费减去替旅游者支付给其他单位的餐费、住宿费、交通费、门票或支付给其他接团旅游企业的旅游费后的余额为营业额;旅游企业组团境外旅游,在境外由其他旅游企业接团的,以全程旅游费减去付给接团企业的旅游费后的余额为营业额;将价款与折扣额在同一发票上注明的,以折扣后的价款为营业额;其他业务按"服务业——代理业"和"服务业——其他代理业"征收营业税。

应纳营业税额＝(20×95％－12)×5％＋(30－18)×5％＋(1＋2)×5％

=1.1（万元）

（八）转让无形资产

纳税人转让无形资产的营业额为纳税人转让无形资产从受让方取得的货币、货物和其他经济利益。

（九）销售不动产

单位和个人销售或转让其购置的不动产或受让的土地使用权，以全部收入减去不动产或土地使用权的购置或受让原价后的余额为营业额。

单位和个人销售或转让抵债所得的不动产、土地使用权的，以全部收入减去抵债时该项不动产或土地使用权作价后的余额为营业额。

另外，自2006年6月1日起，个人将购买不足5年的住房对外销售的，全额征收营业税。个人将购买满5年以上的非普通住房对外销售的，按其销售收入减去购买房屋价款后的余额征收营业税。

四、几种经营行为的税务处理

（一）兼营不同税目的应税行为

这是指纳税人从事两个以上营业税应税项目，都属于营业税的征收范围，只是适用的税率不同。按规定应分别核算，分别按适用的税率纳税；未分别核算的，从高适用税率。兼营减、免税项目的，应单独核算减、免税项目的营业额，未单独核算营业额的，不得减税、免税。

【例4-12】 某公园本月取得营业收入16 000元，其中门票收入6 000元，附设卡拉OK舞厅收入10 000元。试计算该公园本月应纳营业税额。

解 门票收入营业税额=6 000×3％=180（元）
歌舞厅收入营业税额=10 000×20％=2 000（元）
本月合计应纳营业税额=180+2 000=2 180（元）

（二）混合销售行为

一项销售行为既涉及增值税的范围，又涉及营业税的范围，为混合销售。

从事货物的生产、批发或零售的企业、企业性单位及个体经营者的混合销售行为，视为销售货物不征收营业税，征收增值税；其他单位和个人的混合销售行为，视为提供应税劳务，应当征收营业税。这一规定与《增值税暂行条例》的规定是一致的。但是，从事运输业务的单位和个人，发生销售货物并负责运输所售货物的混合销售行为应征收增值税，而不征营业税。这一特殊规定应予以重视。

（三）兼营非应税项目的应税行为

对此种行为，应分别核算应税劳务的营业额和货物或非应税劳务的销售额，分别纳税；不分别核算或不能准确核算的，其应税劳务与货物或非应税劳务，一并征收增值税,不征营业税。

第三节 营业税会计处理

一、营业税会计处理设置的账户

(一)"应交税费"账户

营业税的纳税义务人通过"应交税费"账户下设置的"应交营业税"明细账进行会计核算,其贷方登记应缴纳的营业税,借方登记已缴纳的营业税,期末余额在贷方,表示尚未缴纳的营业税,期末余额若在借方,则表示多交的营业税。

(二)"营业税金及附加"账户

营业税是价内税,纳税人应当缴纳的营业税已在其取得应税劳务营业收入、无形资产转让收入、不动产销售收入中,因此须通过损益类账户"营业税金及附加"进行营业税计提与上缴的会计处理。该账户属于损益类账户,借方发生额反映已发生的营业税税额,贷方发生额反映结转到"本年利润"等相关账户的数额,余额一般在借方,反映待结转数额,年末结转后无余额。

目前仍执行行业会计制度的纳税人,可根据行业会计制度进行营业税计算与上缴的会计处理,所使用的账户分别是:金融保险业、旅游饮食服务业、邮电通信业、民用航空业、农业记入"营业税金及附加"账户;房地产开发企业记入"经营税金及附加"账户;铁路运输业记入"运输税金及附加"账户;其他运输业记入"营运税金及附加"账户;建筑施工企业记入"工程结算税金及附加"账户;对外经济合作企业记入"营业成本税金"账户。

二、营业税的会计处理

(一)一般应税劳务应纳营业税的会计处理

纳税人在提供应税劳务时,一般情况下应作如下会计处理:

借:营业税金及附加
　　贷:应交税费——应交营业税

上缴或预缴营业税时,作如下会计处理:

借:应交税费——应交营业税
　　贷:银行存款

(二)转让无形资产应纳营业税的会计处理

企业拥有的无形资产,转让大体有两种形式:一是所有权转让;二是使用权转让。企业无形资产所有权与使用权的转让在性质和内容上有着本质的不同,在会计处理方法上也有很大区别。

1. 转让无形资产使用权应纳营业税的会计处理

转让无形资产使用权,即出租无形资产,按规定应交的营业税,借记"营业税金及附加"账户,贷记"应交税费——应交营业税"账户。

【例4-13】 胜利公司将某项专利权的使用权转让给威力集团,协议规定收取使用费60 000元,该专利权的成本为30 000元,已摊销5 000元,则胜利公司应作会计处理如下:

(1) 收取使用费时:

借:银行存款　　　　　　　　　　　　　　　　　60 000
　　贷:其他业务收入　　　　　　　　　　　　　　　　60 000

(2) 计提营业税时:

借:营业税金及附加　　　　　　　　　　　　　　　3 000
　　贷:应交税费——应交营业税　　　　　　　　　　　3 000

2. 转让无形资产所有权应纳营业税的会计处理

转让无形资产所有权,即出售无形资产,收入大于摊余价值及计提营业税的差额,计入营业外收入;收入小于其账面摊余价值及计提营业税额,计入营业外支出。

仍以上例为例,如果胜利公司转让的是无形资产的所有权,应作会计处理如下:

借:银行存款　　　　　　　　　　　　　　　　　60 000
　　累计摊销　　　　　　　　　　　　　　　　　　5 000
　　贷:无形资产——某专利权　　　　　　　　　　　30 000
　　　　应交税费——应交营业税　　　　　　　　　　3 000
　　　　营业外收入——出售无形资产收益　　　　　　32 000

(三) 销售不动产应纳税额的会计处理

1. 房地产企业销售不动产

房地产开发企业已开发销售商品房及其他土地附着物等不动产为主营业务,其销售不动产取得的收入以及预售不动产取得的收入均应计算缴纳营业税,借记"营业税金及附加",贷记"应交税费——应交营业税"。房地产开发企业自建自售建筑物时,其自建行为按建筑业3%的税率征税,出售建筑物按5%的税率征收营业税。

【例4-14】 胜利公司是房地产开发企业,本期预售商品房一批,房款总额20 000 000元,按50%一次性预收房款10 000 000元,余款在交付商品房时结算。会计处理如下:

(1) 收到预收款时:

借:银行存款　　　　　　　　　　　　　　　　10 000 000
　　贷:预收账款　　　　　　　　　　　　　　　　10 000 000

(2) 按预收款缴纳营业税时：
借：应交税费——应交营业税　　　　　500 000
　　贷：银行存款　　　　　　　　　　　　　　500 000
(3) 交付商品房，实现销售收入，结转预收账款：
借：银行存款　　　　　　　　　　　10 000 000
　　预收账款　　　　　　　　　　　10 000 000
　　贷：主营业务收入　　　　　　　　　　20 000 000
(4) 计提应交营业税时：
借：营业税金及附加　　　　　　　　 1 000 000
　　贷：应交税费——应交营业税　　　　　1 000 000
(5) 清缴未交税款时：
借：应交税费——应交营业税　　　　　500 000
　　贷：银行存款　　　　　　　　　　　　　　500 000

2. 非房地产企业销售不动产

非房地产企业出售不动产是指企业出售已作为固定资产管理的房屋、建筑物及地上附着物，是对现有固定资产的处置，其应交营业税，借记"固定资产清理"，贷记"应交税费——应交营业税"。

【例 4-15】 胜利公司出售一栋厂房，厂房原价 1 000 000 元，已提折旧 400 000 元。出售所得收入 800 000 元，用银行存款支付清理费用 10 000 元。厂房已清理完毕，则会计处理如下：

(1) 结转净值时：
借：固定资产清理　　　　　　　　　　600 000
　　累计折旧　　　　　　　　　　　　400 000
　　贷：固定资产　　　　　　　　　　　　　1 000 000
(2) 支付清理费用时：
借：固定资产清理　　　　　　　　　　 10 000
　　贷：银行存款　　　　　　　　　　　　　　 10 000
(3) 收到转让收入时：
借：银行存款　　　　　　　　　　　　800 000
　　贷：固定资产清理　　　　　　　　　　　 800 000
(4) 计提应纳营业税时：
借：固定资产清理　　　　　　　　　　 40 000
　　贷：应交税费——应交营业税(800 000×5%)　　40 000
(5) 结转清理净收入时：

清理净收入＝800 000－600 000－40 000－10 000＝150 000（元）
借：固定资产清理　　　　　　　　　　　　150 000
　　贷：营业外收入　　　　　　　　　　　　　150 000

第四节　营业税纳税申报

一、营业税的纳税义务发生时间

营业税的纳税义务发生时间为纳税人收讫营业收入款项或取得索取营业收入款项凭据的当天。这是一条原则性的规定。对某些具体项目分别规定如下：

（1）转让土地使用权或销售不动产，采用预收款方式的，其纳税义务发生时间为收到预收款的当天。

（2）单位或个人自己新建建筑物后销售，其自建行为的纳税义务发生时间为其销售自建建筑物并收讫营业额或取得索取营业额凭据的当天。

（3）将不动产或土地使用权无偿赠与其他单位或个人的，其纳税义务发生时间为不动产所有权转移的当天。

（4）营业税扣缴税款义务发生的时间，为扣缴义务人代纳税人收讫营业收入款项或取得索取营业收入款项凭据的当天。

（5）纳税人提供建筑业或租赁业劳务，采取预收款方式的，其纳税义务发生时间为收到预收款的当天。

（6）贷款业务。自2003年1月1日起至2008年12月31日，金融企业发放的贷款逾期（含展期）90天（含90天）尚未收回的，其纳税义务发生时间为纳税人取得利息收入权利的当天。原有的应收未收贷款利息逾期90天以上的，该笔贷款新发生的应收未收利息，其纳税义务发生时间均为实际收到利息的当天。

（7）融资租赁业务，其纳税义务发生时间为取得租金收入或取得索取租金收入价款凭据的当天。

（8）金融商品转让业务，其纳税义务发生时间为金融商品所有权转移的当天。

（9）金融经纪业和其他金融业务，其纳税义务发生时间为取得营业收入或取得索取营业收入价款凭据的当天。

（10）保险业务，其纳税义务发生时间为取得保费收入或取得索取保费收入价款凭据的当天。

（11）金融企业承办委托贷款业务，营业税的扣缴义务发生时间为受托发放贷款的金融机构代委托人收讫贷款利息的当天。

（12）会员费、席位费和资格保证金的纳税义务发生时间，为会员组织收讫会员费、席位费、资格保证金和其他类似费用款项或取得索取这些款项凭据的当天。

二、营业税的纳税地点

营业税的纳税地点原则上采取属地征收的方法,即纳税人在经营行为发生地缴纳应纳税款。具体规定如下:

(1) 纳税人提供应税劳务,应当向应税劳务发生地主管税务机关申报纳税;纳税人从事运输业务,应当向其机构所在地或居住地主管税务机关申报纳税。

(2) 纳税人转让土地使用权,应向土地所在地主管税务机关申报纳税;纳税人转让其他无形资产,应当向其机构所在地主管税务机关申报纳税。

(3) 纳税人销售不动产,应当向不动产所在地主管税务机关申报纳税。

(4) 纳税人承包的工程跨省、自治区、直辖市的,向其机构所在地主管税务机关申报纳税。

(5) 纳税人提供的应税劳务发生在外县(市),应向应税劳务发生地主管税务机关申报纳税而未申报的,由其机构所在地或居住地主管税务机关补征税款。

(6) 扣缴义务人应向其机构所在地主管税务机关申报缴纳其扣缴税款。但建筑安装工程业务的总承包人,扣缴分包或转包的非跨省、自治区、直辖市工程的营业税款,应当向分包或转包工程的劳务发生地主管税务机关解缴。

三、营业税的纳税期限

营业税的纳税期限分别为5日、10日、15日、1个月或1个季度。纳税人的具体纳税期限,由主管税务机关根据纳税人应纳税额的大小分别核定;不能按照固定期限纳税的,可以按次纳税。

纳税人以1个月或1个季度为一期纳税的,自期满之日起15日内申报纳税;以5日、10日或15日为一期纳税的,自期满之日起5日内预缴税款,次月1日起15日内申报纳税并结清上月应纳税款。

扣缴义务人的解缴税款期限,比照上述规定执行。

金融业(不包括典当业)的纳税期限为1个季度,保险业的纳税期限为1个月。

四、营业税的纳税申报

营业税的纳税人或扣缴义务人应按规定及时办理纳税申报,并如实填写《营业税纳税申报表》,《营业税纳税申报表》是营业税纳税人在规定的期限内向主管税务机关报送当期应纳税额的书面申请报告,是主管税务机关办理征收业务、核实应征税额和应扣缴税款、开具征税凭证的主要依据。它的主要内容有应纳税的课税品种、数量、计税金额、适用税率、应纳税额、已纳税额、实纳税额等,如表4-2所示。

第四章 营业税会计

表 4-2 营业税纳税申报表

填表日期： 年 月 日

纳税人识别号：□□□□□□□□□□□   金额单位：元(列至角分)

纳税人名称						税款所属时期				
税目	经营项目	营业额				税率	本　期			
		全部收入	不征税项目	减除项目	减免税项目		应纳税额	减免税额	已纳税额	应补(退)税额
					应税营业额					
1	2	3	4	5	6	8	9=7×8	10=6×8	11	12
					7=3-4-5-6					
合　计										

如纳税人填报,由纳税人填写以下各栏		如委托代理人填报,由代理人填写以下各栏		备注
会计主管	纳税人	代理人名称	代理人	
		地址		
(签章)	(公章)	经办人　　电话	(公章)	
以下由税务机关填写				
收到申报表日期		接收人		

填表说明：① 本表适用于营业税纳税人填报。
② "全部收入",系指纳税人的全部营业收入。
③ "不征税项目",系指税法规定的属于营业税征收范围的营业额。
④ "减除项目",系指税法规定允许从营业收入中扣除项目的营业额。
⑤ "减免税项目",系指税法规定的减免税项目的营业额。

本章复习题

一、单项选择题

1. 下列各项中,属于营业税法规定的应税劳务有(　　)。

　　A. 汽车清洗取得的收入

　　B. 销售位于境外的不动产取得的收入

　　C. 代销货物取得的货款收入

　　D. 境内企业派员工提供境外劳务取得的收入

2. 下列各项中,属于营业税征收范围的是( )。
   A. 批发、零售商品   B. 进口货物
   C. 转让土地使用权   D. 提供修理修配劳务

3. 我国内资某建筑公司在境内承包一项建筑工程,取得工程价款1 500万元,建设一幢办公楼自用,价值1 000万元,在A国承包一项建筑工程,取得工程价款6 000万元。该公司上述业务应纳营业税( )万元。
   A. 75   B. 45   C. 93   D. 21

4. 根据营业税法律制度的有关规定,在计算营业税应纳税额时,下列有关确定营业额的表述中,正确的是( )。
   A. 外汇买卖业务以卖出价为营业额
   B. 外汇转贷业务以贷款利息减去借款利息后的余额为营业额
   C. 单位或个人进行演出,以全部票价收入为营业额
   D. 运输企业以实际收入减去运输工具的折旧后的余额为营业额

5. 某公园2003年5月取得门票收入18 000元,代销中国福利彩票取得手续费收入3 000元,为某民间艺术团提供场地取得收入20 000元。则该公园本月应纳营业税为( )元。
   A. 3 100   B. 4 750   C. 4 600   D. 1 150

6. 下列营业税应税行为中,应按5%税率缴纳营业税的有( )。
   A. 搬家公司搬家服务业   B. 单位出租房屋
   C. 电影放映   D. 电子游戏厅

7. 自2003年1月1日起,以不动产投资入股,参与接受投资方利润分配,共同承担投资风险的行为,不征营业税。投资后转让其股权的收入,( )。
   A. 应征收营业税   B. 减半征收营业税
   C. 也不征营业税   D. 暂缓征收营业税

8. 下列关于各项金融保险业务的营业税计税依据,表述正确的是( )。
   A. 一般贷款业务的计税依据为利差收入
   B. 股票的计税依据为卖出股票的全部收入
   C. 金融中间业务的计税依据为佣金的全部收入
   D. 融资租赁的计税依据为向承租者收取的全部价款

9. 根据营业税法律制度的有关规定,下列各项中,应缴纳营业税的是( )。
   A. 电力公司销售电力   B. 银行销售金银
   C. 邮局销售邮票   D. 典当行销售死当物品

10. 下列各项中,不属于营业税征收范围的是( )。
    A. 物业管理公司代供电部门收取电费取得的收入
    B. 金融机构实际收到的结算罚款、罚息收入

C. 国家进出口银行办理出口信用保险业务取得的收入
D. 拍卖行受理拍卖文物古董取得的手续费收入

二、多项选择题

1. 下列各项中,属于营业税扣缴义务人的有(　　)。
   A. 向境外联运企业支付运费的国内运输企业
   B. 境外单位在境内发生应税行为而境内未设机构的,其代理人或购买者
   C. 个人转让专利权的受让人
   D. 分保险业务的初保人

2. 下列各项中,(　　)属于营业税的应税劳务。
   A. 娱乐场所为顾客的娱乐活动提供服务
   B. 旅游公司为旅客提供服务
   C. 加工和修理、修配劳务
   D. 建筑安装公司提供建筑、安装劳务

3. 营业税的计税依据是营业额,即纳税人提供应税劳务、转让无形资产或销售不动产向对方收取的全部价款和价外费用,其中价外费用包括(　　)。
   A. 基金　　　B. 集资费　　　C. 代收款项　　　D. 代垫款项

4. 下列项目中,营业税税率为20%的是(　　)。
   A. 音乐茶座　　　B. 游艺　　　C. 夜总会　　　D. 娱乐业

5. 下列各项中,符合营业税有关规定的有(　　)。
   A. 对娱乐业向顾客收取的各项费用可减除其销售商品的收入后计征营业税
   B. 拍卖行向委托方收取的手续费可减除拍卖过程中发生的费用后计征营业税
   C. 演出业务,以全部收入减去支付的场地费、演出公司或经纪人的费用后的余额为营业额
   D. 对旅行社组织境外旅游收取的各项费用可减除其付给境外接团企业的费用后的余额计征营业税

6. 某饭店服务设施齐全,经营范围包括住宿、餐饮、健身、娱乐、代办机票车票、电信服务等,其应纳营业税涉及的税目有(　　)。
   A. 邮电通信业　　　B. 服务业　　　C. 文体体育业　　　D. 娱乐业

7. 下列各项中,适用营业税5%税率的有(　　)。
   A. 搬家公司提供搬家服务
   B. 经营融资租赁业务
   C. 某企业转让一项专利技术
   D. 某行政事业单位销售一栋房屋取得的收入

8. 根据我国《营业税暂行条例》及其实施细则的规定,下列各项中,属于营业税

征收范围的有( )。

A. 广告业　　B. 旅游业　　C. 租赁业　　D. 修理修配业

三、计算题

1. 某服务公司主要从事人力资源中介服务，2009年2月份发生以下业务：

(1) 接受某用工单位的委托安排劳动力，取得该单位支付的价款共计50万元。其中，40万元用于支付劳动力的工资和社会保险费，2万元用于支付劳动力的住房公积金。

(2) 提供人力资源咨询服务取得收入40万元。

(3) 提供会议服务取得收入30万元。

(4) 在中国境内接受境外企业的远程业务指导(境外企业未派人来华)，支付费用20万元。

(5) 借款给某单位，按同期银行贷款利率收取资金占用费10万元。

(6) 转让接受抵债所得的一处房产，取得收入800万元。抵债时该房产作价500万元。

要求：根据上述资料，计算回答下列问题，每问需计算出合计数：

(1) 计算受托安排劳动力业务应缴纳的营业税。

(2) 计算提供人力资源咨询服务应缴纳的营业税。

(3) 计算提供会议服务应缴纳的营业税。

(4) 计算接受境外企业远程业务指导所付费用应代扣代缴的营业税。

(5) 计算收取的资金占用费应缴纳的营业税。

(6) 计算转让房产应缴纳的营业税。

2. 位于县城的某建筑安装公司2009年8月发生以下业务：

(1) 与机械厂签订建筑工程合同一份，为其承建厂房一栋，签订合同时预收工程价款800万元，月初开始施工至月底已完成全部工程的1/10。

(2) 与开发区签订安装工程合同一份，为其铺设通信线路，工程价款共计300万元，其中包含由开发区提供的光缆、电缆价值80万元，月末线路铺设完工，收回全部价款。

(3) 与地质勘探队签订合同一份，按照合同约定为其钻井作业提供泥浆工程劳务，取得劳务收入40万元。

(4) 以清包工形式为客户提供装修劳务，共收取人工费35万元、管理费5万元、辅助材料费10万元，客户自行采购的装修材料价款为80万元。

(5) 将自建的一栋住宅楼销售给职工，取得销售收入1 000万元、煤气管道初装费5万元，代收住房专项维修基金50万元；该住宅楼的建筑成本为780万元，当地省级税务机关确定的建筑业的成本利润率为15%。

要求：根据上述资料，计算回答下列问题，每问需计算出合计数：

(1) 计算该公司8月份承建厂房工程应缴纳的营业税。
(2) 计算该公司8月份铺设通信线路工程应缴纳的营业税。
(3) 计算该公司8月份提供泥浆工程作业应缴纳的营业税。
(4) 计算该公司8月份为客户提供装修劳务应缴纳的营业税。
(5) 计算该公司8月份将自建住宅楼销售给职工应缴纳的营业税。
(6) 计算该公司8月份应缴纳的城市维护建设税和教育费附加。

3. 某市工商银行2008年第三季度取得如下收入:为电信部门代收电话费取得手续费收入80万元;销售各种凭证取得收入30万元;向某商业企业发放周转性贷款取得利息收入300万元,逾期贷款罚息收入2万元;7月1日向某生产企业发放定期贷款3 000万元,贷款年利率5.6%,期限2年,9月30日,生产企业向银行支付利息;7月1日购进有价证券330万元,其中包括到期未支付的利息收入6万元(7月8日已收到),9月28日以400万元卖出。

要求:计算应纳和应扣缴的营业税。

4. 某市一娱乐公司2009年1月1日开业,经营范围包括娱乐、餐饮及其他服务,当年收入情况如下:
(1) 门票收入220万元,歌舞厅收入400万元,游戏厅收入100万元。
(2) 保龄球馆自7月1日开馆,至当年年底取得收入120万元。
(3) 美容美发、中医按摩收入150万元。
(4) 餐饮收入600万元(其中包括销售自制的180吨啤酒所取得的收入)。
(5) 与某公司签订租赁协议,将部分空闲的歌舞厅出租,分别取得租金76万元。
(6) 派出5名员工赴国外提供中医按摩服务取得收入70万元。
(7) 经批准从事代销福利彩票业务取得手续费10万元。

要求:计算该娱乐公司当年应缴纳的营业税。

第五章 城市维护建设税及教育费附加会计

 引导案例

某企业本月缴纳进口关税 85 万元,进口增值税 20 万元。本月实纳增值税 40 万元,实纳消费税 70 万元,实纳营业税 8 万元,补缴上月应纳增值税 6 万元,则该企业本月应纳教育费附加为多少？该企业会计人员计算如下：

企业本月应纳教育费附加=(85+20+40+70+8+6)×3%=6.87（万元）

讨论题：1. 该企业会计人员的计算是否正确？

2. 根据所学知识判断,如不正确,应如何计算？

第一节 城市维护建设税概述

一、城市维护建设税的概念及特点

（一）城市维护建设税的概念

城市维护建设税是对从事工商经营,缴纳增值税、消费税、营业税的单位和个人征收的一种税。

新中国成立以来,我国城市建设和维护在不同时期都取得了较大成绩,但是国家在城市建设方面一直资金不足。为了从根本上解决资金问题,1981 年,国务院在批转财政部关于改革工商税制的设想中提出："根据城市建设需要,开征城市维护建设税,作为县以上城市和工矿区市政建设的专项资金"。1985 年 2 月 8 日,国务院正式颁布《中华人民共和国城市维护建设税暂行条例》,并于 1985 年 1 月 1 日起在全国范围内实行。

（二）城市维护建设税的特点

1. 税款专款专用,具有受益税性质

国家通过税收形式取得的收入,一般都直接纳入国家预算,并不规定每个税种收入的适用范围和方向。但是作为例外,也有个别税种事先明确规定适用范围与方向,税款的缴纳与受益更直接地联系起来,我们通常称其为受益税。城市维护建设税专

款专用,用来保证城市的公共事业和公共设施的维护和建设,是一种具有受益税性质的税种。

2. 具有附加税性质

城市维护建设税本身没有独立的征税对象或税基,它是以纳税人实际缴纳的增值税、消费税、营业税税额之和为计税依据,随"三税"一并征收的附加税。

3. 根据城建规模实行地区差别比例税率

城市维护建设税是根据纳税人所在城镇的规模及其资金的需要来设计地区差别比例税率的。这样规定符合城市、县城和其他地区对城市维护和建设资金的不同程度和层次的需求。

4. 征收范围较广

按照现行条例规定,除了减免税等特殊情况以外,任何从事生产经营活动的企业单位和个人都要缴纳城市维护建设税,这个征税范围当然是比较广的。

二、城市维护建设税的基本规定

(一)征税范围和纳税人

城市维护建设税的征税范围比较广。具体包括城市市区、县城、建制镇以及税法规定征收"三税"的其他地区。

城市维护建设税的纳税人是在征税范围内从事工商经营,并缴纳增值税、消费税、营业税的单位和个人,包括国有企业、集体企业、私营企业、个体工商户及其他单位和个人。

外商投资企业和外国企业暂不缴纳城市维护建设税。

(二)税率

城市维护建设税实行地区差别比例税率。按纳税人所在地的不同,税率分别规定为7%、5%、1%三个档次。具体适用范围是:

(1)纳税人所在地在城市市区的,税率为7%。

(2)纳税人所在地在县城、建制镇的,税率为5%。

(3)纳税人所在地不在城市市区、县城或建制镇的,税率为1%。

另外,对铁道部应纳城市维护建设税的税率,鉴于其计税依据为铁道部实际集中缴纳的营业税税额,难以适用地区差别税率,因此,特规定,税率统一为5%。

(三)计税依据

城市维护建设税的计税依据是纳税人实际缴纳的增值税、消费税和营业税税额。对纳税人违反增值税、消费税和营业税有关税法而加收的滞纳金和罚款,是税务机关对纳税人违法行为的经济制裁,不作为城市维护建设税的计税依据,但纳税人在被查补增值税、消费税、营业税和被处以罚款时,应同时对其偷漏的城市维护建设税进行补税和罚款。

【思考题 5-1】 位于城市市区的某外贸有限公司本年被海关查出偷漏进口应税消费品消费税 20 万元,海关下达了处罚决定书,处以偷漏税金的 1.5 倍罚款,则城建税的计税依据应如何确定?

（四）减税、免税

城市维护建设税是以增值税、消费税、营业税税额为计税依据,并与"三税"同时征收,故在减免"三税"时相应也减免了城市维护建设税。因此,城市维护建设税一般不单独规定减免税。但对一些特殊情况,财政部和国家税务总局作了特定减免税规定:

(1) 海关对进口产品代征增值税、消费税的,不征收城市维护建设税。

(2) 对出口产品退还增值税、消费税的,不退还已缴纳的城市维护建设税;生产企业出口货物实行免、抵、退税办法后,经国家税务局正式审核批准的当期免抵的增值税税额应纳入城市维护建设税和教育费附加的计征范围,分别按规定的税（费）率征收城市维护建设税和教育费附加。

(3) 其他财政部和国家税务总局的税收优惠规定。

【思考题 5-2】 某市区企业为增值税一般纳税人,本期进口原材料一批,缴纳海关的增值税 20 万,本期国内销售甲产品实际缴纳增值税 10 万元、消费税 40 万元;出口乙产品一批,按规定退回增值税 8 万元。该企业本期应缴城市维护建设税为多少万元?

第二节 城市维护建设税计算与会计处理

一、城市维护建设税的计算

城市维护建设税应纳税额的计算公式为:

$$应纳税额 = \left(\begin{array}{c}实际缴纳的\\增值税额\end{array} + \begin{array}{c}实际缴纳的\\消费税额\end{array} + \begin{array}{c}实际缴纳的\\营业税额\end{array}\right) \times 适用税率$$

【例 5-1】 某市区一企业,2009 年 3 月份应缴纳增值税 231 万元,因其中符合有关政策规定而被退库 13 万元;缴纳消费税 87 万元;缴纳营业税 25 万元,因故被加收滞纳金 0.25 万元。试计算该企业实际应纳的城市维护建设税。

解 应纳税额 = (231 − 13 + 87 + 25) × 7% = 330 × 7% = 23.1（万元）

二、城市维护建设税的征收管理

城市维护建设税的纳税环节、纳税期限等事项比照增值税、消费税、营业税的有关规定办理。但对一些比较复杂并有特殊性的纳税地点,财政部和国家税务总局作了特殊规定:

(1)纳税人直接缴纳"三税"的,在缴纳"三税"地缴纳城市维护建设税。

(2)代征、代扣代缴的纳税地点。代征、代扣代缴增值税、消费税、营业税的单位,同时也要代征、代扣代缴城市维护建设税,如果没有代征、代扣城市维护建设税,应由纳税单位和个人回其所在地申报纳税。

(3)银行的纳税地点。各银行缴纳的营业税,均由取得业务收入的核算单位在当地缴纳。即县以上各级银行直接经营业务取得的收入,由各级银行分别在其所在地纳税;县和设区的市,由县支行或区办事处在其所在地纳税,而不能分别按所属营业所的所在地计算纳税。

三、城市维护建设税的会计处理

为了正确核算企业应缴城市维护建设税的计算、形成及缴纳过程,需要在"应交税费"账户下设置"应交城市维护建设税"明细账户进行核算。

企业计算当期应纳城市维护建设税税额时,借记"营业税金及附加"账户,贷记"应交税费——应交城市维护建设税"账户;当企业实际缴纳城市维护建设税时,应借记"应交税费——应交城市维护建设税"账户,贷记"银行存款"账户。

【例5-2】 某市区一企业2009年8月实际缴纳增值税40 000元,缴纳消费税50 000元,缴纳营业税20 000元。试计算该企业应纳的城建税税额。

解 应纳城建税税额=(40 000+50 000+20 000)×7%=7 700(元)

借:营业税金及附加　　　　　　　　　　　　7 700
　　贷:应交税费——应交城市维护建设税　　　　7 700

第三节　教育费附加计算与会计处理

一、教育费附加的概念

教育费附加是以单位和个人缴纳的增值税、消费税、营业税税额为计算依据征收的一种附加费。为了调动各种社会力量办教育的积极性,开辟多种渠道筹措教育经费,国务院于1986年4月28日颁布了《征收教育费附加的暂行规定》,同年7月1日开始在全国范围内征收教育费附加。

二、教育费附加的征收范围及计税依据

教育费附加对缴纳增值税、消费税、营业税的单位和个人征收,以其实际缴纳的增值税、消费税和营业税税额为计税依据,分别与增值税、消费税和营业税同时缴纳。

三、教育费附加计征比率

随着经济发展，社会各界对各级教育投入的需求也在增加，与此相适应，教育费附加计征比率也经历了一个由低到高的变化过程。1986年开征时，比率为1%，1990年5月增至2%，1994年1月1日至今，教育费附加比率为3%。

四、教育费附加的减免规定

(1) 海关对进口产品代征增值税、消费税的，不征收教育费附加。

(2) 对由于减免增值税、消费税、营业税而发生退税的，可以同时退还已征收的教育费附加。但对出口产品退还增值税、消费税的，不退还已征的教育费附加。

(3) 其他财政部和国家税务总局的税收优惠规定。

五、教育费附加的计算

教育费附加的计算公式为：

$$\text{应纳教育费附加} = (\text{实际缴纳的增值税额} + \text{实际缴纳的消费税额} + \text{实际缴纳的营业税额}) \times \text{征收比率}$$

【例5-3】 某市区一企业2009年10月缴纳增值税30万元、消费税20万元、营业税10万元。试计算该企业应缴纳的教育费附加。

解 应纳教育费附加=(30+20+10)×3%=1.8(万元)

六、教育费附加的会计处理

在会计核算时，企业按规定计算出的教育费附加，借记"营业税金及附加"、"其他业务成本"等账户，贷记"应交税费——应交教育费附加"账户；实际上缴时，借记"应交税费——应交教育费附加"账户，贷记"银行存款"账户。

【例5-4】 大庆公司设在某市区，2009年5月份货物销售实际缴纳增值税300 000元、消费税200 000元。该公司应纳城市维护建设税和教育费附加的计算及会计处理如下：

(1) 计提应交城市维护建设税和教育费附加时：

应纳城市维护建设税=(300 000+200 000)×7%=35 000(元)

应纳教育费附加=(300 000+200 000)×3%=15 000(元)

借：营业税金及附加　　　　　　　　　　50 000
　　　贷：应交税费——应交城市维护建设税　　35 000
　　　　　　　　　——应交教育费附加　　　　15 000

(2) 实际缴纳税款和教育费附加时：

借：应交税费——应交城市维护建设税　　35 000
　　　　　　——应交教育费附加　　　　15 000

贷：银行存款　　　　　　　　　　　　　　　　50 000

本章复习题

一、单项选择题

1. 目前我国城建税的税率实行的是（　　）的方法。
　　A. 纳税人所属行业差别比例税率　　B. 纳税人所在地差别比例税率
　　C. 纳税人所属行业累进税率　　　　D. 纳税人所在地累进税率

2. 关于城建税和教育费附加的减免规定，下列表述正确的是（　　）。
　　A. 对海关进口的产品征收的增值税、消费税和营业税，征收教育费附加
　　B. 对"三税"实行先征后返、先征后退、即征即退办法的，除另有规定外，对随同"三税"附征的城市维护建设税，一律不予退（返）还
　　C. 对出口产品退还增值税、消费税的，可以同时退还已征的教育费附加
　　D. 城建税原则上可以单独减免

3. 地处某建制镇的一家加工企业为城区一烟丝厂加工一批烟丝，烟丝应纳城建税的纳税地点为（　　）。
　　A. 烟丝厂所在地　　　　　　　　B. 烟丝厂注册地
　　C. 加工厂所在地　　　　　　　　D. 双方协商

4. 某市一饮食服务公司隐瞒收入40万元，被查补营业税，共处3倍罚金，则应查处和处罚的城建税为（　　）。
　　A. 2 520元　　B. 5 600元　　C. 13 440元　　D. 48 000元

5. 某市食品厂本月实缴增值税为15万元，营业税为1万元，后经税务机关检查，其3个月前所交营业税2万，为免税项目予以退税，其当月应交城建税为（　　）。
　　A. 0.75万元　　B. 0.8万元　　C. 0.98万元　　D. 1.12万元

6. 某城市税务分局对辖区内一家内资企业进行税务检查时，发现该企业故意少缴营业税58万元，遂按相关执法程序对该企业作出补缴营业税、城建税和教育费附加并加收滞纳金（滞纳时间50天）和罚款（与税款等额）的处罚决定。该企业于当日接受了税务机关的处罚，补缴的营业税、城建税及滞纳金、罚款合计为（　　）。
　　A. 1 215 100元　　B. 1 216 115元　　C. 1 241 200元　　D. 1 256 715元

二、多项选择题

1. 城建税和教育费附加的计算基数不包括下列（　　）项目。
　　A. 某生产企业出口货物确认的免抵退税额
　　B. 查补的"三税"
　　C. 享受税收优惠而减免的"三税"
　　D. 货物进口时征收的"三税"

2. 下列各项中,符合城市维护建设税征收管理有关规定的有(　　)。
   A. 海关对进口产品代征的增值税、消费税,征收城市维护建设
   B. 海关对进口产品代征的增值税、消费税,不征收城市维护建设税
   C. 出口产品退还增值税、消费税的,不退还已缴纳的城市维护建设税
   D. 出口产品退还增值税、消费税的,按50%退还已缴纳的城市维护建设税
3. 下列各项中,符合城市维护建设税纳税地点规定的是(　　)。
   A. 取得输油收入的管道局,为管道局所在地
   B. 流动经营无固定地点的单位,为单位注册地
   C. 流动经营无固定地点的个人,为居住所在地
   D. 代扣代缴"三税"的单位和个人,为代扣代缴地
4. 下列各项中,可以作为城市维护建设税计税依据的有(　　)。
   A. 纳税人滞纳营业税而加收的滞纳金
   B. 纳税人享受减免税后实际缴纳的营业税
   C. 纳税人偷逃增值税被查处的罚款
   D. 纳税人偷逃消费税被查补的税款
5. 市区某企业2009年8月应纳增值税52万元,9月初被税务机关查出同年5月31日为他人代开增值税专用发票,不含税价款20万元,此行为属偷税行为。应补交增值税并处以1倍罚款,还要按滞纳天数加收滞纳金,城建税比照增值税进行补交与处罚,并规定连同8月份税款在9月10日前一并入库。该企业9月8日将应纳税款、罚款及滞纳金一并上缴。该纳税人2009年9月初实际缴纳的下列税额正确的有(　　)。
   A. 应补交增值税及其罚款、滞纳金69 530元
   B. 应补交增值税34 000元、城建税2 380元
   C. 应补交城建税及其罚款、滞纳金4 867.1元
   D. 本月实纳城建税共计41 267.1元
6. 某卷烟厂(地处县城)2009年1月销售卷烟500箱,取得不含税销售额150万元,假设当期无任何购进业务。每标准条对外调拨价格为65元。则下列说法正确的有(　　)。
   A. 应缴消费税373.125万元   B. 应缴增值税25.5万元
   C. 应缴城建税19.93万元   D. 应缴教育费附加5.98万元
7. 下列单位不需要缴纳城市维护建设税的是(　　)。
   A. 只从事出口业务,且出口货物享受免、退的政策
   B. 既从事出口又从事内销业务的单位
   C. 进口货物自用的单位
   D. 转销进口货物的单位

第六章 关税会计

 引导案例

某汽车公司是一家全球性的汽车制造商,该公司为了打开中国市场,在中国市场有所作为,2001年初,该公司董事会初步拟订了两套方案:

方案一:在中国境内设立一家总装配公司作为子公司。通过国际转让定价,压低汽车零部件的进口价格,从而节省关税。这样也可以使中国境内的子公司的利润增大,以便更好地占领中国市场。

方案二:在中国设立一家销售企业作为宏达公司的子公司,通过国际转让定价,压低汽车进口的价格,从而节省关税。这样也可以使中国境内子公司的利润增大,以便扩大规模,占领中国汽车市场。

经过激烈的讨论,董事会通过了第一种方案。因为在通常情况下,原材料和零部件的关税税率最低,半成品税率次之,产成品的关税税率最高。如果通过进出口原材料而不是通过进出口产成品的方法,会节省更多的关税,尤其像汽车这种关税税率很高的产成品。所以,在第一种方案中,由于汽车零部件的关税税率要远远低于汽车产成品,低的关税税率可以节省更多的关税,而且由于零部件比较分散,如我们在以前的例子中所分析的,进行转让定价筹划更加容易,并且可以在多个国家间进行转让定价筹划,不但可以降低整个集团公司的税负,而且还起到了减少关税的作用。因此,公司决定选择了第一种方案。

讨论题:什么是关税?关税应该如何计算缴纳?企业应该如何合理地筹划关税业务?关税业务应该如何进行会计处理?

第一节 关税概述

一、关税的概念

关税是海关代表国家,根据有关税法、税则,对进出关境的货物或物品所征收的一种流转税。关境和国境是两个既有联系,又完全不同的概念。关境是实施同一海关法规和关税制度的境域,即国家(地区)行使海关主权的执法空间,又称"税境"或

"海关境域"。而国境是指一个主权国家行使行政权力的领域范围,包括领陆、领海、领空。一般情况下,关境等于国境,但有些国家关境不等于国境。国境内如果存在自由港、自由贸易时,这些区域就关税而言处在关境之外,这时关境小于国境;如果几个国家组成关税同盟,实施统一的关税法令和统一的对外税则,各成员国彼此之间货物进出国境免征关税,那么这时这些国家就共同构成了一个统一的关境,这些国家的关境大于国境。

关税是一个历史悠久的税种。它是随着国家之间经济联系的需要而产生和发展起来的。英国很早就有一种"例行的通行税",我国在西周有"关市之征"的记载,这些都带有关税的性质。

新中国成立后,我国组建了海关总署,统一管理全国海关业务,并负责关税的征收。为适应我国对外贸易的发展,参与国际经济竞争,国务院于1985年3月发布了《中华人民共和国海关进出口关税条例》和《中华人民共和国海关进出口税则》。1987年1月六届人大常委会第十九次会议通过了《中华人民共和国海关法》(以下简称《海关法》)。1987年9月国务院根据《海关法》修订发布了《中华人民共和国进出口关税条例》(以下简称《进出口关税条例》)。1992年3月第二次修订发布《进出口关税条例》。目前的关税法的依据是2000年7月修正颁布的《中华人民共和国海关法》和国务院2003年11月发布的《中华人民共和国进出口关税条例》。

2001年12月11日,中国正式加入世界贸易组织的当天,财政部以新闻稿的形式宣布,经国务院批准,中国政府将从2002年1月1日起履行关税减让义务。根据减让表的规定,中国关税总水平将由现在的14%降到2005年的约10%,其中工业品将由13%降至约9.3%,农产品将由19.9%降至约15.5%。农产品的关税减让承诺实施到2004年结束,98%的工业品关税减让则将到2005年结束,但汽车及汽车零部件的关税将到2006年7月1日分别降至25%和10%(平均水平),部分化工品的关税减让则将到2008年结束。

二、关税的分类

关税可以按照不同标准划分,从而可以形成多种类型的关税。

(一)按征税商品的流向划分

按征税商品的流向划分,关税可以分为进口关税、出口关税和过境关税。

1. 进口关税

进口关税是对国外转入本国的货物所征收的一种关税。一般是在货物进入关境时征收,或在货物从海关保税仓库转出投入国内市场时征收。进口关税是当前世界各国征关税的最主要的一种,在许多国家已不征出口关税与过境关税的情况下,它成为唯一的关税。

2. 出口关税

出口关税是对本国出口货物在运出国境时征收的一种关税。由于征收出口关税会增加出口货物的成本,不利于本国货物在国际市场的竞争,目前西方发达国家都取消了出口关税。目前尚在征收的主要是发展中国家,目的是取得财政收入与调节市场供求关系。我国目前对少数货物还征收出口关税。

3. 过境关税

过境关税是对外国经过一国关境、运往另一国的货物所征收的关税。由于过境货物对本国工农业生产和市场不产生影响,而且还可以从交通运输、港口使用、仓储保管等方面获得收入,因而目前绝大多数国家都不征过境关税。

(二)按征收的目的划分

按征收目的划分,关税可以分为财政关税和保护关税。

1. 财政关税

财政关税又称收入关税,是以增加国家财政收入为主要目的而课征的关税。这类关税一般选择进口量大、消费量大、负担能力强的非生活必需品,或本国不能生产又无替代品的消费品为主要的征收对象。其税率视国家财政收入需要和影响国际贸易数量的大小而定,一般比保护关税低。随着世界经济的发展,财政关税的意义逐渐降低,而为保护关税所替代。

2. 保护关税

以保护国内经济为目的而征收的关税,称为保护关税。保护关税主要是进口关税,税率较高。现代各国关税保护的重点有所不同。发达国家所要保护的通常是国际竞争性很强的商品,发展中国家则重在保护本国幼稚工业的发展。

(三)按征税标准划分

按征税标准划分,关税可以分为从价关税、从量关税、复合关税和滑准关税。

1. 从价关税

从价关税是以货物的价格作为计税依据而计算征收的关税。我国对进口商品基本上都实行从价税。

2. 从量关税

从量关税是以进出口货物的实物计量单位(重量、数量、面积、容积长度等)为计税依据而征收的关税。目前我国对原油、部分鸡产品、啤酒、进口卷烟课征。

3. 复合关税

复合关税是指对某种进口商品同时使用从价和从量计征的一种关税方法。目前我国对录(放、摄)像机、数字照相机、摄录一体机实行复合税。

4. 滑准关税

滑准关税又称滑动税,是进口货物的适用关税税率与货物的完税价格成反比,即一种关税税率随进口货物价格由高到低,而由低到高设置计征关税的方法。通常进口货物价格越高,其进口关税税率越低,进口货物价格越低,其进口关税税率越高。其目的是使该种商品的国内市场价格保持稳定,免受或少受国际市场价格波动的影响。目前我国对新闻纸实行滑准关税。

(四) 按对进口国的差别待遇划分

按对进口国的差别待遇不同,关税可分为加重关税和优惠关税。

1. 加重关税

加重关税又称歧视关税,是指对某些输出国、生产国的进口货物,因某种原因(如歧视、报复、保护和经济方面的需要等)使用比正常税率较高的税率所征收的关税。在歧视关税中,使用较多的是反倾销税和反补贴税。

反倾销税是指进口国海关对被认定构成出口倾销并对其国内相关工业构成损害的进口产品所征收的一种临时进口附加税。

反补贴税是对于直接或间接接受任何津贴和补贴的外国商品在进口时所征收的附加关税。

2. 优惠关税

优惠关税即指一国对特定的受惠国给予优惠待遇,使用比普通税率较低的优惠税率。具体形式有互惠关税、特惠关税、普惠关税、最惠国待遇。

互惠关税是两国间相互给予对方比其他国家优惠的税率的一种协定关税。其目的在于发展双方之间的贸易关系,促进双方国家工农业生产的发展。

特惠关税是对有特殊关系的国家,单方面或相互间按协定采用特别低的进口税率,甚至免税的一种关税。其优惠程度高于互惠关税,但只限对有特殊关系的国家适用。

普惠关税是经济发达国家对发展中国家出口货物普遍给予的一种关税优惠制度。普惠制是广大发展中国家长期斗争的结果,它对打破发达国家的关税壁垒,扩大发展中国家货物进入给惠国市场,推动本国经济的发展有积极意义。但在实施中,普惠制遇到发达国家为了自身的经济利益设置的种种障碍和限制。

最惠国待遇是指缔约国一方现在和将来给予任何第三国的一切特权、优惠和豁免,也同样给予对方的一种优惠待遇。它通常是国际贸易协定中的一项重要内容。它的适用范围,最初限于关税的优惠,以后扩大到其他税收、配额、航运、港口使用、仓储、输出等许多方面,但关税仍是主要的。我国对外贸易条约或协定中,也规定有最惠国待遇条款,以利于在平等互利的基础上扩大贸易往来,促进双方经济发展,以及避免歧视待遇。

三、关税的基本规定

(一) 征税对象

关税的征税对象是进出我国关境的货物和物品。货物是指贸易性商品;物品包括入境旅客随身携带的行李和物品、个人邮递物品、各种运输工具上的服务人员携带进口的自用物品、馈赠物品,以及其他方式进入我国国境的个人物品。

(二) 纳税人

根据国务院 2003 年 10 月颁布的新的《中华人民共和国进出口关税条例》第五条规定:"进口货物的收货人、出口货物的发货人、进境物品的所有人,是关税的纳税义务人。"

在外贸企业逐步实行进出口代理制以后,凡由外贸企业代理进出口业务的,都由办理进出口业务的外贸企业代纳税;不通过外贸企业而自行经营进出口业务的,则由收发货人自行申报纳税。

非贸易性物品的纳税人是物品持有人、所有人或收件人。

(三) 关税税则、税目和税率

1. 关税的税则和税目

关税税则又称海关税则,它是一国对进出口商品计征关税的规章和对进出口的应税与免税商品加以系统分类的一览表。海关凭以征收关税,是关税政策的具体体现。

2002 年 1 月 1 日起实施的《中华人民共和国海关进出口税则》包括正文和附录两大部分。正文包括海关进口税则和出口税则;附录是进口商品税目税率表、进口商品关税配额税目税率表、进口商品税则暂定税率表、出口商品税则暂定税率表、入境旅客行李物品和个人邮递物品税目税率表、非全税目信息技术产品税率表等附表。关税税率表主要包括税则号列(简称税号)、货品分类目录、税率三部分。

税则中的商品分类,有的按商品加工程度划分,有的按商品性质划分,也有的按两者结合划分。按商品性质分成大类,再按加工程度分成小类,现在世界上多数国家采用欧洲关税同盟研究小组拟定的《布鲁塞尔税则目录》。这个税则目录就是以商品性质为主,结合加工程度进行分类,把全部商品分为 21 大类,99 章(小类)1 097 项税目。各国可在税目下加列子目,税则中商品分类之所以如此繁细,反映了商品种类的增多,同时也是为了便于实行关税差别和贸易歧视政策,它是一国关税政策的具体体现。2010 年,我国进出口税则税目总数为 7 923 个。

2. 关税税率

(1) 进口商品税率。

我国加入 WTO 以后,为了履行我国在加入 WTO 关税减让谈判中承诺的有关义务,享有 WTO 成员应有的权利,自 2002 年 1 月 1 日起我国进口税则设有最惠国税率、协定税率、特惠税率、普通税率和关税配额税率等税率。对进口货物在一定期限内可以实行暂定汇率。

① 最惠国税率。适用于原产于共同适用最惠国待遇条款的世界贸易组织成员的进口货物,原产于与中华人民共和国签订含有相互给予最惠国待遇条款的双边贸易协定的国家或地区的进口货物,以及原产于中华人民共和国境内的进口货物。

② 协定税率。适用于原产于与中华人民共和国签订含有关税优惠条款的区域

性贸易协定的国家或地区的进口货物。

③ 特惠税率。适用于原产于与中华人民共和国签订含有特殊关税优惠条款的区域性贸易协定的国家或地区的进口货物。

④ 普通税率。适用于原产于上述①～③所列以外国家或地区的进口货物,以及原产地不明的进口货物。

⑤ 暂定税率。即对某些税号中的部分货物在适用最惠国税率的前提下,通过法律程序暂时实施的进口税率,具有非全税目的特点。进口暂定税率低于最惠国税率。适用最惠国税率的进口货物有暂定税率的,应当适用暂定税率;适用协定税率、特惠税率的进口货物有暂定税率的,应当从低适用税率;适用普通税率的进口货物,不适用暂定税率。

⑥ 关税配额税率。对实行关税配额管理的进口货物,在关税配额内的,适用关税配额税率;在关税配额外的,按不同情况适用最惠国税率、协定税率、特惠税率和普通税率。

我国自2002年起逐年调低进口关税,关税总水平由15.3%调整至目前的9.8%,农产品平均税率由18.8%调整至目前的15.2%,工业品平均税率由14.7%调整至目前的8.9%。其中,2002年大幅调低了5 300多种商品的进口关税,关税总水平由2001年的15.3%降低至12%,是入世后降税涉及商品最多、降税幅度最大的一年;2005年降税涉及900多种商品,关税总水平由2004年的10.4%降低至9.9%,是我国履行义务的最后一次大范围降税;此后的几次降税涉及商品范围有限,对关税总水平的影响均不大。2006年7月1日,我国降低了小轿车等42个汽车及其零部件的进口关税税率,最终完成了汽车及其零部件的降税义务,我国汽车整车及其零部件税率分别由入世前的70%～80%和18%～65%降至25%和10%。2010年降低鲜草莓等6个税目商品进口关税,调整后,我国关税总水平为9.8%。其中,农产品平均税率为15.2%,工业品平均税率为8.9%。至此,我国加入世界贸易组织承诺的关税减让义务全部履行完毕。

(2) 出口商品税率。

出口货物税率没有普通税率和优惠税率之分。我国确定征收出口关税的总原则是:既要服从于鼓励出口政策,又要做到能够控制一些商品的盲目出口,因而征出口关税仅限于少数产品。只对出口盈利特高,防止削价竞销,以及国内紧俏的少数商品征收出口关税。现在征收出口关税的商品有鳗鱼苗、部分有色金属矿砂石及其精矿、生锑、磷、氟钽酸钾、苯、山羊板皮、部分铁合金、钢铁废碎料、铜和铝原料及其制品、镍碇、锌碇、锑碇等36种。但对其中16种商品实行零税率,因此实际征收出口关税的商品只有20种。

出口关税税率都是实行的从价税率。与进口暂定税率一样,对出口货物也可在一定期限内实行暂定税率,出口暂定税率优先适用于出口税则中规定的出口税率。

(四)关税的优惠政策

1. 法定减免

法定减免是指我国《海关法》、《进出口关税条例》明确规定的减免税。法定减免税货物进出口时,纳税人无须提出申请,海关可按规定直接予以减免。海关对法定减免货物一般不进行后续管理。享受法定减免税待遇的货物主要有:

(1) 关税税额在人民币50元以下的一票货物。

(2) 无商业价值的广告品和货样。

(3) 外国政府、国际组织无偿赠送的物资。

(4) 进出境运输工具装载的途中必需的燃料、物料和饮食用品。

(5) 在海关放行前损失的货物。

2. 特定减免

特定减免税又称政策性减免税,它是在法定减免税之外,国家按照国际通行规则和我国的实际情况制定发布的有关进出口货物减免关税的政策。特定减免税货物一般有地区、企业和用途的限制,海关需要进行后续管理,也需要进行减免税统计。

特定减免税的主要范围包括科教用品、残疾人用品、边境贸易进口物资、保税区进出口货物、出口加工已进口货物、进口设备、慈善性捐赠物资、外国驻华使领馆和有关国家机构及其人员所需物品等。

3. 临时减免

临时减免是由国务院根据我国《海关法》给予的特殊照顾,一案一批、专文下达的减免税。自我国加入WTO后,为了遵循统一、规范、公平、公开的原则,有利于统一税法、公平税负、平等竞争,国家严格控制减免税,一般不办理个案临时减免税,对特定减免税也在逐步规范和清理,对不符合国际惯例的税收优惠政策将予以废止。

第二节 关税计算

一、关税完税价格的确认

关税完税价格是指海关凭以从价计征关税所依据的价格,是海关以进出口货物的实际成交价格为基础审定的价格。实际成交价格是一般贸易项下进口或出口货物的买方为购买该项货物向卖方实际支付或应当支付的价格。成交价格不能确定时,完税价格由海关依法估定。

(一) 进口货物完税价格的确认

1. 完税价格与成交价格

进口货物的完税价格由海关以符合条件的成交价格以及该货物运抵中华人民共和国境内输入地点起卸前的运输及其相关费用、保险费为基础审查确定。

进口货物的成交价格是指卖方向中华人民共和国境内销售该货物时买方为进口该货物向卖方实付、应付的,并且按照《中华人民共和国海关审定进出口货物完税价格办法》的相关规定调整后的价款总额,包括直接支付的价款和间接支付的价款。

进口货物的成交价格应当符合下列条件:

(1) 对买方处置或使用该货物不予限制,但法律、行政法规规定实施的限制、对货物转售地域的限制和对货物价格无实质性影响的限制除外。

(2) 该货物的成交价格没有因搭售或其他因素的影响而无法确定。

(3) 卖方不得从买方直接或间接获得因该货物进口后转售、处置或使用而产生的任何收益,或虽有收益但能够按照《中华人民共和国海关审定进出口货物完税价格办法》的相关规定进行调整。

(4) 买卖双方没有特殊关系,或虽有特殊关系但未对成交价格产生影响。

2. 计入完税价格的费用

进口货物成交价格中未包含下列费用的,应一并计入完税价格:

(1) 由买方负担的购货佣金以外的佣金和经纪费。

(2) 由买方负担的在审查确定完税价格时与该货物视为一体的容器的费用。

(3) 由买方负担的包装材料费用和包装劳务费用。

(4) 与该货物的生产和向中华人民共和国境内销售有关的,由买方以免费或以低于成本的方式提供并可以按适当比例分摊的料件、工具、模具、消耗材料及类似货物的价款,以及在境外开发、设计等相关服务的费用。

(5) 作为该货物向中华人民共和国境内销售的条件,买方必须支付的、与该货物有关的特许权使用费。

(6) 卖方直接或间接从买方获得的该货物进口后转售、处置或使用的收益。

3. 不能计入完税价格的费用

进口时在货物的价款中列明的下列税收、费用,不计入该货物的完税价格:

(1) 厂房、机械、设备等货物进口后进行建设、安装、装配、维修和技术服务的费用。

(2) 进口货物运抵境内输入地点起卸后的运输及其相关费用、保险费。

(3) 进口关税及国内税收。

4. 进口货物完税价格的估定

进口货物的成交价格如果不符合上面所述条件或不能确定的,经海关依次以下列价格估定该货物的完税价格:

(1) 与该货物同时或大约同时向中华人民共和国境内销售的相同货物的成交价格。

(2) 与该货物同时或大约同时向中华人民共和国境内销售的类似货物的成交价格。

（3）与该货物进口的同时或大约同时，将该进口货物、相同或类似进口货物在第一级销售环节销售给无特殊关系买方最大销售总量的单位价格，但应该扣除以下项目：同等级或同种类货物在中华人民共和国境内第一级销售环节销售时通常的利润和一般费用以及通常支付的佣金；进口货物运抵境内输入地点起卸后的运输及其相关费用、保险费；进口关税及国内税收。

（4）按照下列各项总和计算的价格：生产该货物所使用的料件成本和加工费用，向中华人民共和国境内销售同等级或同种类货物通常的利润和一般费用，该货物运抵境内输入地点起卸前的运输及其相关费用、保险费。

（5）以合理方法估定的价格。按照前四项的规定，仍不能确定货物的成交价格时，进口货物的完税价格，由海关根据条例规定的原则，以客观量化的数据资料为基础审查确定进口货物完税价格的估价方法。

纳税义务人向海关提供有关资料后，可以提出申请，颠倒前款第三项和第四项的适用次序。

5. 进口货物完税价格中运输费、保险费及相关费用的计算

（1）以一般陆运、海运和空运方式进口货物。

以陆运、海运和空运方式进口货物，计算至该货物运抵境内的第一口岸。如果运输及其相关费用、保险费支付至目的口岸或第一口岸外的其他口岸，则计算至目的地口岸。以陆运、空运和海运方式进口货物的运费，应当按照实际支付费用计算。如果进口货物的运费无法确定或未实际发生，海关应当按照该货物进口同期运输行业公布的运输率（额）计算。以陆运、海运和空运方式进口货物的保险费应当按照实际支付的费用计算。如果进口货物的保险费无法确定或未实际发生，海关应当按照"货价加运费"两者总额的 3‰ 计算保险费。

（2）其他方式进口的货物。

邮运的进口货物，应当以邮费作为运输及其相关费用、保险费。以境外边境口岸价格条件成交的铁路或公路运输进口货物，海关应当按照货价的 1% 计算运输及其相关费用、保险费。作为进口货物的自驾进口的运输工具，海关在审定完税价格时，可以不另行计入运费。

（二）出口货物完税价格的确认

1. 以成交价格为基础的完税价格

出口货物的完税价格由海关以该货物的成交价格以及该货物运至中华人民共和国境内输出地点装载前的运输及其相关费用、保险费为基础审查确定。出口货物的成交价格，是指该货物出口时卖方为出口该货物应当向买方直接收取和间接收取的价款总额。出口关税不计入完税价格，出口货物的销售价格如果包括离境口岸至境外口岸之间的运费、保险费，该运费、保险费应当扣除。

2. 出口货物完税价格海关估定方法

出口货物的成交价格不能确定的,海关经了解有关情况,并与纳税义务人进行价格磋商后,依次以下列价格估定该货物的完税价格:

(1) 与该货物同时或大约同时向同一国家或地区出口的相同货物的成交价格。

(2) 与该货物同时或大约同时向同一国家或地区出口的类似货物的成交价格。

(3) 按照下列各项总和计算的价格:境内生产相同或类似货物的料件成本、加工费用,通常的利润和一般费用,境内发生的运输及其相关费用、保险费。

(4) 以合理方法估定的价格。

二、关税的基本计算方法

关税分为从价、从量、复合和滑准四种计税方法,其计算方法分别如下:

(一) 从价税计算方法

从价税是以进出口货物的价格作为计税标准计缴的关税,具有税负公平、明确,易于实施、计征简便等优点。目前我国大多数进口商品采用从价税,出口关税都是采用的从价计征方法。货物的价格是指由海关所确定的货物的完税价格。其计算公式为:

$$关税税额 = 应税进(出)口应税货物数量 \times 单位完税价格 \times 适用税率$$

(二) 从量税计算方法

从量税是以货物的某种计量单位(数量、重量、面积、容量、长度等)作为计税标准,以每一计量单位应纳的关税金额作为税率来计缴的关税。其特点是不以商品价格的涨落而改变应纳税额,手续简便,但税负不合理,难以普遍采用。我国目前仅对啤酒、胶卷等少数商品计征从量关税。其计算公式为:

$$关税税额 = 应税进(出)口应税货物数量 \times 单位货物税额$$

(三) 复合税计算方法

复合税是对进口商品既征从量税又征从价税的一种方法。一般以从量税为主,加征从价税。实务中,货物的从量税额与从价税额难以同时确定,且手续复杂,难以普遍采用。我国目前仅对录像机、放像机、摄像机和摄录一体机实行复合计税。其计算公式为:

$$关税税额 = 应税进(出)口应税货物数量 \times 单位货物税额 + 应税进(出)口应税货物数量 \times 单位完税价格 \times 适用税率$$

(四) 滑准税计算方法

滑准税是对进口税则中的同一种商品按其市场价格标准分别制定不同价格档次的税率而征收的一种进口税,即关税的税率随着进口商品价格的变动而反方向变动的一种税率形式,价格越高,税率越低,税率为比例税率。因此,实行滑准税率,进口商品应纳关税税额的计算方法,与从价税的计算方法相同。其计算公式为:

$$关税税额 = 应税进(出)口应税货物数量 \times 单位完税价格 \times 滑准税税率$$

三、进出口货物关税的计算

综上可知,关税有多种计算方法。由于从价税使用较普遍,且完税价格确定的情况较复杂,所以,下面仅介绍从价计征关税的计算。

(一)进口货物关税的计算

1. CIF 价格(成本、保险费加运费)

以我国口岸 CIF 价格成交或与我国毗邻的国家以两国共同边境地点交货价格成交的,就分别以该价格作为完税价格。其计算公式为:

$$完税价格 = CIF 价格$$
$$进口关税 = 完税价格 \times 进口关税税率$$

【例 6-1】 某电子技术进出口公司,从国外进口电子计算机、磁带、磁盘一批,海关审定的到岸价格为 480 000 美元,美元与人民币的比价为 1∶6.8,进口关税税率为 15%。试计算该公司应纳关税税额。

解 关税完税价格 = 480 000 × 6.8 = 3 264 000(元)

应纳进口关税 = 3 264 000 × 15% = 489 600(元)

2. FOB 价格(装运港船上交货价格)

以国外口岸 FOB 价格或从输出国购买以国外口岸 CIF 价格成交的,必须分别在上述价格基础上加从发货口岸或国外交货口岸运到我国口岸以前的运杂费和保险费作为完税价格。其计算公式为:

$$完税价格 = 国外口岸成交价格(FOB) + 运费及相关费用 + 保险费$$

完税价格内应当另加的运费、保险费和其他杂费,原则上应按实际支付的金额计算。若无法得到实际支付金额时,也可以外资系统海运进口运费率或按协商规定的固定运杂费率计算运杂费,保险费则按中国人民保险公司的保险费率计算。其计算公式为:

$$完税价格 = (FOB + 运费) \div (1 - 保险费率)$$

【例 6-2】 某进出口公司进口商品一批,以境外口岸离岸价格成交,货价折合人民币 840 万元,实际支付运费 36.48 万元,保险费率 4‰。该商品的关税税率为 20%。试计算该公司应纳进口关税税额。

解 完税价格=(840+36.48)÷(1-4‰)=880（万元）

应纳进口关税=880×20%=176（万元）

3. CFR 价格（成本加运费价格，或称含运费价格）

以成本加运费价格成交的，应当另加保险费作为完税价格。其计算公式为：

$$完税价格 = CFR \div (1 - 保险费率)$$

【例6-3】某企业从日本进口设备3台，以运抵青岛港的货价加运费价格成交折合为人民币1 655 020元，保险费率3‰。该设备由青岛运至该企业，国内运费4 200元（其中运费发票金额3 800元），该企业发生设备安装调试费3 500元（由该企业内部安装）。该设备的关税税率为10%。试计算该设备的进口关税。

解 完税价格=1 655 020÷(1-3‰)=1 660 000（元）

应纳进口关税=1 660 000×10%=166 000（元）

（二）出口货物关税的计算

1. FOB 价格

以我国口岸离岸价格（FOB）成交。其计算公式为：

$$完税价格 = FOB \div (1 + 出口关税税率)$$

$$出口关税税额 = 完税价格 \times 出口关税税率$$

2. CIF 价格

以国外口岸到岸价格（CIF）成交。其计算公式为：

$$完税价格 = (CIF - 保险费 - 运费) \div (1 + 出口关税税率)$$

3. CFR 价格

以国外口岸价格加运费价格（CFR）成交。其计算公式为：

$$完税价格 = (CFR - 运费) \div (1 + 出口关税税率)$$

【例6-4】某进出口公司出口商品一批，离岸价格为550万美元，出口关税税率为10%，当日外汇牌价1∶7。试计算应纳出口关税。

解 完税价格=550×7÷(1+10%)=3 500（万元）

应纳出口关税=3 500×10%=350（万元）

第三节 关税会计处理

对关税的会计处理，企业可以在"应交税费"账户下，设置"应交关税"二级账户，也可以分别设置"应交进口关税"、"应交出口关税"两个二级账户。工业企业也可以不设置"应交税费——应交关税"账户,而在实际缴纳时,直接贷记"银行存款"账户。

一、进口业务的会计处理

进口业务分为自营进口和代理进口两种情况。

（一）自营进口业务关税的会计处理

企业自营进口业务所计缴的关税,在会计核算上是通过设置"应交税费——应交进口关税"和"材料采购"账户加以反映的。应缴纳的进口关税,借记"材料采购"账户,贷记"应交税费——应交进口关税"账户;实际缴纳时,借记"应交税费——应交进口关税",贷记"银行存款"账户。也可不通过"应交税费——应交进口关税"账户,而直接借记"材料采购"账户,贷记"银行存款"、"应付账款"等账户。

【例 6-5】 某公司从英国进口原材料一批,货物以境外口岸离岸价格成交,折合为人民币 9 000 000 元,包括英方付给的回扣 80 000 元,未包括我方支付的佣金 600 000元,该货物的国外运保费共计 900 000 元,关税税率为 10%。增值税税率为 17%。

会计处理如下：

原材料的完税价格＝9 000 000＋900 000－80 000＋600 000＝10 420 000（元）

应纳进口关税＝10 420 000×10%＝1 042 000（元）

增值税进项税额＝(10 420 000＋1 042 000)×17%＝1 948 540（元）

(1) 支付原材料买价及回扣：

借：材料采购	9 000 000
贷：银行存款	9 000 000

(2) 支付运保费：

借：材料采购	900 000
贷：银行存款	900 000

(3) 支付佣金：

借：材料采购	600 000
贷：银行存款	600 000

(4) 应交关税：

借：材料采购	1 042 000
贷：应交税费——应交进口关税	1 042 000

(5) 支付关税、增值税：

借：应交税费——应交增值税(进项税额)	1 948 540
——应交进口关税	1 042 000
贷：银行存款	2 990 540

(二)代理进口业务关税的会计处理

代理进口业务一般由外贸企业代理委托单位承办。外贸企业对其代理的进口业务并不负担盈亏,只是收取一定的手续费。因此代理进口业务发生的进口关税,先由外贸企业代缴,然后向委托单位收取。外贸企业在代理进口业务中计算出应缴纳的进口关税时,借记"应收账款——××单位"账户,贷记"应交税费——应交进口关税"账户;实际缴纳时,借记"应交税费——应交进口关税"账户,贷记"银行存款"账户。委托单位实际向外贸企业支付进口关税时,借记"材料采购"、"商品采购"、"固定资产"等账户,贷记"应付账款"等账户。

【例6-6】 某单位委托某进出口公司进口商品一批,进口货款2 550 000元已汇入进出口公司存款户。该进口商品我国口岸CIF价格为USD240 000,进口关税税率为20%,当日的外汇牌价为USD1=RMB8.64,代理手续费按货价2%收取,现该批商品已运达,向委托单位办理结算。会计处理如下:

商品成交价格折合人民币=240 000×8.64=2 073 600(元)
应交进口关税=2 073 600×20%=414 720(元)
应支付手续费=2 073 600×2%=41 472(元)

(1) 收到委托单位划来进口货款时:

借:银行存款　　　　　　　　　　　　　2 550 000
　　贷:应付账款——××单位　　　　　　　　2 550 000

(2) 对外付汇进口商品时:

借:应收账款——××外商　　　　　　　2 073 600
　　贷:银行存款　　　　　　　　　　　　　2 073 600

(3) 支付进口关税时:

借:应付账款——××单位　　　　　　　414 720
　　贷:应交税费——进口关税　　　　　　　414 720
借:应交税费——进口关税　　　　　　　414 720
　　贷:银行存款　　　　　　　　　　　　　414 720

(4) 将进口商品交付委托单位并收取手续费时:

借:应付账款——××单位　　　　　　　2 115 072
　　贷:代购代销收入——手续费　　　　　　　41 472
　　　　应收账款——××外商　　　　　　　2 073 600

(5) 将委托单位剩余的进口货款退回时:

借:应付账款——××单位　　　　　　　20 208
　　贷:银行存款　　　　　　　　　　　　　20 208

二、出口业务的会计处理

(一) 自营出口业务关税的会计处理

企业自营出口业务,按规定计算出应缴纳的关税,借记"营业税金及附加"账户,贷记"应交税费——应交出口关税"账户;实际缴纳时,借记"应交税费——应交出口关税"账户,贷记"银行存款"账户。

【例6-7】 某进出口公司自营出口商品一批,我国口岸 FOB 价折合人民币为 720 000 元,出口关税税率为 20%。该公司根据海关开具的税款缴纳凭证,以银行转账支票付讫税款。

会计处理如下:

完税价格=720 000÷(1+20%)=600 000(元)

应交出口关税=600 000×20%=120 000(元)

(1) 确认销售收入时:

借:应收账款	720 000
贷:主营业务收入	720 000

(2) 应交关税时:

借:营业税金及附加	120 000
贷:应交税费——应交出口关税	120 000

(3) 付讫税款时:

借:应交税费——应交出口关税	120 000
贷:银行存款	120 000

(二) 代理出口业务关税的会计处理

商品流通企业代理出口业务,因出口而缴纳的关税仍由委托方负担。商品流通企业按规定计算出代缴的关税时,借记"应收账款"账户,贷记"应交税费——应交出口关税"账户;实际缴纳时,借记"应交税费——应交出口关税"账户,贷记"银行存款"账户。

【例6-8】 某进出口公司代理某工厂出口一批商品。我国口岸 FOB 价折合人民币为 360 000 元,出口关税税率为 20%,手续费 10 800 元。

会计处理如下:

完税价格=360 000÷(1+20%)=300 000(元)

应交出口关税=300 000×20%=60 000(元)

(1) 计算应缴出口关税时:

借:应收账款	60 000
贷:应交税费——应交出口关税	60 000

(2) 缴纳出口关税时:

```
借：应交税费——应交出口关税      60 000
    贷：银行存款                    60 000
```
（3）应收手续费时：
```
借：应收账款                      10 800
    贷：主营业务收入                10 800
```
（4）收到委托单位划来税款及手续费时：
```
借：银行存款                      70 800
    贷：应收账款                    70 800
```

第四节　关税纳税申报

一、关税的缴纳

进口货物自运输工具申报进境之日起14日内，出口货物在货物运抵海关监管区后装货的24小时之前，应由进出口货物的纳税义务人向货物进（出）境地海关申报，海关根据税则归类和完税价格，计算其应缴纳的关税和进口环节代征税，并填发税款缴款书。纳税义务人应当自海关填发税款缴款书之日起15日内，向指定银行缴纳税款。如缴纳期限的最后一日是周末或法定节假日，则关税缴纳期限顺延至周末或法定节假日过后的第一个工作日。

关税纳税义务人因特殊情况不能按期缴纳税款的，经海关批准，可对纳税义务人的全部或部分应纳税款的纳税期限予以延长。

纳税人在纳税期间内没有应纳税款的，也应当按照规定办理纳税申报。纳税人享受减税、免税待遇的，在减税、免税期间应当按照规定办理纳税申报。

二、关税的强制执行

纳税义务人未在关税缴纳期限内缴纳税款，即构成关税滞纳。为保证海关征收关税决定的有效执行和国家财政收入的及时入库，《海关法》赋予海关对滞纳关税的纳税义务人强制执行的权力。强制措施主要有两类：

1. 征收滞纳金

滞纳金自关税缴纳期限届满之次日起，至纳税义务人缴纳关税之日止，按滞纳税款的万分之五的比例按日征收，周末或法定节假日不予扣除。其计算公式为：

$$关税滞纳金金额 = 滞纳关税税额 \times 滞纳金征收比率 \times 滞纳天数$$

2. 强制征收

纳税义务人自海关填发缴款书之日起3个月仍未缴纳税款，经海关关长批准，海关可以采取强制扣缴、变价抵缴等强制措施。强制扣缴是海关从纳税义务人在开户银行或其他金融机构的存款中直接扣缴税款。变价抵缴是海关将应税货物依法变卖，以变卖所得抵缴税款。

三、关税退还

关税退还是关税纳税人按海关核定的税额缴纳关税后，因某种原因的出现，海关将多征的税款退还给原纳税人的一种行政行为。如遇下列情况之一，可自缴纳税款之日起一年内，书面声明理由，连同原纳税收据向海关申请退税，逾期不予受理：

(1) 因海关误征，多纳税款的。

(2) 核准免验进口的货物，在完税后，发现有短缺情况，经审查认可的。

(3) 已征出口关税的货物，因故未装运出口，申报退关，经海关查验属实的。对已征出口关税的出口货物和已征进口关税的进口货物，因货物品种或规格原因原状复运进境或出境的，才能退税，属于其他原因且不能以原状复运进境或出境的，不能退税。

海关应当自受理退税申请之日起30日内查实并通知纳税人办理退还手续；纳税人应当自收到通知之日起3个月内办理有关退税手续。按照其他有关法律、行政法规规定应当退还关税的，海关应当按照有关法律和行政法规的规定退税。

四、关税的补征和追征

纳税人因违反海关规定而造成短征关税的称为"追征"；不是因纳税人违反海关规定而造成短征关税的称为"补征"。根据我国《海关法》，当海关发现少征或漏征时，应当自缴纳税款或货物、物品放行之日起1年内，向纳税义务人补征；如纳税义务人因违反规定而造成的少征或漏征，海关在3年之内可以追征。

五、关税的纳税争议

纳税义务人同海关发生纳税争议时，可向海关申请复议，但同时应当在规定的期限内按海关核定的税额缴纳关税，逾期则构成滞纳，海关有权按规定采取强制执行措施。

本章复习题

一、单项选择题

1. 我国关税由（　　）征收。

A. 税务机关 B. 海关
C. 工商行政管理部门 D. 财政部门
2. 进口货物以海关审定的成交价格为基础的(　　)价格为完税价格。
A. 离岸价格 B. 到岸价格
C. 国外口岸价格加运费 D. 国外口岸运费加保险费
3. 纳税人多交关税申请退还的期限、海关补征的期限、海关追征的期限分别是自缴纳税款之日起(　　)年内。
A. 1,1,3 B. 1,3,3 C. 1,1,1 D. 1,3,1
4. 在进口货物正常成交价格中若含以下费用,可以从中扣除的是(　　)。
A. 包装费 B. 运输费
C. 卖方支付的回扣 D. 保险费
5. 在税则中预先按产品的价格高低分档制定若干不同的税率,然后根据进出口商品价格的变动而增减进出口税率的关税称之为(　　)。
A. 从量关税 B. 从价关税 C. 复合关税 D. 滑动关税
6. 出口货物的完税价格不应该包括(　　)。
A. 向境外销售的成交价格
B. 货物运至我国境内输出地点装卸前的运输及相关费用
C. 货物运至我国境内输出地点装卸前的保险费
D. 离境口岸至境外口岸之间的运输、保险费
7. 关税滞纳金自(　　)起,至纳税义务人缴纳关税之日止,按滞纳税款万分之五的比例按日征收,周末或法定节假日不予扣除。
A. 商品报关之日 B. 商品进出关境之日
C. 关税缴纳期限届满之日 D. 自海关填发税款缴款书之日
8. 某企业进口一批生产用原材料,其缴纳的关税应(　　)。
A. 记入进口货物的成本 B. 记入"营业税金及附加"账户的借方
C. 记入"管理费用"账户的借方 D. 记入"应交税费"账户的借方
9. 自营出口关税核算中,企业自营出口应缴纳的关税,在(　　)账户下进行核算。
A. "营业税金及附加" B. "材料采购"
C. "主营业务成本" D. "其他业务成本"

二、多项选择题
1. 优惠关税包括(　　)。
A. 互惠关税 B. 特惠关税 C. 最惠国待遇 D. 普惠关税
2. 加重关税包括(　　)。

A. 反倾销税　　　B. 反补贴税　　　C. 报复关税　　　D. 财政关税

3. 下列货物、物品进境时,属于关税纳税对象的是(　　)。

A. 个人邮递物品　　　　　　　　B. 馈赠物品
C. 贸易性商品　　　　　　　　　D. 海员自用物品

4. 我国海关法规定,减免进出口关税的权限属于中央政府,减免的形式有(　　)。

A. 法定减免　　B. 特定减免　　C. 临时减免　　D. 困难减免

5. 进口货物以海关审定的成交价格为基础的到岸价格作为完税价格。到岸价格包括货价,加上货物运抵中国关境内输入地起卸前的(　　)等费用。

A. 包装费　　B. 其他劳务费　　C. 保险费　　D. 运输费

6. 以下关于关税纳税人的说法中,正确的有(　　)。

A. 进出口货物的发货人是相应关税的纳税人
B. 出口货物的收货人是相应关税的纳税人
C. 进出境物品的所有人是相应关税的纳税人
D. 对于携带物品进境的,推定其携带人为相应关税的纳税人

三、计算题

1. 某单位从 A 国进口一批小轿车(消费税税率 5%),到岸价格为 40 000 美元。出口一批货物,离岸价格为 100 000 美元。人民币对美元的汇率是 1∶7,进出口关税税率均为 10%。

要求:计算该单位应缴纳的进出口关税和海关代征进口环节的增值税、消费税。

2. 某公司进口机械设备 2 台,以境外口岸离岸价格成交,每台货价折合人民币 200 万元(其中包括向境外采购代理人支付的买方佣金每台 8 万元人民币;进口后安装调试费用每台 10 万元人民币,两者均单独计价并已经海关审查属实)。已知该货物运抵中国关境内输入地点起卸前的包装费、运费、保险费和其他劳务费用每台 30 万元人民币,该机械设备的关税税率为 10%。

要求:计算该公司进口环节应缴纳的关税税额。

3. 某进出口公司出口 5 000 吨磷到日本,每吨 FOB 天津 500 美元,磷的出口关税税率为 10%。当时人民币对美元的汇率是 1∶6.8。

要求:计算该公司应缴纳的出口关税税额。

四、业务题

上海某公司从美国进口货物一批,货物以国外离岸价格成交,成交价格折合人民币 1 510 万元,其中包括向境外采购代理人支付的买方佣金 10 万元;公司另向卖方支付佣金 15 万元,因使用该货物需要而向境外支付软件费 40 万元,支付货物运抵我国上海港的运费、保险费等 40 万元。假设该批货物适用的关税税率为 20%,增值税税率为 17%,消费税税率为 10%。

要求:分别计算该公司应缴纳的关税、消费税和增值税,并作出相应会计分录。

第七章 企业所得税会计

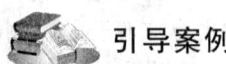 引导案例

某资产总额 900 万元的运输公司 2008 年成立并开业,2008 年全年取得的营运收入为 692 万元,取得合作方违约罚款收入 18 万元。当年各项营运成本及费用支出 460 万元(不含工资、福利费等),缴纳营业税等税金 22.84 万元。该公司当年列支工资总额 140 万元,当年实际发生的职工工会经费 3 万元、职工福利费 20 万元、职工教育经费 3 万元,支付财产保险费和运输保险费共计 15 万元,因运输事故损失 40 万元,得到保险公司赔偿 22 万元,用于职工已购商品房修理支出 80 万元。该公司会计人员计算全年企业所得税为:

应纳税所得额 $=692+18-460-22.84-140-3-20-3-15-40-80$
$=-73.84$(万元)

因此,会计人员认为当年应纳税所得额为 0,不需要缴纳企业所得税,无须进行企业所得税纳税申报。

讨论题:该企业会计人员对企业所得税的计算是否正确?企业所得税的计税依据应该如何确定?企业所得税应该如何进行纳税申报?

第一节 企业所得税概述

随着改革开放和经济体制改革的不断推进,我国的企业所得税制度经历了多次改革过程。1984 年开始,国家在第一次"利改税"的基础之上,对国有企业所得税和税后上缴利润办法进一步改革,并考虑到集体企业的税收负担和私营企业不断发展的情况,按企业所有制性质,分别设置了国有企业所得税、集体企业所得税和私营企业所得税三个所得税税种。虽然这三种税在当时发挥了积极作用,但税率不一、优惠各异,造成税负不公平,不利于企业间公平竞争。为贯彻公平税负、简化税制的基本原则,1993 年 12 月 13 日,国务院颁布了《中华人民共和国企业所得税暂行条例》,将三者合并为统一的内资企业所得税。另外,1991 年我国颁布并开始实施《中华人民共和国外商投资企业和外国企业所得税法》,该税法是在合并原《中外合资经营企业所得税法》和《外国企业所得税法》的基础上制定的。

2001年我国加入世贸组织后,国内市场对外资进一步开放,内资企业也逐渐融入世界经济体系中,面临越来越大的竞争压力,为了使内资企业能够与外资企业处于平等的竞争地位,并能够建立统一、规范、公平竞争的市场环境,2007年3月16日,第十届全国人大第五次会议通过了《中华人民共和国企业所得税法》,2007年11月28日,国务院第197次常务会议通过了《中华人民共和国企业所得税法实施条例》,并从2008年1月1日起实施。新企业所得税按照"简税制、宽税基、低税率、严征管"的税制改革原则,借鉴国际经验,建立各类企业统一适用的、科学的、规范的企业所得税制度,为各类企业创造公平的市场竞争环境。

一、企业所得税的纳税人

企业所得税是对我国境内的企业和其他取得收入的组织的生产经营所得和其他所得依法征收的一种直接税。企业所得税的纳税人是在中华人民共和国境内的企业和其他取得收入的组织。但是不包括依照我国法律、行政法规规定成立的个人独资企业以及合伙人为法人的合伙企业。

企业所得税的纳税人分为居民企业和非居民企业。其中,居民企业是指依法在中国境内成立,或者依照外国(地区)法律成立但实际管理机构在中国境内的企业。非居民企业是指依照外国(地区)法律成立且实际管理机构不在中国境内,但在中国境内设立机构、场所的,或者在中国境内未设立机构、场所,但有来源于中国境内所得的企业。实际管理机构是指对企业的生产经营、人员、账务、财产等实施实质性全面管理和控制的机构。

二、企业所得税的征税对象

企业所得税的征税对象是指企业取得的生产经营所得、其他所得和清算所得。

(一)居民企业的征税对象

居民企业应就来源于中国境内、境外的所得作为征税对象。所得,包括销售货物所得,提供劳务所得,转让财产所得,股息、红利等权益性投资所得,利息所得,租金所得,特许权使用费所得,接受捐赠所得和其他所得。

(二)非居民企业的征税对象

非居民企业在中国境内设立机构、场所的,应当就其所设机构、场所取得的来源于中国境内的所得,以及发生在中国境外但与其所设机构、场所有实际联系的所得,缴纳企业所得税。非居民企业在中国境内未设立机构、场所的,或者虽设立机构、场所但取得的所得与其所设机构、场所没有实际联系的,应当就其来源于中国境内的所得缴纳企业所得税。

(三)所得来源的确定

来自于中国境内、境外的所得,按照以下原则确定:

(1) 销售货物所得,按照交易活动发生地确定。

(2) 提供劳务所得,按照劳务发生地确定。

(3) 转让财产所得。不动产转让所得按照不动产所在地确定,动产转让所得按照转让动产的企业或者机构、场所所在地确定,权益性投资资产转让所得按照被投资企业所在地确定。

(4) 股息、红利等权益性投资所得,按照分配所得的企业所在地确定。

(5) 利息所得、租金所得、特许权使用费所得,按照负担或者支付所得的企业或者机构、场所所在地确定。

(6) 其他所得,由国务院财政、税务主管部门确定。

三、企业所得税的税率

(一) 税率的基本规定

(1) 基本税率为25%。适用于居民企业和在中国境内设有机构、场所且所得与机构、场所有关联的非居民企业。

(2) 低税率为20%。适用于在中国境内未设立机构、场所的,或者虽设立机构、场所但其取得的所得与其所设机构、场所没有实际联系的非居民企业。但对这类企业实际征税时适用10%的税率。

(二) 优惠税率

(1) 对符合条件的小型微利企业,减按20%的税率征收企业所得税。其中,符合条件的小型微利企业,是指从事国家非限制和禁止行业,并符合下列条件的企业:

① 工业企业,年度应纳税所得额不超过30万元,从业人数不超过100人,资产总额不超过3 000万元。

② 其他企业,年度应纳税所得额不超过30万元,从业人数不超过80人,资产总额不超过1 000万元。

(2) 国家需要重点扶持的高新技术企业,减按15%的税率征收企业所得税。

国家需要重点扶持的高新技术企业,是指拥有核心自主知识产权,并同时符合下列条件的企业:

① 产品(服务)属于《国家重点支持的高新技术领域》规定的范围。

② 研究开发费用占销售收入的比例不低于规定比例。

③ 高新技术产品(服务)收入占企业总收入的比例不低于规定比例。

④ 科技人员占企业职工总数的比例不低于规定比例。

⑤ 高新技术企业认定管理办法规定的其他条件。

《国家重点支持的高新技术领域》和高新技术企业认定管理办法由国务院科技、财政、税务主管部门会同国务院有关部门制定,报国务院批准后公布施行。

(3) 非居民企业在中国境内未设立机构、场所的,或者虽设立机构、场所但取得的所得与其所设机构、场所没有实际联系的,对其来源于中国境内的所得减按

10%的税率征收企业所得税。

第二节 企业所得税计算

企业所得税的计税依据是应纳税所得额,在实际过程中,应纳税所得额的计算一般有两种方法。

一是直接计算法。在直接计算法下,应纳税所得额是企业每一纳税年度的收入总额,减去不征税收入、免税收入、各项扣除以及允许弥补的以前年度亏损后的余额。以权责发生制为原则,按税法规定的程序和标准确定,其计算公式为:

$$应纳税所得额 = 收入总额 - 不征税收入 - 免税收入 - 各项准予扣除项目 - 允许弥补的以前年度亏损$$

二是间接计算法。在间接计算法下,在会计利润总额的基础上加或减按照税法规定调整的项目金额后,即为应纳税所得额。其计算公式为:

$$应纳税所得额 = 会计利润总额 \pm 纳税调整项目金额$$

纳税调整项目金额包括两方面的内容:一是企业财务会计制度规定的项目范围与税收法规规定的项目范围不一致应予以调整的金额;二是企业财务会计制度规定的扣除标准与税法规定的扣除标准不一致应予以调整的金额。

一、应税收入的确认

(一)收入总额的确认

企业以货币形式和非货币形式从各种来源取得的收入,为收入总额。具体包括:

1. 销售货物收入

企业销售商品、产品、原材料、包装物、低值易耗品以及其他存货取得的收入。

2. 提供劳务收入

企业从事建筑安装、修理修配、交通运输、仓储租赁、金融保险、邮电通信、咨询经纪、文化体育、科学研究、技术服务、教育培训、餐饮住宿、中介代理、卫生保健、社区服务、旅游、娱乐、加工以及其他劳务服务活动取得的收入。

3. 转让财产收入

企业转让固定资产、生物资产、无形资产、股权、债权等财产取得的收入。

4. 股息、红利等权益性投资收益

企业因权益性投资从被投资方取得的收入。股息、红利等权益性投资收益,除国务院财政、税务主管部门另有规定外,按照被投资方作出利润分配决定的日期确认收入的实现。

5. 利息收入

企业将资金提供给他人使用但不构成权益性投资,或者因他人占用本企业资金取得的收入,包括存款利息、贷款利息、债券利息、欠款利息等收入。利息收入,按照合同约定的债务人应付利息的日期确认收入的实现。

6. 租金收入

企业提供固定资产、包装物或者其他有形资产的使用权取得的收入。租金收入,按照合同约定的承租人应付租金的日期确认收入的实现。

7. 特许权使用费收入

企业提供专利权、非专利技术、商标权、著作权以及其他特许权的使用权取得的收入。特许权使用费收入,按照合同约定的特许权使用人应付特许权使用费的日期确认收入的实现。

8. 接受捐赠收入

企业接受的来自其他企业、组织或者个人无偿给予的货币性资产、非货币性资产。接受捐赠收入,按照实际收到捐赠资产的日期确认收入的实现。

9. 其他收入

指企业取得的除上述各项规定的收入外的其他收入,包括企业资产溢余收入、逾期未退包装物押金收入、确实无法偿付的应付款项、已作坏账损失处理后又收回的应收款项、债务重组收入、补贴收入、违约金收入、汇兑收益等。

企业取得收入的形式有货币形式和非货币形式。企业以非货币形式取得的收入,应当按照市场价格确定公允价值从而确定收入额。

(二) 不征税收入

不征税收入,是指从性质和根源上不属于企业营利性活动带来的经济利益、不负有纳税义务并不作为应纳税所得额组成部分的收入。收入总额中的下列收入为不征税收入:

1. 财政拨款

财政拨款,是指各级人民政府对纳入预算管理的事业单位、社会团体等组织拨付的财政资金,但国务院和国务院财政、税务主管部门另有规定的除外。

2. 依法收取并纳入财政管理的行政事业性收费、政府性基金

行政事业性收费,是指依照法律法规等有关规定,按照国务院规定程序批准,在实施社会公共管理,以及在向公民、法人或者其他组织提供特定公共服务过程中,向特定对象收取并纳入财政管理的费用。

政府性基金,是指企业依照法律、行政法规等有关规定,代政府收取的具有专项用途的财政资金。

3. 国务院规定的其他不征税收入

其他不征税收入,是指企业取得的,由国务院财政、税务主管部门规定专项用途

并经国务院批准的财政性资金。

（三）免税收入

企业的下列收入为免税收入：

(1) 国债利息收入，指企业持有国务院财政部门发行的国债而取得的利息收入。

(2) 符合条件的居民企业之间的股息、红利等权益性投资收益，指居民企业直接投资于其他居民企业所取得的投资收益。股息、红利等权益性投资收益，不包括连续持有居民企业公开发行并上市流通的股票不足12个月取得的投资收益。

(3) 在中国境内设立机构、场所的非居民企业从居民企业取得与该机构、场所有实际联系的股息、红利等权益性投资收益。

(4) 符合条件的非营利组织的收入。

符合条件的非营利组织，是指同时符合下列条件的组织：

① 依法履行非营利组织登记手续。

② 从事公益性或者非营利性活动。

③ 取得的收入除用于与该组织有关的、合理的支出外，全部用于登记核定或者章程规定的公益性或者非营利性事业。

④ 财产及其孳生息不用于分配。

⑤ 按照登记核定或者章程规定，该组织注销后的剩余财产用于公益性或者非营利性目的，或者由登记管理机关转赠给与该组织性质、宗旨相同的组织，并向社会公告。

⑥ 投入人对投入该组织的财产不保留或享有任何财产权利。

⑦ 工作人员工资福利开支控制在规定的比例内，不变相分配该组织的财产。

⑧ 国务院财政、税务主管部门规定的其他条件。

非营利组织的认定管理办法由国务院财政、税务主管部门会同国务院有关部门制定。符合条件的非营利组织的收入，不包括非营利组织从事营利性活动取得的收入，但国务院财政、税务主管部门另有规定的除外。

二、企业所得税的税前扣除

（一）税前扣除的基本原则

除税收法规另有规定者外，税前扣除的确认一般应遵循以下原则：

1. 权责发生制原则

即纳税人应在费用发生时而不是实际支付时确认扣除。

2. 配比原则

即纳税人发生的费用应在费用应配比或应分配的当期申报扣除。纳税人某一纳税年度应申报的可扣除费用不得提前或滞后申报扣除。

3. 相关性原则

即纳税人可扣除的费用从性质和根源上必须与取得应税收入相关。

4. 确定性原则

即纳税人可扣除的费用不论何时支付,其金额必须是确定的。

5. 合理性原则

即纳税人可扣除费用的计算和分配方法应符合一般的经营常规和会计惯例。

(二)税前扣除项目

企业实际发生的与取得收入有关的、合理的支出,包括成本、费用、税金、损失和其他支出,准予在计算应纳税所得额时扣除。

1. 成本

指纳税人销售商品(产品、材料、下脚料、废料、废旧物资等)、提供劳务、转让固定资产、转让无形资产(包括技术转让)的成本。它与财务会计中的主营业务成本、其他业务成本有联系但不完全等同。

2. 费用

指企业在生产经营活动中发生的销售费用、管理费用和财务费用,已经计入成本的有关费用除外。

3. 税金

指企业发生的除企业所得税和增值税以外的各项税金及其附加。包括纳税人按规定缴纳的消费税、营业税、资源税、出口关税、城市维护建设税、土地增值税及教育费附加。纳税人缴纳的房产税、车船税、土地使用税、印花税等,已经计入管理费用中扣除,不再作销售税金单独扣除。

4. 损失

指企业在生产经营活动中发生的固定资产和存货的盘亏、毁损、报废损失,转让财产损失,呆账损失,坏账损失,自然灾害等不可抗力因素造成的损失以及其他损失。企业发生的损失,减除责任人赔偿和保险赔款后的余额,依照国务院财政、税务主管部门的规定扣除。企业已经作为损失处理的资产,在以后纳税年度又全部收回或者部分收回时,应当计入当期收入。

5. 其他支出

指除成本、费用、税金、损失外,企业在生产经营活动中发生的与生产经营活动有关的、合理的支出。

企业取得的不征税收入用于支出所形成的费用或财产,不得扣除或计算对应的折旧、摊销扣除。除税收法律、行政法规另有规定外,企业实际发生的成本、费用、税金、损失和其他支出,不得重复扣除。

(三)准予扣除项目的确认

纳税人关于扣除项目的财务会计处理与税法的某些规定是不一致的,应当按照税法规定予以调整,按调整后的金额扣除。

(1) 工资薪金支出。

企业发生的合理的工资薪金支出,准予扣除。工资薪金,是指企业每一纳税年度支付给在本企业任职或受雇的员工的所有现金形式、非现金形式的劳动报酬,包括基本工资、奖金、津贴、补贴、年终加薪、加班工资,以及与员工任职或受雇有关的其他支出。

"合理工资薪金",是指企业按照股东大会、董事会、薪酬委员会或相关管理机构制定的工资薪金制度规定实际发放给员工的工资薪金。税务机关在对工资薪金进行合理性确认时,可按以下原则掌握:

① 企业制定了较为规范的员工工资薪金制度。
② 企业所制定的工资薪金制度符合行业及地区水平。
③ 企业在一定时期所发放的工资薪金是相对固定的,工资薪金的调整是有序进行的。
④ 企业对实际发放的工资薪金,已依法履行了代扣代缴个人所得税义务。
⑤ 有关工资薪金的安排,不以减少或逃避税款为目的。

工资薪金总额,是指企业按照上述原则所确定的实际发放的工资薪金总和,但是不包括企业的职工福利费、职工教育经费、工会经费以及养老保险费、医疗保险费、失业保险费、工伤保险费、生育保险费等社会保险费和住房公积金。属于国有性质的企业,其工资薪金不得超过政府有关部门给予的限定数额;超过部分,不得计入企业工资薪金总额,也不得在计算企业应纳税所得额时扣除。

企业安置残疾人员及国家鼓励安置的其他就业人员所支付的工资支出可以在计算应纳税所得额时加计扣除。企业安置残疾人员所支付的工资的加计扣除,是指企业安置残疾人员的,在按照支付给残疾职工工资据实扣除的基础上,按照支付给残疾职工工资的100%加计扣除。残疾人员的范围适用《中华人民共和国残疾人保障法》的有关规定。企业安置国家鼓励安置的其他就业人员所支付的工资的加计扣除办法,由国务院另行规定。

(2) 职工福利费、工会经费、职工教育经费支出。

① 企业发生的职工福利费支出,不超过工资薪金总额14%的部分,准予扣除。企业发生的职工福利费,应该单独设置账册,进行准确核算。没有单独设置账册准确核算的,税务机关应责令企业在规定的期限内进行改正。逾期仍未改正的,税务机关可对企业发生的职工福利费进行合理的核定。

② 企业拨缴的工会经费,不超过工资薪金总额2%的部分,准予扣除。依法建立工会组织的企业按每月全部职工工资总额的2%向工会拨缴的经费,凭工会组织开具的《工会经费拨缴款专用收据》在税前扣除;对于没有依法建立工会组织的企业,则依据《企业所得税法实施条例》,对于企业就上缴当地工会组织并取得专用收据的部

分在税前扣除。

③ 除国务院财政、税务主管部门另有规定外,企业发生的职工教育经费支出,不超过工资薪金总额2.5%的部分,准予扣除;超过部分,准予在以后纳税年度结转扣除。

(3) 基本社会保险费和住房公积金。

企业依照国务院有关主管部门或省级人民政府规定的范围和标准为职工缴纳的基本养老保险费、基本医疗保险费、失业保险费、工伤保险费、生育保险费等基本社会保险费和住房公积金,准予扣除。

企业为投资者或职工支付的补充养老保险费、补充医疗保险费,在国务院财政、税务主管部门规定的范围和标准内,准予扣除。

除企业依照国家有关规定为特殊工种职工支付的人身安全保险费和国务院财政、税务主管部门规定可以扣除的其他商业保险费外,企业为投资者或职工支付的商业保险费,不得扣除。

(4) 借款费用。

企业在生产经营活动中发生的合理的不需要资本化的借款费用,准予扣除。

企业为购置、建造固定资产、无形资产和经过12个月以上的建造才能达到预定可销售状态的存货发生借款的,在有关资产购置、建造期间发生的合理的借款费用,符合会计准则规定的资本化条件的,应作为资本性支出计入相关资产的成本,按照税法规定计提的折旧等成本费用可在税前扣除。

有关资产竣工结算并交付使用后或达到预定可使用状态后发生的合理借款费用,可在发生当期税前扣除。

(5) 借款利息支出。

企业在生产经营活动中发生的下列利息支出,准予扣除:

① 非金融企业向金融企业借款的利息支出、金融企业的各项存款利息支出和同业拆借利息支出、企业经批准发行债券的利息支出。

② 非金融企业向非金融企业借款的利息支出,不超过按照金融企业同期同类贷款利率计算的数额的部分。

(6) 汇兑损失。

企业在货币交易中,以及纳税年度终了时将人民币以外的货币性资产、负债按照期末即期人民币汇率中间价折算为人民币时产生的汇兑损失,除已经计入有关资产成本以及与向所有者进行利润分配相关的部分外,准予扣除。

(7) 业务招待费。

企业发生的与生产经营活动有关的业务招待费支出,按照发生额的60%扣除,但最高不得超过当年销售(营业)收入的5‰。

销售(营业)收入由按照会计制度核算的主营业务收入、其他业务收入,以及根据税收规定应确认为当期收入的视同销售收入三部分组成。主营业务收入是扣除其他折扣以及销售退回后的净额。

【例 7-1】 某企业 2009 年度实现销售收入 40 000 万元,发生的与企业生产经营活动相关的业务招待费 400 万元。试计算该企业 2009 年可以扣除的业务招待费金额。

解 业务招待费 60% 的金额 = 400×60% = 240（万元）

本年度可以扣除的业务招待费限额 = 40 000×5‰ = 200（万元）< 240（万元）

则本年度可以扣除的业务招待费的金额为 200 万元。

【例 7-2】 接上例,假设上述列支业务招待费中包含以企业自制商品作为礼品馈赠客户,商品成本为 160 万元,同类商品售价为 200 万元。试计算该企业 2009 年可以扣除的业务招待费金额。

解 调整后的计算基础 = 40 000+200 = 40 200（万元）

本年度可以扣除的业务招待费限额 = 40 200×5‰ = 201（万元）

调整后的业务招待费金额 = 400−160 = 240（万元）

业务招待费 60% 的金额 = 240×60% = 144（万元）< 240（万元）

则本年度可以扣除的业务招待费的金额为 144 万元。

(8) 广告费和业务宣传费。

广告费是企业通过媒体向公众介绍商品、劳务和企业信息等发生的相关费用；业务宣传费是企业开展业务宣传活动所支付的费用,主要是指未通过媒体的广告性支出,包括企业发放的印有企业标志的礼品、纪念品等。企业发生的符合条件的广告费和业务宣传费支出,除国务院财政、税务主管部门另有规定外,不超过当年销售（营业）收入 15% 的部分,准予扣除；超过部分,准予在以后纳税年度结转扣除。

【例 7-3】 某企业 2008 年销售收入为 500 万元,广告费和业务宣传费为 76 万元。2009 年销售收入为 400 万元,广告费和业务宣传费为 40 万元。则 2008 年和 2009 年准予扣除的广告费和业务宣传费分别是多少？

解 ① 2008 年广告费和业务宣传费计算：

广告费和业务宣传费扣除限额 = 500×15% = 75（万元）

2008 年度实际发生广告费和业务宣传费 76 万元,由于实际发生额大于本年度扣除限额,所以 2008 年度只能扣除 75 万元,剩余 1 万元可结转至 2009 年。

② 2009 年广告费和业务宣传费计算：

广告费和业务宣传费扣除限额 = 400×15% = 60（万元）

2009 年度实际发生广告费和业务宣传费 40 万元,由于实际发生额小于本年度扣除限额,所以 2009 年度可以扣除本年度发生的全部 40 万元的广告费和业务宣传费,另外还可以再扣除 2008 年度未抵扣完毕的 1 万元费用。所以,2009 年度可以扣除的广告费和业务宣传费为 41 万元。

(9) 专项资金。

企业依照法律、行政法规有关规定提取的用于环境保护、生态恢复等方面的专项资金,准予扣除。上述专项资金提取后改变用途的,不得扣除;已经扣除的,应计入当期应纳税所得额。

(10) 财产保险。

企业参加财产保险,按照规定缴纳的保险费,准予扣除。

(11) 租赁费。

企业根据生产经营活动的需要租入固定资产支付的租赁费,按照以下方法扣除:

① 以经营租赁方式租入固定资产发生的租赁费支出,按照租赁期限均匀扣除。

② 以融资租赁方式租入固定资产发生的租赁费支出,按照规定构成融资租入固定资产价值的部分应当提取折旧费用,分期扣除。

(12) 劳动保护支出。

企业发生的合理的劳动保护支出,准予扣除。劳动保护支出,是指确因工作需要为雇员配备或提供工作服、手套、安全保护用品、防暑降温用品等所发生的支出。

(13) 公益性捐赠支出。

公益性捐赠支出,在年度利润总额 12% 以内的部分,准予在计算应纳税所得额时扣除。

公益性捐赠,是指企业通过公益性社会团体或县级以上人民政府及其部门,用于《中华人民共和国公益事业捐赠法》规定的公益事业的捐赠。年度利润总额,是指企业依照国家统一会计制度的规定计算的年度会计利润,该会计利润是大于零的数额。

【例 7-4】 某企业营业外支出中列支公益性捐赠 64 万元,其中直接向受捐赠人捐赠 5 万元。该企业本年度会计利润为 500 万元,不考虑其他影响,该企业应纳税所得额是多少?

解 本年度可以扣除的公益性捐赠扣除限额 $=500\times 12\%=60$(万元)

本年度发生的公益性捐赠 $=64-5=59$(万元)<60(万元)

由于本年度发生的公益性捐赠金额未超过本年度扣除限额,所以 59 万元的公益性捐赠金额可以全部扣除;直接向受捐赠人进行的捐赠不能在税前扣除。

(14) 企业之间支付的管理费、企业内营业机构之间支付的租金和特许权使用费,以及非银行企业内营业机构之间支付的利息,不得扣除。

(15) 非居民企业在中国境内设立的机构、场所,就其中国境外总机构发生的与该机构、场所生产经营有关的费用,能够提供总机构出具的费用汇集范围、定额、分配依据和方法等证明文件,并合理分摊的,准予扣除。

(16) 开发新技术、新产品、新工艺发生的研究开发费用。

开发新技术、新产品、新工艺发生的研究开发费用,可以在计算应纳税所得额时加计扣除。

研究开发费用的加计扣除,是指企业为开发新技术、新产品、新工艺发生的研究开发费用,未形成无形资产计入当期损益的,在按照规定据实扣除的基础上,按照研究开发费用的50%加计扣除;形成无形资产的,按照无形资产成本的150%摊销。

【例7-5】 某公司当期发生研究开发支出计500万元,其中,研究开发阶段不符合资本化条件的支出220万元,开发阶段符合资本化的支出280万元。试计算该公司可以扣除的研发费用的金额。

解 当年度可以扣除的研发费用 = $500 \times (1+50\%) = 750$(万元)

(四)不得扣除的项目

在计算应纳税所得额时,下列支出不得扣除:

(1)向投资者支付的股息、红利等权益性投资收益款项。

(2)企业所得税税款。

(3)税收滞纳金。

(4)罚金、罚款和被没收财物的损失。

(5)超出国家规定允许扣除的公益性捐赠支出,以及非公益性的捐赠。

(6)赞助支出。指企业发生的与生产经营活动无关的各种非广告性质支出。

(7)未经核定的准备金支出。指不符合国务院财政、税务主管部门规定的各项资产减值准备、风险准备等准备金支出。

(8)与取得收入无关的其他支出。

三、资产的税务处理

企业所得税法及其实施条例规定了纳税人资产的税务处理,其目的是根据税收征管的要求,为了正确核算企业各项资产的成本和支出,对企业资产的计税基础和折耗提取办法等作出相应规定,进而据以正确计算企业的应纳税所得额。

企业的各项资产,包括固定资产、生物资产、无形资产、长期待摊费用、投资资产、存货等,以历史成本为计税基础。历史成本,是指企业取得该项资产时实际发生的支出。企业持有各项资产期间资产增值或减值,除国务院财政、税务主管部门规定可以确认损益外,不得调整该资产的计税基础。

(一)固定资产的税务处理

固定资产,是指企业为生产产品、提供劳务、出租或经营管理而持有的,使用时间超过12个月的非货币性资产,包括房屋、建筑物、机器、机械、运输工具以及其他与生产经营活动有关的设备、器具、工具等。

1. 固定资产计税基础的确定

(1)外购的固定资产,以购买价款和支付的相关税费以及直接归属于使该资产达到预定用途发生的其他支出为计税基础。

(2)自行建造的固定资产,以竣工结算前发生的支出为计税基础。

(3) 融资租入的固定资产,以租赁合同约定的付款总额和承租人在签订租赁合同过程中发生的相关费用为计税基础;租赁合同未约定付款总额的,以该资产的公允价值和承租人在签订租赁合同过程中发生的相关费用为计税基础。

(4) 盘盈的固定资产,以同类固定资产的重置完全价值为计税基础。

(5) 通过捐赠、投资、非货币性资产交换、债务重组等方式取得的固定资产,以该资产的公允价值和支付的相关税费为计税基础。

(6) 改建的固定资产,除了已足额提取折旧的固定资产和租入固定资产以外,其他固定资产的改建支出,以改建过程中发生的改建支出增加为计税基础。

2. 固定资产的折旧方法

固定资产按照直线法计算的折旧,准予扣除。

企业应当自固定资产投入使用月份的次月起计算折旧;停止使用的固定资产,应当自停止使用月份的次月起停止计算折旧。企业应当根据固定资产的性质和使用情况,合理确定固定资产的预计净残值。固定资产的预计净残值一经确定,不得变更。

企业的固定资产由于技术进步等原因,确需加速折旧的,可以缩短折旧年限或采取加速折旧的方法。可以采取缩短折旧年限或采取加速折旧的方法的固定资产包括:

(1) 由于技术进步,产品更新换代较快的固定资产。

(2) 常年处于强震动、高腐蚀状态的固定资产。

采取缩短折旧年限方法的,最低折旧年限不得低于本条例规定折旧年限的60%;采取加速折旧方法的,可以采取双倍余额递减法或年数总和法。

3. 固定资产的折旧年限

除国务院财政、税务主管部门另有规定外,固定资产计算折旧的最低年限如下:

(1) 房屋、建筑物,为 20 年。

(2) 飞机、火车、轮船、机器、机械和其他生产设备,为 10 年。

(3) 与生产经营活动有关的器具、工具、家具等,为 5 年。

(4) 飞机、火车、轮船以外的运输工具,为 4 年。

(5) 电子设备,为 3 年。

4. 固定资产折旧的计提范围

在计算应纳税所得额时,企业按照规定计算的固定资产折旧,准予扣除。

下列固定资产不得计算折旧扣除:

(1) 房屋、建筑物以外未投入使用的固定资产。

(2) 以经营租赁方式租入的固定资产。

(3) 以融资租赁方式租出的固定资产。

(4) 已足额提取折旧仍继续使用的固定资产。

(5) 与经营活动无关的固定资产。

(6) 单独估价作为固定资产入账的土地。

(7) 其他不得计算折旧扣除的固定资产。

(二) 长期待摊费用的税务处理

在计算应纳税所得额时,企业发生的下列支出作为长期待摊费用,按照规定摊销的,准予扣除:

(1) 已足额提取折旧的固定资产的改建支出。

(2) 租入固定资产的改建支出。

(3) 固定资产的大修理支出。

(4) 其他应当作为长期待摊费用的支出。

固定资产的改建支出,是指改变房屋或建筑物结构、延长使用年限等发生的支出。已足额提取折旧的固定资产的改建支出按照固定资产预计尚可使用年限分期摊销;租入固定资产的改建支出按照合同约定的剩余租赁期限分期摊销。改建的固定资产延长使用年限的,除了属于已足额提取折旧的固定资产和租入固定资产外,应当适当延长折旧年限。

固定资产的大修理支出,是指同时符合下列条件的支出:① 修理支出达到取得固定资产时的计税基础50%以上;② 修理后固定资产的使用年限延长2年以上。固定资产大修理支出,按照固定资产尚可使用年限分期摊销。

其他应当作为长期待摊费用的支出,自支出发生月份的次月起,分期摊销,摊销年限不得低于3年。

(三) 无形资产的税务处理

无形资产,是指企业为生产产品、提供劳务、出租或经营管理而持有的、没有实物形态的非货币性长期资产,包括专利权、商标权、著作权、土地使用权、非专利技术、商誉等。

1. 无形资产计税基础的确定

无形资产按照以下方法确定计税基础:

(1) 外购的无形资产,以购买价款和支付的相关税费以及直接归属于使该资产达到预定用途发生的其他支出为计税基础。

(2) 自行开发的无形资产,以开发过程中该资产符合资本化条件后至达到预定用途前发生的支出为计税基础。

(3) 通过捐赠、投资、非货币性资产交换、债务重组等方式取得的无形资产,以该资产的公允价值和支付的相关税费为计税基础。

2. 无形资产的摊销方法

无形资产按照直线法计算的摊销费用,准予扣除。无形资产的摊销年限不得低于10年。作为投资或受让的无形资产,有关法律规定或合同约定了使用年限的,可以按照规定或约定的使用年限分期摊销。外购商誉的支出,在企业整体转让或清算时,准予扣除。

3. 无形资产的摊销范围

在计算应纳税所得额时,企业按照规定计算的无形资产摊销费用,准予扣除。

下列无形资产不得计算摊销费用扣除:

(1) 自行开发的支出已在计算应纳税所得额时扣除的无形资产。

(2) 自创商誉。

(3) 与经营活动无关的无形资产。

(4) 其他不得计算摊销费用扣除的无形资产。

(四) 投资资产的税务处理

投资资产,是指企业对外进行权益性投资和债权性投资形成的资产。企业在转让或处置投资资产时,投资资产的成本,准予从转让该资产的收入中扣除。企业对外投资期间,投资资产的成本在计算应纳税所得额时不得扣除。

投资资产按发生的实际支出作为计税基础。具体确认方法如下:

(1) 通过支付现金方式取得的投资资产,以购买价款为成本。

(2) 通过支付现金以外的方式取得的投资资产,以该资产的公允价值和支付的相关税费为成本。

(五) 存货的税务处理

存货,是指企业持有以备出售的产品或者商品,处在生产过程中的在产品、在生产或者提供劳务过程中耗用的材料和物料等。企业使用或者销售存货,按照规定计算的存货成本,准予在计算应纳税所得额时扣除。

1. 存货的计税基础

存货按照以下方法确定成本:

(1) 通过支付现金方式取得的存货,以购买价款和支付的相关税费为成本。

(2) 通过支付现金以外的方式取得的存货,以该存货的公允价值和支付的相关税费为成本。

(3) 生产性生物资产收获的农产品,以产出或者采收过程中发生的材料费、人工费和分摊的间接费用等必要支出为成本。

2. 存货的计价方法

企业使用或销售的存货的成本计算方法,可以在先进先出法、加权平均法、个别计价法中选用一种。计价方法一经选用,不得随意变更。

(六) 生产性生物资产的税务处理

生产性生物资产,是指企业为生产农产品、提供劳务或出租等而持有的生物资产,包括经济林、薪炭林、产畜和役畜等。

1. 生产性生物资产的计税基础

生产性生物资产按照实际发生的支出作为计税基础。具体确认方法如下:

(1) 外购的生产性生物资产，以购买价款和支付的相关税费为计税基础。

(2) 通过捐赠、投资、非货币性资产交换、债务重组等方式取得的生产性生物资产，以该资产的公允价值和支付的相关税费为计税基础。

2. 生产性生物资产的折旧计提方法

生产性生物资产按照直线法计算的折旧，准予扣除。

企业应当自生产性生物资产投入使用月份的次月起计算折旧；停止使用的生产性生物资产，应当自停止使用月份的次月起停止计算折旧。企业应当根据生产性生物资产的性质和使用情况，合理确定生产性生物资产的预计净残值。生产性生物资产的预计净残值一经确定，不得变更。

3. 生产性生物资产的折旧年限

生产性生物资产计算折旧的最低年限如下：

(1) 林木类生产性生物资产，为 10 年。

(2) 畜类生产性生物资产，为 3 年。

(七) 递耗资产的税务处理

从事开采石油、天然气等资源的企业所发生的矿区权益和勘探费用，可以在已经开始商业性生产后，在不少于 2 年的期限内分期计提折耗。

从事开采石油资源的企业，在开发阶段的费用支出和采油气井上建筑和安装的不可移作他用的建筑物、设备等固定资产，以油气井、矿区或油气田为单位，按以下方法和年限计提的折旧，准予扣除：

(1) 以油气井、矿区或油气田为单位，按照直线法综合计提折耗，折耗年限不少于 6 年。

(2) 以油气井、矿区或油气田为单位，按可采储量和产量法综合计提折耗。

采取上述方法计提折耗的，可以不留残值，从油气井或油气田开始商业性生产月份的次月起计提折耗。

(八) 转让资产的税务处理

企业转让资产，该项资产的净值，准予在计算应纳税所得额时扣除。其中，资产的净值，是指有关资产的计税基础减除已经按照规定扣除的折旧、折耗、摊销、准备金等后的余额。

除国务院财政、税务主管部门另有规定外，企业在重组过程中，应当在交易发生时确认有关资产的转让所得或损失，相关资产应当按照交易价格重新确定计税基础。

四、亏损的处理

企业纳税年度发生的亏损，准予向以后年度结转，用以后年度的所得弥补，但结转年限最长不得超过 5 年。

亏损弥补是国家对纳税人的一种免税照顾。它是国家帮助企业渡过暂时困难、保护税源的一项重要措施,有利于企业亏损得到及时的补偿,以保障企业生产经营的顺利进行。企业所得税允许弥补的"亏损"并不是企业利润表中的亏损额,而是企业利润表中的亏损额按税法规定合理调整后的余额。亏损弥补应注意的问题如下:

(1) 亏损弥补期应连续计算,不得间断,而不论弥补亏损的 5 年中是否盈利或亏损。

(2) 连续发生亏损,其亏损弥补期应按每个年度分别计算,按"先亏先补、顺序弥补"的原则弥补,不能将每个亏损年度的亏损弥补期相加。

(3) 联营企业生产经营取得的所得,一律先就地缴纳所得税,然后再进行分配。联营企业的亏损,由联营企业就地按规定进行弥补。

(4) 投资方如果发生亏损(税务机关核实),则从联营企业分回的税后利润换算为税前利润后,可以先用于弥补亏损,弥补亏损后仍有余额的,再按规定计算补缴企业所得税。

(5) 企业在汇总计算缴纳企业所得税时,其境外营业机构的亏损不得抵减境内营业机构的盈利。

五、应纳税额的计算

(一) 居民企业应纳税额的计算

企业的应纳税所得额乘以适用税率,减除依照本法关于税收优惠的规定减免和抵免的税额后的余额,为应纳税额。其基本计算公式为:

$$应纳税额=应纳税所得额×适用税率-减免税额-抵免税额$$

公式中的减免税额和抵免税额,是指依照企业所得税法和国务院的税收优惠规定减征、免征和抵免的应纳税额。

1. 减免税额

应纳税额计算公式中的减免税额,是指企业所得税法及其实施条例在"税收优惠"一章或国务院其他有关税收优惠规定中规定的,企业享受的直接减免税额。具体包括以下几个方面的减免税:

(1) 关于鼓励农、林、牧、渔发展的减免税。

企业从事农、林、牧、渔业项目的所得,可以免征、减征企业所得税。具体来说是指:

① 企业从事下列项目的所得,免征企业所得税:蔬菜、谷物、薯类、油料、豆类、棉花、麻类、糖料、水果、坚果的种植,农作物新品种的选育,中药材的种植,林木的培育和种植,牲畜、家禽的饲养,林产品的采集,灌溉、农产品初加工、兽医、农技推广、农机作业和维修等农、林、牧、渔服务业项目,远洋捕捞。

② 企业从事下列项目的所得,减半征收企业所得税:花卉、茶以及其他饮料作物和香料作物的种植,海水养殖、内陆养殖。

企业从事国家限制和禁止发展的项目,不得享受上述规定的企业所得税优惠。

(2) 关于鼓励基础设施建设的减免税。

企业从事国家重点扶持的《公共基础设施项目企业所得税优惠目录》规定的港口码头、机场、铁路、公路、城市公共交通、电力、水利等公共基础设施项目投资经营的所得,自项目取得第一笔生产经营收入所属纳税年度起,第一年至第三年免征企业所得税,第四年至第六年减半征收企业所得税。

企业承包经营、承包建设和内部自建自用本条规定的项目,不得享受本条规定的企业所得税优惠。

(3) 关于支持环境保护、节能节水的减免税。

企业从事符合条件的环境保护、节能节水项目的所得,自项目取得第一笔生产经营收入所属纳税年度起,第一年至第三年免征企业所得税,第四年至第六年减半征收企业所得税。

其中,符合条件的环境保护、节能节水项目,包括公共污水处理、公共垃圾处理、沼气综合开发利用、节能减排技术改造、海水淡化等。项目的具体条件和范围由国务院财政、税务主管部门会同国务院有关部门制定,报国务院批准后公布施行。

(4) 关于促进技术创新和科技进步的减免税。

企业符合条件的技术转让所得可以免征、减征企业所得税。具体来说是指一个纳税年度内,居民企业技术转让所得不超过 500 万元的部分,免征企业所得税;超过 500 万元的部分,减半征收企业所得税。

企业依照上述第(2)、(3)条规定享受减免税优惠的项目,在减免税期限内转让的,受让方自受让之日起,可以在剩余期限内享受规定的减免税优惠;减免税期限届满后转让的,受让方不得就该项目重复享受减免税优惠。

(5) 非居民企业的预提税所得的减免税。

下列所得可以免征企业所得税:外国政府向中国政府提供贷款取得的利息所得;国际金融组织向中国政府和居民企业提供优惠贷款取得的利息所得;经国务院批准的其他所得。

2. 抵免税额

应纳税额计算公式中的抵免税额,是指企业所得税法及其实施条例中规定的投资抵免应纳税额,即对企业购置用于环境保护、节能节水、安全生产等专用设备的投资额,可以按一定比例实行税额抵免。

税额抵免是指按照税法规定可直接冲抵应纳税额的一项税收优惠措施,具体是指企业购置并实际使用《环境保护专用设备企业所得税优惠目录》、《节能节水专用设备企业所得税优惠目录》和《安全生产专用设备企业所得税优惠目录》规定的环境保护、节能节水、安全生产等专用设备的,该专用设备的投资额的10%可以从企业当年的应纳税额中抵免;当年不足抵免的,可以在以后5个纳税年度结转抵免。

享受前款规定的企业所得税优惠的企业,应当实际购置并自身实际投入使用前款规定的专用设备;企业购置上述专用设备在5年内转让、出租的,应当停止享受企业所得税优惠,并补缴已经抵免的企业所得税税款。

【例7-6】 假定某企业为居民企业,2009年经营业务如下:
(1) 取得销售收入2 500万元。
(2) 发生销售成本1 100万元。
(3) 发生销售费用670万元(其中广告费450万元);管理费用480万元(其中业务招待费15万元);财务费用60万元。
(4) 销售税金160万元(含增值税120万元)。
(5) 营业外收入70万元,营业外支出50万元(含通过公益性社会团体向贫困山区捐款30万元,支付税收滞纳金6万元)。
(6) 计入成本、费用中的实发工资总额150万元,拨缴职工工会经费3万元,支出职工福利费和职工教育经费29万元。

要求:计算该企业2009年度实际应纳的企业所得税。

解 (1) 该企业的会计利润 = 2 500 − 1 100 − 670 − 480 − 60 − (160 − 120) + 70 − 50 = 170(万元)

(2) 纳税调整:

① 广告费扣除限额 = 2 500 × 15% = 375(万元) < 450(万元)

调增应纳税所得额 = 450 − 375 = 75(万元)

② 招待费的60% = 15 × 60% = 9(万元)

销售收入的5‰ = 2 500 × 5‰ = 12.5(万元) > 9(万元)

调增应纳税所得额 = 15 − 9 = 6(万元)

③ 捐赠扣除限额 = 170 × 12% = 20.4(万元) < 30(万元)

调增应纳税所得额 = 30 − 20.4 = 9.6(万元)

④ 税收滞纳金不得扣除,调增应纳税所得额6万元。

⑤ 工会经费扣除限额 = 150 × 2% = 3(万元)

职工福利和教育经费扣除限额 = 150 × (14% + 2.5%) = 24.75(万元) < 29(万元)

调增应纳税所得额 = 29 − 24.75 = 4.25(万元)

(3) 该企业的应纳税所得额 = 170 + 75 + 6 + 9.6 + 6 + 4.25 = 270.85(万元)

应纳企业所得税 = 270.85 × 25% = 67.71(万元)

【例7-7】 某工业企业为居民企业,假定2009年经营业务如下:

产品销售收入为560万元,产品销售成本为400万元;其他业务收入为80万元,其他业务成本为66万元;固定资产出租收入6万元;非增值税销售税金及附加32.4万元;当期发生的管理费用86万元,其中新技术的研究开发费用为30万元;财务费用20万元;权益性投资收益34万元(已在投资方所在地按15%的税率缴纳了所得税);营业外收入10万元,营业外支出25万元(其中含公益捐赠18万元)。

要求:计算该企业2009年应纳的企业所得税。

解 (1) 该企业的会计利润＝560－400＋80－66＋6－32.4－86－20＋34＋10－25＝60.6(万元)

(2) 新技术研究费加计扣除额＝30×50%＝15(万元)

(3) 权益性投资收益34万元,免征所得税。

(4) 公益捐赠扣除限额＝60.6×12%＝7.272(万元)<18(万元)

调增应纳税所得额＝18－7.272＝10.728(万元)

(5) 该企业的应纳税所得额＝60.6－15－34＋10.728＝22.328(万元)

应纳企业所得税＝22.328×25%＝5.582(万元)

(二) 非居民企业应纳税额的计算

非居民企业取得来源于中国境内的所得,按照下列方法计算其应纳税所得额:

(1) 股息、红利等权益性投资收益和利息、租金、特许权使用费所得,以收入全额为应纳税所得额。

(2) 转让财产所得,以收入全额减除财产净值后的余额为应纳税所得额。

(3) 其他所得,参照前两项规定的方法计算应纳税所得额。

非居民企业应纳税额的计算公式为:

$$应纳税额＝应纳税所得额×适用税率－抵免税额$$

(三) 境外所得税抵免

抵免法是一国政府在优先承认其他国家的地域税收管辖权的前提下,在对本国纳税人来源于国外的所得征税时,以本国纳税人在国外缴纳的税款冲抵本国税收的方法。抵免法能够较为彻底地消除国际重复征税,使投资者向国外投资与国内投资的税收负担大致相同,有利于促进国际投资和各国对外经济关系的发展。

企业取得来源于我国境外的应税所得,应按我国税法汇总计算缴纳企业所得税。企业取得的下列所得已在境外缴纳的所得税税额,可以从其当期应纳税额中抵免,抵免限额为该项所得依照本法规定计算的应纳税额;超过抵免限额的部分,可以在以后5个年度内,用每年度抵免限额抵免当年应抵税额后的余额进行抵补:

① 居民企业来源于中国境外的应税所得。

② 非居民企业在中国境内设立机构、场所,取得发生在中国境外但与该机构、场所有实际联系的应税所得。

1. 境外所得的确认

企业来自于中国境外的所得(境外税前所得),按以下规定计算境外应纳税所得额:

(1)居民企业在境外投资设立不具有独立纳税地位的分支机构,其来源于境外的所得,以境外收入总额扣除与取得境外收入有关的各项合理支出后的余额为应纳税所得额。各项收入、支出按企业所得税法及实施条例的有关规定确定。

居民企业在境外设立不具有独立纳税地位的分支机构取得的各项境外所得,无论是否汇回中国境内,均应计入该企业所属纳税年度的境外应纳税所得额。

(2)居民企业应就其来源于境外的股息、红利等权益性投资收益,以及利息、租金、特许权使用费、转让财产等收入,扣除按照企业所得税法及实施条例等规定计算的与取得该项收入有关的各项合理支出后的余额为应纳税所得额。来源于境外的股息、红利等权益性投资收益,应按被投资方作出利润分配决定的日期确认收入实现;来源于境外的利息、租金、特许权使用费、转让财产等收入,应按有关合同约定应付交易对价款的日期确认收入实现。

(3)非居民企业在境内设立机构、场所的,应就其发生在境外但与境内所设机构、场所有实际联系的各项应税所得,扣除按照企业所得税法及实施条例等规定计算的与取得该项收入有关的各项合理支出后的余额为应纳税所得额。

(4)在计算境外应纳税所得额时,企业为取得境内、外所得而在境内、外发生的共同支出,与取得境外应税所得有关的合理的部分,应在境内、外(分国别、地区)应税所得之间,按照合理比例进行分摊后扣除。

(5)在汇总计算境外应纳税所得额时,企业在境外同一国家(地区)设立不具有独立纳税地位的分支机构,按照企业所得税法及实施条例的有关规定计算的亏损,不得抵减其境内或他国(地区)的应纳税所得额,但可以用同一国家(地区)其他项目或以后年度的所得按规定弥补。

2. 可抵免境外所得税额的确定

可抵免境外所得税税额,是指企业来源于中国境外的所得依照中国境外税收法律以及相关规定应当缴纳并已实际缴纳的企业所得税性质的税款。但不包括:

(1)按照境外所得税法律及相关规定属于错缴或错征的境外所得税税款。

(2)按照税收协定规定不应征收的境外所得税税款。

(3)因少缴或迟缴境外所得税而追加的利息、滞纳金或罚款。

(4)境外所得税纳税人或其利害关系人从境外征税主体得到实际返还或补偿的境外所得税税款。

(5)按照我国企业所得税法及其实施条例规定,已经免征我国企业所得税的境外所得负担的境外所得税税款。

(6) 按照国务院财政、税务主管部门有关规定,已经从企业境外应纳税所得额中扣除的境外所得税税款。

3. 境外所得抵免的计算

按适用对象不同,境外所得抵免可划分为直接抵免和间接抵免。直接抵免是直接对本国纳税人在国外已经缴纳的所得税的抵免,一般适用于同一法人实体的总公司与海外分公司、总机构与海外分支机构之间的抵免。间接抵免是指居民企业从其直接或间接控制的外国企业分得的来源于中国境外的股息、红利等权益性投资收益,外国企业在境外实际缴纳的所得税税额中属于该项所得负担的部分,可以作为该居民企业的可抵免境外所得税税额。

企业应按照企业所得税法及其实施条例、税收协定的规定,准确计算下列当期与抵免境外所得税有关的项目后,确定当期实际可抵免分国(地区)别的境外所得税税额和抵免限额:

① 境内所得的应纳税所得额(以下称境内应纳税所得额)和分国(地区)别的境外所得的应纳税所得额(以下称境外应纳税所得额)。

② 分国(地区)别的可抵免境外所得税税额。

③ 分国(地区)别的境外所得税的抵免限额。

企业不能准确计算上述项目实际可抵免分国(地区)别的境外所得税税额的,在相应国家(地区)缴纳的税收均不得在该企业当期应纳税额中抵免,也不得结转以后年度抵免。

(1) 直接抵免的计算。

企业应按照企业所得税法及其实施条例的有关规定,分国(地区)计算境外税额的抵免限额。其计算公式为:

$$\text{某国(地区)所得税抵免限额} = \text{中国境内、境外所得应纳税总额} \times \frac{\text{来源于某国(地区)的应纳税所得额}}{\text{中国境内、境外应纳税所得总额}}$$

企业按照企业所得税法及其实施条例及《关于企业境外所得税收抵免有关问题的通知》的有关规定计算的当期境内、境外应纳税所得总额小于零的,应以零计算当期境内、境外应纳税所得总额,其当期境外所得税的抵免限额也为零。

【例 7-8】 某企业 2009 年度境内所得应纳税所得额为 350 万元,在全年已预缴税款 50 万元,来源于境外某国税前所得 100 万元,境外实纳税款 30 万元。

要求:计算该企业当年汇算清缴应补(退)的税款金额。

解 该企业汇总纳税应纳税额=(350+100)×25%=112.5(万元)

境外已纳税款扣除限额=(350+100)×25%×100÷(350+100)=25(万元)

境外实纳税额 30 万元,只能扣除 25 万元。

境内已预缴 50 万元,则汇总纳税应纳所得税额=112.5−25−50=37.5(万元)

【例 7-9】 某企业应纳税所得额为 100 万元,适用 25% 的企业所得税税率。另外,该企业分别在甲、乙两国设有分支机构(我国与甲、乙两国已经缔结避免双重征税协定),在甲国分支机构的应纳税所得额为 50 万元,甲国税率为 20%;在乙国分支机构的应纳税所得额为 30 万元,乙国税率为 35%。假设该企业在甲、乙两国所得按我国税法计算的应纳税所得额和按甲、乙两国税法计算的应纳税所得额是一致的,两个分支机构在甲、乙两国分别缴纳 10 万元和 10.5 万元的所得税。

要求:计算该企业汇总在我国应缴纳的企业所得税税额。

解 ① 该企业按我国税法计算的境内、境外所得的应纳税额:

应纳税额 = (100+50+30) × 25% = 45(万元)

② 甲、乙两国的扣除限额:

甲国扣除限额 = 45 × [50÷(100+50+30)] = 12.5(万元)

乙国扣除限额 = 45 × [30÷(100+50+30)] = 7.5(万元)

在甲国缴纳的所得税为 10 万元,低于扣除限额 12.5 万元,可全额扣除。在乙国缴纳的所得税为 10.5 万元,高于扣除限额 7.5 万元,其超过扣除限额的部分 3 万元不能扣除。

③ 在我国应缴纳的所得税:

应纳税额 = 45 − 10 − 7.5 = 27.5(万元)

(2) 间接抵免的计算。

居民企业在按照《企业所得税法》规定用境外所得间接负担的税额进行税收抵免时,其取得的境外投资收益实际间接负担的税额,是指根据直接或间接持股方式合计持股 20% 以上(含 20%,下同)的规定层级的外国企业股份,由此应分得的股息、红利等权益性投资收益中,从最低一层外国企业起逐层计算的属于由上一层企业负担的税额,其计算公式为:

$$\text{本层企业所纳税额属于由一家上一层企业负担的税额} = \left(\text{本层企业就利润和投资收益所实际缴纳的税额} + \text{符合本通知规定的由本层企业间接负担的税额}\right) \times \frac{\text{本层企业向一家上一层企业分配的股息(红利)}}{\text{本层企业所得税后利润额}}$$

除国务院财政、税务主管部门另有规定外,按照《实施条例》规定由居民企业直接或间接持有 20% 以上股份的外国企业,限于符合以下持股方式的三层外国企业:

第一层,单一居民企业直接持有 20% 以上股份的外国企业;

第二层,单一第一层外国企业直接持有 20% 以上股份,且由单一居民企业直接持有或通过一个或多个符合本条规定持股条件的外国企业间接持有总和达到 20% 以上股份的外国企业;

第三层,单一第二层外国企业直接持有 20% 以上股份,且由单一居民企业直接持有或通过一个或多个符合本条规定持股条件的外国企业间接持有总和达到20%以上股份的外国企业。

在计算实际应抵免的境外已缴纳和间接负担的所得税税额时,企业在境外一国(地区)当年缴纳和间接负担的符合规定的所得税税额低于所计算的该国(地区)抵免限额的,应以该项税额作为境外所得税抵免额从企业应纳税总额中据实抵免;超过抵免限额的,当年应以抵免限额作为境外所得税抵免额进行抵免,超过抵免限额的余额允许从次年起在连续5个纳税年度内,用每年度抵免限额抵免当年应抵税额后的余额进行抵补。

第三节 企业所得税会计处理

我国所得税会计采用资产负债表债务法,要求从资产负债表出发,通过比较资产负债表中列示的资产、负债按照会计准则规定确定的账面价值与按照税法规定确定的计税基础,对于两者之间的差异区分应纳税暂时性差异与可抵扣暂时性差异,确认相关的递延所得税负债与递延所得税资产,并在此基础上确定每一会计期间利润表中的所得税费用。

一、所得税会计的一般程序

采用资产负债表债务法核算所得税的情况下,企业一般应于每一资产负债表日进行所得税的核算。企业合并等特殊交易或事项发生时,在确认因交易或事项取得的资产、负债时即应确认相关的所得税影响。企业进行所得税核算应遵循以下程序:

(1)按照相关会计准则规定确定资产负债表中除递延所得税资产和递延所得税负债以外的其他资产和负债项目的账面价值。资产、负债的账面价值,是指企业按照相关会计准则的规定进行核算后在资产负债表中列示的金额。对于计提了减值准备的各项资产,是指其账面余额减去已计提的减值准备后的金额。例如,企业持有的应收账款账面余额为1 000万元,企业对该应收账款计提了50万元的坏账准备,其账面价值为950万元。

(2)按照会计准则中对于资产和负债计税基础的确定方法,以适用的税收法规为基础,确定资产负债表中有关资产、负债项目的计税基础。应予说明的是,资产、负债的计税基础,是会计上的定义,但其确定应当遵循税法的规定进行。

(3)比较资产、负债的账面价值与其计税基础,对于两者之间存在差异的,分析其性质,除准则中规定的特殊情况外,分别应纳税暂时性差异与可抵扣暂时性差异,确定资产负债表日递延所得税负债和递延所得税资产的应有金额,并与期初递延所得税资产和递延所得税负债的余额相比,确定当期应予进一步确认的递延所得税资产和递延所得税负债金额或应予转销的金额,作为递延所得税。

(4) 就企业当期发生的交易或事项,按照适用的税法规定计算确定当期应纳税所得额,将应纳税所得额与适用的所得税税率计算的结果确认为当期应交所得税。

(5) 确定利润表中的所得税费用。利润表中的所得税费用包括当期所得税(当期应交所得税)和递延所得税两个部分,企业在计算确定了当期所得税和递延所得税后,两者之和(或之差),即是利润表中的所得税费用。

二、计税基础的确定

(一) 资产计税基础的确定

资产的计税基础,是指企业收回资产账面价值的过程中,计算应纳税所得额时按照税法可以自应税经济利益中抵扣的金额,即该项资产在未来使用或最终处置时,允许作为成本或费用于税前列支的金额。

资产在初始确认时,其计税基础一般为取得成本,即企业为取得某项资产支付的成本在未来期间准予税前扣除。在资产持续持有的过程中,其计税基础是指资产的取得成本减去以前期间按照税法规定已经税前扣除的金额后的余额。如固定资产、无形资产等长期资产在某一资产负债表日的计税基础,是指其成本扣除按照税法规定已在以前期间税前扣除的累计折旧额或累计摊销额后的金额。即这些资产按照税法规定在未来期间仍然可以税前扣除的金额。用公式表示为:

$$资产的计税基础 = 未来可在税前扣除的金额$$

$$某一资产负债表日的计税基础 = 资产的账面价值 - 以前期间已在税前扣除的金额$$

一般情况下,资产在取得时,其入账价值与计税基础是相同的,而在后续计量过程中,由于企业会计准则与税法规定的不同,可能产生资产的账面价值与其计税基础的差异。

【例7-10】 某项机器设备,原价为150万元,预计使用年限为5年,会计处理时按照直线法计提折旧,税收处理允许加速折旧,企业在计税时对该项资产按年数总和法计提折旧,预计净残值为0。共计提了2年的折旧。

要求:计算该项资产的计税基础与账面价值。

解 计税基础 = 150 - 50 - 40 = 60(万元)

账面价值 = 150 - 60 = 90(万元)

(二) 负债计税基础的确定

负债的计税基础,是指负债的账面价值减去未来期间计算应纳税所得额时按照税法规定可予以抵扣的金额。用公式表示为:

负债的计税基础＝账面价值－未来期间按照税法规定可予税前扣除的金额

短期借款、应付票据、应付账款等负债的确认和偿还，通常不会对当期损益和应纳税所得额产生影响，其计税基础等于账面价值。但是某些情况下，负债的确认可能会影响损益，并影响不同期间的应纳税所得额，使其计税基础与账面价值之间产生差额。

【例7-11】 甲企业2009年因销售产品承诺提供3年的售后服务，在当年利润表中确认了500万元的销售费用，同时确认为预计负债，当年未发生任何售后支出。假设按照税法规定，与产品售后服务相关的费用在实际发生时允许税前扣除。

要求：计算该项负债的计税基础与账面价值。

解 账面价值＝500（万元）

计税基础＝500－500＝0（万元）

三、暂时性差异的确定

暂时性差异，是指资产、负债的账面价值与其计税基础不同产生的差额。因资产、负债的账面价值与其计税基础不同，产生了在未来收回资产或清偿负债期间，应纳税所得额增加或减少并导致未来期间应交所得税增加或减少的情况，形成企业的资产或负债，在有关暂时性差异发生当期，符合确认条件的情况下，应当确认相关的递延所得税负债或递延所得税资产。

根据暂时性差异对未来期间应纳税所得额的影响，分为应纳税暂时性差异和可抵扣暂时性差异。

（一）应纳税暂时性差异的确定

应纳税暂时性差异，是指在确定未来收回资产或清偿负债期间的应纳税所得额时，将导致产生应税金额的暂时性差异，即在未来期间不考虑该事项影响的应纳税所得额的基础上，由于该暂时性差异的转回，会进一步增加转回期间的应纳税所得额和应交所得税金额，在其产生当期应当确认相关的递延所得税负债。

通常在两种情况下会产生应纳税暂时性差异：

（1）资产的账面价值大于其计税基础。资产的账面价值代表的是企业在持续使用或最终出售该项资产时将取得的经济利益的总额，而计税基础代表的是资产在未来期间可予税前扣除的总金额。资产的账面价值大于其计税基础，则意味着该项资产未来期间产生的经济利益不用全部税前抵扣，二者之间的差额就使得未来期间需要交税，因而产生应纳税暂时性差异。例如，某公司2009年1月1日持有一项可供出售金融资产，取得成本为1 000万元，2009年12月31日该可供出售金融资产的公允价值为1 200万元，资产负债表日确定产生应纳税暂时性差异200万元。

(2)负债的账面价值小于其计税基础。负债的账面价值为企业预计在未来期间清偿该项负债时的经济利益流出,而其计税基础代表的是账面价值在扣除税法规定未来期间允许税前扣除的金额之后的差额。负债的账面价值小于其计税基础,意味着该项负债在未来期间可以税前抵扣的金额为负数,即在未来期间应纳税所得额的基础上调增,增加未来期间的应纳税所得额和应交所得税金额,产生应纳税暂时性差异。

(二)可抵扣暂时性差异的确定

可抵扣暂时性差异,是指在确定未来收回资产或清偿负债期间的应纳税所得额时,将导致产生可抵扣金额的暂时性差异。该差异在未来期间转回时会减少转回期间的应纳税所得额,减少未来期间的应交所得税。在可抵扣暂时性差异产生当期,符合确认条件时,应当确认相关的递延所得税资产。

一般在两种情况下会产生可抵扣暂时性差异:

(1)资产的账面价值小于其计税基础,意味着资产在未来期间产生的经济利益少,按照税法规定允许税前扣除的金额多,两者之间的差额可以减少企业在未来期间的应纳税所得额并减少应交所得税。例如,某公司2009年2月1日将一批商品出售给甲公司,货款总额为800万元(含增值税),到年末尚未收回。该公司根据情况计提了100万元坏账准备。该公司在2009年12月31日确认可抵扣暂时性差异100万元。

(2)负债的账面价值大于其计税基础,负债产生的暂时性差异实质上是税法规定就该项负债可以在未来期间税前扣除的金额。即

负债产生的暂时性差异=账面价值-计税基础

=账面价值-(账面价值-未来期间计税时按照税法规定可予税前扣除的金额)

=未来期间计税时按照税法规定可予税前扣除的金额

负债的账面价值大于其计税基础,意味着未来期间按照税法规定与负债相关的全部或部分支出可以自未来应税经济利益中扣除,减少未来期间的应纳税所得额和应交所得税。

(三)特殊项目产生的暂时性差异

某些交易或事项发生以后,因不符合资产、负债的确认条件,账面价值为零,但按照税法规定能够确定其计税基础的,零与计税基础之间的差异也构成暂时性差异。如企业发生的广告费与业务宣传费,除另有规定外,不超过当年销售(营业)收入15%的部分,准予扣除;超过部分,准予在以后纳税年度结转扣除。这类费用在发生时按照会计准则规定即计入当期损益,不形成资产负债表中的资产,但按照税法规定可以确定其计税基础的,两者之间的差异也形成暂时性差异。

按照税法规定可以结转以后年度的未弥补亏损及税款抵减,虽不是因资产、负债的账面价值与计税基础不同产生的,但与可抵扣暂时性差异具有同样的作用,均能减少未来期间的应纳税所得额,进而减少未来期间的应交所得税,在会计处理上,与可抵扣暂时性差异的处理相同。如按照税法规定允许用以后5年税前所得弥补的亏损,企业购置用于环境保护、节能节水、安全生产等专用设备的投资额,可以按一定比例实行税额抵免。

四、递延所得税资产与递延所得税负债

资产负债表日,企业在计算确定了应纳税暂时性差异与可抵扣暂时性差异后,应当按照所得税会计准则规定的原则确认相关的递延所得税负债、递延所得税资产及相应的递延所得税费用(收益)。

(一)递延所得税负债

递延所得税负债,是指根据应纳税暂时性差异计算的未来期间应付的所得税金额。

根据所得税准则规定,资产负债表日,对于递延所得税负债,应当根据适用税法规定,按照预期收回该资产或清偿该负债期间的适用税率计量。即递延所得税负债应以相关应纳税暂时性差异转回期间按照税法规定适用的所得税税率计量。无论应纳税暂时性差异的转回期间如何,相关的递延所得税负债不要求折现。

(二)递延所得税资产

递延所得税资产,是指根据以下各项计算的未来期间可收回的所得税金额:
(1)可抵扣暂时性差异。
(2)未利用的可抵扣亏损结转后期。
(3)未利用的税款抵减结转后期。

递延所得税资产一般产生于可抵扣暂时性差异。确认因可抵扣暂时性差异产生的递延所得税资产应以未来期间可能取得的应纳税所得额为限。在可抵扣暂时性差异转回的未来期间内,企业无法产生足够的应纳税所得额用以利用可抵扣暂时性差异的影响,使得与可抵扣暂时性差异相关的经济利益无法实现的,不应确认递延所得税资产;企业有明确的证据表明其于可抵扣暂时性差异转回的未来期间能够产生足够的应纳税所得额,进而利用可抵扣暂时性差异的,则应以可能取得的应纳税所得额为限,确认相关的递延所得税资产。

在判断企业于可抵扣暂时性差异转回的未来期间是否能够产生足够的应纳税所得额时,应考虑企业在未来期间通过正常的生产经营活动能够实现的应纳税所得额以及以前期间产生的应纳税暂时性差异在未来期间转回时将增加的应纳税所得额。

递延所得税资产的计量,应当以预期收回该项资产期间的所得税税率为基础计

算确定。无论相关的可抵扣暂时性差异转回期间如何,递延所得税资产均不要求折现。

(三) 适用税率变化对已确认递延所得税资产和递延所得税负债的影响

因税收法律的变化,导致企业在某一会计期间适用的所得税税率发生变化的,企业应对已确认的递延所得税资产和递延所得税负债按照新的税率进行重新计量。递延所得税资产和递延所得税负债的金额代表的是有关可抵扣暂时性差异或应纳税暂时性差异于未来期间转回时导致企业应交所得税减少或增加的金额。适用税率变动的情况下,应对原已确认的递延所得税资产及递延所得税负债的金额进行相应调整。

除直接计入所有者权益的交易或事项产生的递延所得税资产及递延所得税负债,相关的调整金额应计入所有者权益以外,其他情况下因税率变化产生的调整金额应确认变化当期的所得税费用(或收益)。

五、所得税费用的确认

资产负债表债务法核算中,利润表中的所得税费用包括当期所得税和递延所得税。

(一) 当期所得税

当期所得税,是指企业按照税法规定计算确定的针对当期发生的交易和事项,应交给税务部门的所得税金额,即当期应交所得税。即

$$当期所得税费用 = 当期应交所得税$$
$$= 应纳税所得额 \times 适用税率 - 减免税额 - 抵免税额$$

(二) 递延所得税

递延所得税,是指按照所得税准则规定当期应予确认的递延所得税资产和递延所得税负债金额,即递延所得税资产及递延所得税负债当期发生额的综合结果,但不包括计入所有者权益的交易或事项的所得税影响。其计算公式为:

$$递延所得税 = \left(\begin{array}{c}递延所得税\\负债期末余额\end{array} - \begin{array}{c}递延所得税\\负债期初余额\end{array}\right) - \left(\begin{array}{c}递延所得税\\资产期末余额\end{array} - \begin{array}{c}递延所得税\\资产期初余额\end{array}\right)$$

$$= \begin{array}{c}当期递延所得税\\负债的增加额\end{array} - \begin{array}{c}当期递延所得税\\负债的减少额\end{array} - \begin{array}{c}当期递延所得税\\资产的增加\end{array} + \begin{array}{c}当期递延所得税\\资产的减少\end{array}$$

$$= 递延所得税费用 - 递延所得税收益$$

(三) 所得税费用

计算确定了当期所得税及递延所得税以后,利润表中应予确认的所得税费用为两者之和。即

利润表中的所得税费用＝当期所得税＋递延所得税费用(－递延所得税收益)

【例 7-12】 甲公司 2009 年确定的应纳税所得额为 1 000 万元,所得税税率为 25％,递延所得税负债年初数为 40 万元,年末数为 50 万元,递延所得税资产年初数为 25 万元,年末数为 20 万元。假定无其他纳税调整事项。

要求:计算甲公司 2009 年利润表中所列所得税费用的金额。

解 当期所得税费用＝1 000×25％＝250（万元）

递延所得税费用＝(50－40)＋(25－20)＝15（万元）

所得税费用＝250＋15＝265（万元）

六、企业所得税会计处理

(一)企业所得税会计账户的设置

资产负债表债务法的所得税核算中,应设置"所得税费用"、"应交税费——应交所得税"、"递延所得税资产"、"递延所得税负债"等账户。

1. "所得税费用"账户

"所得税费用"账户用以核算企业根据所得税准则确认的应从当期利润总额中扣除的所得税费用。在资产负债表债务法下,该账户应按"当期所得税费用"、"递延所得税费用"进行明细核算。

资产负债表日,企业按照税法计算确定的当期应交所得税金额,借记"所得税费用——当期所得税费用"账户,贷记"应交税费——应交所得税"账户。

2. "递延所得税资产"账户

"递延所得税资产"账户用以核算企业根据所得税准则确认的可抵扣暂时性差异产生的所得税资产。根据税法规定可用以后年度税前利润弥补的亏损产生的所得税资产,也在该账户核算;企业应当按照可抵扣暂时性差异等项目进行明细核算。

在确认相关资产、负债时,根据所得税准则应予确认的递延所得税资产,借记"递延所得税资产"账户,贷记"所得税费用——递延所得税费用"、"资本公积——其他资本公积"等账户;应予确认的递延所得税负债,借记"所得税费用——递延所得税费用"、"资本公积——其他资本公积"等账户,贷记"递延所得税负债"账户。

资产负债表日,根据所得税准则应予确认的递延所得税资产大于"递延所得税资产"账户余额的差额,借记"递延所得税资产"账户,贷记"所得税费用——递延所得税费用"、"资本公积——其他资本公积"等账户;应予确认的递延所得税资产小于"递延所得税资产"账户余额的差额,作相反的会计分录。

资产负债表日,预计未来期间很可能无法获得足够的应纳税所得额用以抵扣可抵扣暂时性差异的,按应减记的金额,借记"所得税费用——当期所得税费用"、"资本公积——其他资本公积"等账户,贷记"递延所得税资产"账户。

该账户期末借方余额,反映企业已确认的递延所得税资产的余额。

3."递延所得税负债"账户

"递延所得税负债"账户用以核算企业根据所得税准则确认的应纳税暂时性差异产生的所得税负债,企业应按照应纳税暂时性差异项目进行明细核算。

企业在确认相关资产、负债时,根据所得税准则应予确认的递延所得税负债,借记"所得税费用——递延所得税费用"、"资本公积——其他资本公积"等账户,贷记"递延所得税负债"。

资产负债表日,企业根据所得税准则应予确认的递延所得税负债大于"递延所得税负债"账户余额的,借记"所得税费用——递延所得税费用"、"资本公积——其他资本公积"等账户,贷记"递延所得税负债"账户;应予确认的递延所得税负债小于"递延所得税负债"账户余额的,作相反的分录。

该账户期末贷方余额,反映企业已确认的递延所得税负债的余额。

4."应交税费——应交所得税"账户

"应交税费——应交所得税"账户反映企业所得税的应缴、实际上缴和退补的情况。该账户的贷方反映应缴和应补缴的所得税,借方反映实际上缴和补缴的企业所得税;贷方余额反映应缴未缴的所得税,借方余额反映多缴的所得税。企业实际上缴企业所得税税款,应当借记"应交税费——应交所得税"账户,贷记"银行存款"账户。

(二)所得税费用的核算

1.当期所得税费用的核算

【例7-13】 某单位根据资产负债表有关项目列示的数字和有关账簿记录分析可知,2009年度利润总额为400万元,无任何暂时性差异发生,适用所得税税率为25%。

要求:计算并作出会计分录。

解 (1)计算应缴当期所得税:

当期所得税费用=400×25%=100(万元)

借:所得税费用——当期所得税费用　　　　　　　1 000 000
　　贷:应交税费——应交所得税　　　　　　　　　　　　1 000 000

(2)实际缴纳所得税时:

借:应交税费——应交所得税　　　　　　　　　　1 000 000
　　贷:银行存款　　　　　　　　　　　　　　　　　　　　1 000 000

2.暂时性差异的会计处理

资产负债表债务法适用于对所有暂时性差异的处理,处理时应遵循以下步骤:

(1)确定产生暂时性差异的项目。

(2) 分析、计算各年的暂时性差异。
(3) 确认由于暂时性差异造成的递延所得税负债(或资产)。
(4) 确定所得税费用。

【例 7-14】 甲企业于 2004 年 12 月 31 日购入价值 5 000 万元的机器,预计使用 5 年,无残值。会计规定采用平均年限法计提折旧,每年折旧额为 1 000 万元;税法规定采用双倍余额递减法计提折旧,2005～2009 年每年的折旧额分别为 2 000 万元、1 200 万元、720 万元、540 万元、540 万元。各年利润总额均为 11 000 万元,适用税率为 25%。

相关计算及会计处理如表 7-1 所示。

表 7-1　　　　各年暂时性差异及该项差异对纳税影响计算表

单位:万元

年限	账面价值	计税基础	账面价值>计税基础数	应纳税暂时性差异	递延所得税负债	会计利润	应纳税所得额
初次确认	5 000	5 000					
2005 年末	4 000	3 000	1 000	1 000	250	11 000	10 000
2006 年末	3 000	1 800	1 200	200	50	11 000	10 800
2007 年末	2 000	1 080	920	−280	−70	11 000	11 280
2008 年末	1 000	540	460	−460	−115	11 000	11 460
2009 年末	0	0	0	−460	−115	11 000	11 460

各年的会计分录如下(单位:万元):
(1) 2005 年年末:
按税法计算应交所得税:
借:所得税费用——当期所得税费用　　　　　　　2 500
　　贷:应交税费——应交所得税　　　　　　　　　　　　2 500
按所得税准则计算的递延所得税负债:
借:所得税费用——递延所得税费用　　　　　　　250
　　贷:递延所得税负债　　　　　　　　　　　　　　　　　250
(2) 2006 年年末:
按税法计算应交所得税:
借:所得税费用——当期所得税费用　　　　　　　2 700
　　贷:应交税费——应交所得税　　　　　　　　　　　　2 700
按所得税准则计算的递延所得税负债:
借:所得税费用——递延所得税费用　　　　　　　50
　　贷:递延所得税负债　　　　　　　　　　　　　　　　　50

(3) 2007 年年末：

按税法计算应交所得税：

借：所得税费用——当期所得税费用　　　　2 820
　　贷：应交税费——应交所得税　　　　　　　　　2 820

按所得税准则计算的递延所得税负债：

借：递延所得税负债　　　　　　　　　　　　70
　　贷：所得税费用——递延所得税费用　　　　　　70

(4) 2008 年年末：

按税法计算应交所得税：

借：所得税费用——当期所得税费用　　　　2 865
　　贷：应交税费——应交所得税　　　　　　　　　2 865

按所得税准则计算的递延所得税负债：

借：递延所得税负债　　　　　　　　　　　　115
　　贷：所得税费用——递延所得税费用　　　　　　115

(5) 2009 年年末：

按税法计算应交所得税：

借：所得税费用——当期所得税费用　　　　2 865
　　贷：应交税费——应交所得税　　　　　　　　　2 865

按所得税准则计算的递延所得税负债：

借：递延所得税负债　　　　　　　　　　　　115
　　贷：所得税费用——递延所得税费用　　　　　　115

【例 7-15】　乙企业的某项固定资产原值为 8 000 万元，无残值，采用平均年限法计提折旧。税法规定折旧年限为 8 年，会计核算的折旧年限为 4 年。本企业前 4 年税前会计利润为 5 000 万元，后 4 年税前会计利润为 6 000 万元，各年的所得税税率均为 25%。该企业预计在未来期间能够产生足够的应纳税所得额用来抵扣可抵扣暂时性差异。

相关计算及会计处理如表 7-2 所示。

表 7-2　　　　各年暂时性差异及该项差异对纳税影响计算表

单位：万元

年　限	账面价值	计税基础	账面价值<计税基础数	可抵扣暂时性差异	递延所得税资产	会计利润	应纳税所得额
初次确认	8 000	8 000					
第 1 年末	6 000	7 000	1 000	1 000	250	5 000	6 000
第 2 年末	4 000	6 000	2 000	1 000	250	5 000	6 000

第七章 企业所得税会计

续表

年限	账面价值	计税基础	账面价值<计税基础数	可抵扣暂时性差异	递延所得税资产	会计利润	应纳税所得额
第3年末	2 000	5 000	3 000	1 000	250	5 000	6 000
第4年末	0	4 000	4 000	1 000	250	5 000	6 000
第5年末		3 000	3 000	−1 000	−250	6 000	5 000
第6年末		2 000	2 000	−1 000	−250	6 000	5 000
第7年末		1 000	1 000	−1 000	−250	6 000	5 000
第8年末		0	0	−1 000	−250	6 000	5 000

(1) 第1年至第4年各年应交所得税额、递延所得税资产及所得税费用的计算与核算(单位:万元):

按税法计算应交所得税:
借:所得税费用——当期所得税费用　　　　1 500
　　贷:应交税费——应交所得税　　　　　　　　　1 500
按所得税准则计算的递延所得税负债:
借:递延所得税资产　　　　　　　　　　　　250
　　贷:所得税费用——递延所得税费用　　　　　　250

(2) 第5年至第8年各年应交所得税额、递延所得税资产及所得税费用的计算与核算(单位:万元):

按税法计算应交所得税:
借:所得税费用——当期所得税费用　　　　1 250
　　贷:应交税费——应交所得税　　　　　　　　　1 250
按所得税准则计算的递延所得税负债:
借:所得税费用——递延所得税费用　　　　250
　　贷:递延所得税资产　　　　　　　　　　　　　250

第四节　企业所得税纳税申报

企业所得税的征收管理除按照《中华人民共和国企业所得税法》规定外,依照《中华人民共和国税收征收管理法》的规定执行。

一、企业所得税的纳税年度

企业所得税的纳税年度,自公历1月1日起至12月31日止。企业在一个纳税年度中间开业,或者终止经营活动,使该纳税年度的实际经营期不足12个月的,应当以其实际经营期为一个纳税年度。企业依法清算时，应当以清算期间作为一个纳税年度。

二、企业所得税的缴纳方法与纳税期限

企业所得税实行按年计征，分月或分季预缴，年终汇算清缴的方式，即每月或每季度申报缴纳，年终计算该纳税年度实际需要缴纳的税额，实行多退少补。

企业所得税分月或分季预缴由税务机关具体核定。企业应当自月份或季度终了之日起 15 日内，向税务机关报送预缴企业所得税纳税申报表。企业分月或分季预缴企业所得税时，应当按照月度或季度的实际利润额预缴税款；按照月度或季度的实际利润额预缴有困难的，可以按照上一纳税年度应纳税所得额的月度或季度平均额预缴，或按照经税务机关认可的其他方法预缴。预缴方法一经确定，该纳税年度内不得随意变更。

企业应当自年度终了之日起 5 个月内，向税务机关报送年度企业所得税纳税申报表，并汇算清缴，结清应缴应退税款。并且企业在纳税年度内无论盈利或亏损，都应当依照规定的期限，向税务机关报送预缴企业所得税纳税申报表、年度企业所得税纳税申报表、财务会计报告和税务机关规定应当报送的其他有关资料。

企业在年度中间终止经营活动的，应当自实际经营终止之日起 60 日内，向税务机关办理当期企业所得税汇算清缴。企业应当在办理注销登记前，就其清算所得向税务机关申报并依法缴纳企业所得税。

企业依照本法缴纳的企业所得税，以人民币计算。所得以人民币以外的货币计算的，应当折合成人民币计算并缴纳税款。企业所得以人民币以外的货币计算的，预缴企业所得税时，应当按照月度或季度最后一日的人民币汇率中间价，折合成人民币计算应纳税所得额。年度终了汇算清缴时，对已经按照月度或季度预缴税款的，不再重新折合计算，只就该纳税年度内未缴纳企业所得税的部分，按照纳税年度最后一日的人民币汇率中间价，折合成人民币计算应纳税所得额。

经税务机关检查确认，企业少计或多计前款规定的所得的，应当按照检查确认补税或退税时的上一个月最后一日的人民币汇率中间价，将少计或多计的所得折合成人民币计算应纳税所得额，再计算应补缴或应退的税款。

三、源泉扣缴

源泉扣缴是指以所得支付者为扣缴义务人，在每次向纳税人支付有关所得款项时，代为扣缴税款的做法。实行源泉扣缴的最大优点在于可以有效保护税源，保证国家的财政收入，防止偷漏税，简化纳税手续。

对在中国境内未设立机构、场所的非居民企业取得的来源于中国境内的所得，以

及在中国境内设立机构、场所的非居民企业取得的与其所设立机构、场所没有实际联系的源于中国境内的所得应缴纳的企业所得税,实行源泉扣缴,以支付人为扣缴义务人。税款由扣缴义务人在每次支付或到期应支付时,从支付或到期应支付的款项中扣缴。

对非居民企业在中国境内取得工程作业和劳务所得应缴纳的所得税,当出现以下情形时,县级以上的税务机关可以指定工程价款或劳务费的支付人为扣缴义务人,并同时告知扣缴义务人所扣税款的计算依据、计算方法、扣缴期限和扣缴方式:

(1) 预计工程作业或提供劳务期限不足一个纳税年度,且有证据表明不履行纳税义务的。

(2) 没有办理税务登记或临时税务登记,且未委托中国境内的代理人履行纳税义务的。

(3) 未按照规定期限办理企业所得税纳税申报或预缴申报的。

依照规定应当扣缴的所得税,扣缴义务人未依法扣缴或无法履行扣缴义务的,由纳税人在所得发生地缴纳。纳税人未依法缴纳的,税务机关可以从该纳税人在中国境内其他收入项目的支付人应付的款项中,追缴该纳税人的应纳税款,且税务机关在追缴该纳税人应纳税款时,应当将追缴理由、追缴数额、缴纳期限和缴纳方式等告知该纳税人。

扣缴义务人每次代扣的税款,应当自代扣之日起7日内缴入国库,并向所在地的税务机关报送扣缴企业所得税报告表。

四、企业所得税的纳税地点

除税收法律、行政法规另有规定外,居民企业以企业登记注册地为纳税地点;但登记注册地在境外的,以实际管理机构所在地为纳税地点。居民企业在中国境内设立不具有法人资格的营业机构的,应当汇总计算并缴纳企业所得税。

在中国境内设立机构、场所的非居民企业取得来源于中国境内的所得,以及发生在中国境外但与其所设机构、场所有实际联系的所得,以机构、场所所在地为纳税地点。非居民企业在中国境内设立两个或两个以上机构、场所的,经各机构、场所所在地税务机关的共同上级税务机关审核批准,可以选择由其主要机构、场所汇总缴纳企业所得税。非居民企业经批准汇总缴纳企业所得税后,需要增设、合并、迁移、关闭机构、场所或停止机构、场所业务的,应当事先由负责汇总申报缴纳企业所得税的主要机构、场所向其所在地税务机关报告;需要变更汇总缴纳企业所得税的主要机构、场所的,依照前款规定办理。

对在中国境内未设立机构、场所的非居民企业取得的来源于中国境内的所得,以及在中国境内设立机构、场所的非居民企业取得的与其所设立机构、场所没有实际联系的源于中国境内的所得应缴纳的企业所得税,实行源泉扣缴,以支付人为扣缴义务人,以扣缴义务人所在地为纳税地点。

除国务院另有规定外,企业之间不得合并缴纳企业所得税。

五、企业所得税纳税申报表

企业进行所得税纳税申报时,必须填报企业所得税纳税申报表及其有关附表,还应附送同期财务会计报告等资料。预缴所得税可以按规定填制《企业所得税预缴纳税申报表》,企业所得税预缴纳税申报表分为A类申报表、B类申报表,分别如表7-3和表7-4所示。

年终进行企业所得税汇算清缴时,应填制《企业所得税年度纳税申报表》及其附表。企业所得税年度纳税申报表也分为A类申报表和B类申报表两类,分别如表7-5和表7-6所示。《企业所得税年度纳税申报表(A类)》适用于实行查账征收的企业所得税居民纳税人填报;《企业所得税年度纳税申报表(B类)》为按照核定征收管理办法中核定应税所得率方式缴纳企业所得税的居民纳税人在年度申报缴纳企业所得税时使用。

表7-3　　　　　　　中华人民共和国
企业所得税月(季)度预缴纳税申报表(A类)
税款所属期间　　年　月　日至　　年　月　日

纳税人识别号:□□□□□□□□□□□□□□□

纳税人名称:　　　　　　　　　　　　　　　　金额单位:人民币元(列至角分)

行次	项目	本期金额	累计金额
1	一、据实预缴		
2	营业收入		
3	营业成本		
4	实际利润额		
5	税率(25%)		
6	应纳所得税额(4行×5行)		
7	减免所得税额		
8	实际已缴所得税额	—	
9	应补(退)的所得税额(6行-7行-8行)	—	
10	二、按上一纳税年度应纳税所得额的平均额预缴		
11	上一纳税年度应纳税所得额	—	
12	本月(季)应纳税所得额(11行÷12或11行÷4)		
13	税率(25%)	—	—

续表

行次	项目	本期金额	累计金额
14	本月(季)应纳所得税额(12行×13行)		
15	三、按照税务机关确定的其他方法预缴		
16	本月(季)确定预缴的所得税额		
17	总分机构纳税人		
18	总机构 总机构应分摊的所得税额(9行或14行或16行×25%)		
19	中央财政集中分配的所得税额(9行或14行或16行×25%)		
20	分支机构分摊的所得税额(9行或14行或16行×50%)		
21	分支机构 分配比例		
22	分配的所得税额(20行×21行)		

谨声明:此纳税申报表是根据《中华人民共和国企业所得税法》、《中华人民共和国企业所得税法实施条例》和国家有关税收规定填报的,是真实的、可靠的、完整的。

法定代表人(签字):   年 月 日

纳税人公章: 会计主管: 填表日期: 年 月 日	代理申报中介机构公章: 经办人: 经办人执业证件号码: 代理申报日期: 年 月 日	主管税务机关受理专用章: 受理人: 受理日期: 年 月 日

国家税务总局监制

表 7-4　　　　　　　　中华人民共和国企业
所得税月(季)度预缴纳税申报表(B类)

税款所属期间:　　年 月 日至　　年 月 日

纳税人识别号:☐☐☐☐☐☐☐☐☐☐☐☐☐☐☐

纳税人名称:　　　　　　　　　　　　金额单位:人民币元(列至角分)

	项目		行次	累计金额
应纳税所得额的计算	按收入总额核定应纳税所得额	收入总额	1	
		税务机关核定的应税所得率(%)	2	
		应纳税所得额(1行×2行)	3	
	按成本费用核定应纳税所得额	成本费用总额	4	
		税务机关核定的应税所得率(%)	5	
		应纳税所得额[4行÷(1−5行)×5行]	6	
	按经费支出换算应纳税所得额	经费支出总额	7	
		税务机关核定的应税所得率(%)	8	
		换算的收入额[7行÷(1−8行)]	9	
		应纳税所得额(8行×9行)	10	

续表

项目		行次	累计金额
应纳所得税额的计算	税率(25%)	11	
	应纳所得税额(3行×11行或6行×11行或10行×11行)	12	
	减免所得税额	13	
应补(退)所得税额的计算	已预缴所得税额	14	
	应补(退)所得税额(12行－13行－14行)	15	

谨声明：此纳税申报表是根据《中华人民共和国企业所得税法》、《中华人民共和国企业所得税法实施条例》和国家有关税收规定填报的，是真实的、可靠的、完整的。

法定代表人(签字)：　　　　　年　月　日

纳税人公章：	代理申报中介机构公章：	主管税务机关受理专用章：
会计主管：	经办人：	受理人：
填表日期：　年　月　日	经办人执业证件号码： 代理申报日期：　年　月　日	受理日期：　年　月　日

国家税务总局监制

表 7-5　　　　　　　中华人民共和国
企业所得税年度纳税申报表(A 类)
税款所属期间：　　年　月　日至　　年　月　日

纳税人名称：
纳税人识别号：□□□□□□□□□□□□□□□
纳税人编码：　　　　　　　　　　　　　　金额单位：元(列至角分)

类　别	行次	项　目	金　额
利润总额计算	1	一、营业收入(填附表一)	
	2	减：营业成本(填附表二)	
	3	营业税金及附加	
	4	销售费用(填附表二)	
	5	管理费用(填附表二)	
	6	财务费用(填附表二)	
	7	资产减值损失	
	8	加：公允价值变动收益	
	9	投资收益	
	10	二、营业利润	
	11	加：营业外收入(填附表一)	
	12	减：营业外支出(填附表二)	
	13	三、利润总额(10行＋11行－12行)	

续表

类别	行次	项目	金额
应纳税所得额计算	14	加:纳税调整增加额(填附表三)	
	15	减:纳税调整减少额(填附表三)	
	16	其中:不征税收入	
	17	免税收入	
	18	减计收入	
	19	减、免税项目所得	
	20	加计扣除	
	21	抵扣应纳税所得额	
	22	加:境外应税所得弥补境内亏损	
	23	纳税调整后所得(13行+14行-15行+22行)	
	24	减:弥补以前年度亏损(填附表四)	
	25	应纳税所得额(23行-24行)	
应纳税额计算	26	税率(25%)	
	27	应纳所得税额(25行×26行)	
	28	减:减免所得税额(填附表五)	
	29	减:抵免所得税额(填附表五)	
	30	应纳税额(27行-28行-29行)	
	31	加:境外所得应纳所得税额(填附表六)	
	32	减:境外所得抵免所得税额(填附表六)	
	33	实际应纳所得税额(30行+31行-32行)	
	34	减:本年累计实际已预缴的所得税额	
	35	其中:汇总纳税的总机构分摊预缴的税额	
	36	汇总纳税的总机构财政调库预缴的税额	
	37	汇总纳税的总机构所属分支机构分摊的预缴税额	
	38	合并纳税(母子体制)成员企业就地预缴比例	
	39	合并纳税企业就地预缴的所得税额	
	40	本年应补(退)的所得税额(33行-34行)	
附列资料	41	以前年度多缴的所得税额在本年抵减额	
	42	以前年度应缴未缴在本年入库所得税额	

纳税人公章:	代理申报中介机构公章:	主管税务机关受理专用章:
		受理人:
经办人:	经办人及执业证件号码:	受理日期:
申报日期: 年 月 日	代理申报日期: 年 月 日	年 月 日

表 7-6　　　　　　　　　　中华人民共和国
企业所得税年度纳税申报表(B 类)

项　目			行次	金额
应纳税所得额的计算	按收入总额核定应纳税所得额	收入总额	1	
		税务机关核定的应税所得率(　%)	2	
		应纳税所得额(1行×2行)	3	
	按成本费用核定应纳税所得额	成本费用总额	4	
		税务机关核定的应税所得率(　%)	5	
		应纳税所得额[4行÷(1-5行)×5行]	6	
应纳所得税额的计算		税率(　%)	7	
		应纳所得税额(3行×7行或6行×7行)	8	
		减免所得税额	9	
应补(退)所得税额的计算		已预缴所得税额	10	
		应补(退)所得税额(8行-9行-10行)	11	
补充资料		企业从业人数(全年平均人数)	12	
		资产总额(全年平均数)	13	
		所属行业(工业企业　其他企业)	14	

本章复习题

一、单项选择题

1. 企业应当自年度终了之日起(　　)内,向税务机关报送年度企业所得税纳税申报表,并汇算清缴,结清应缴应退税款。

　　A. 3个月　　　　B. 4个月　　　　C. 5个月　　　　D. 4个半月

2. 除税法另有规定外,有关企业所得税的纳税地点,下面说法不正确的是(　　)。

　　A. 居民企业以企业登记注册地为纳税地点

　　B. 登记注册地在境外的,以实际管理机构所在地为纳税地点

　　C. 居民企业在中国境内设立不具有法人资格的营业机构,应当汇总计算并缴纳企业所得税,纳税地点为总机构所在地

　　D. 在中国境内未设立场所、机构而从中国境内取得所得的非居民企业,以扣缴义务人所在地为纳税地点

3. 根据企业所得税法的规定,下列收入中,可以不征企业所得税的是(　　)。

A. 金融债券利息收入
B. 非营利性组织从事生产经营活动的收入
C. 已作坏账损失处理后又收回的应收账款
D. 依法收取并纳入财政管理的政府性基金

4. 某企业2009年1月1日向其控股公司借入经营性资金400万元,借款期1年,支付利息费用28万元。假定当年银行同期同类贷款年利息率为6%,该企业在计算应纳税所得额时可以扣除的利息费用为( )万元。
   A. 30   B. 28   C. 28   D. 24

5. 某工业企业2009年度全年销售收入为1 000万元,房屋出租收入为100万元,提供加工劳务收入50万元,变卖固定资产收入30万元,视同销售收入100万元,当年发生业务招待费10万元。则该企业2009年度所得税前可以扣除的业务招待费用为( )万元。
   A. 6   B. 6.25   C. 4.75   D. 3.75

6. 某金融企业2009年利润总额为2 000万元,营业外支出中列支有通过公益性社会团体向受灾地区的捐赠60万元,红十字事业的捐赠20万元。假设其余项目会计与税法间无调整,该企业2009年应缴纳的企业所得税为( )万元。
   A. 660   B. 500   C. 440   D. 460

7. 按照企业所得税法的有关规定,在计算企业所得税应纳税所得额时,下列项目准予从收入总额中扣除的是( )。
   A. 固定资产减值准备   B. 被没收财物的损失
   C. 遭到龙卷风袭击的存货毁损   D. 非广告性质的赞助支出

8. 某国有企业2009年境内所得1 000万元,境外所得(均为税后所得)有三笔,其中来自甲国有两笔所得,分别为60万元和51万元,税率分别为40%和15%,来自乙国所得42.5万元,已纳税7.5万元(甲国、乙国均与我国签订了避免重复征税的税收协定)。则2009年该国有企业应纳所得税为( )万元。
   A. 250   B. 255   C. 248   D. 246

9. 根据企业所得税法的规定,下列对企业所得税征收管理的说法正确的是( )。
   A. 按月预缴所得税的,应当自月份终了之日起10日内,向税务机关报送预缴企业所得税纳税申报表,预缴税款
   B. 企业应当在办理注销登记后,就其清算所得向税务机关申报并依法缴纳企业所得税
   C. 企业纳税年度亏损,可以不向税务机关报送年度企业所得税纳税申报表
   D. 依照企业所得税法缴纳的企业所得税,以人民币以外的货币计算的,应当折合成人民币计算并缴纳税款

10. 外国企业在中国境内设立机构、场所取得的下列所得中,根据原外商投资企业和外国企业所得税的规定,不属于来源于中国境内的所得有(　　)。

　　A. 在中国境内设立机构、场所从事生产、经营的所得

　　B. 在中国境外设立机构、场所从事生产、经营的所得

　　C. 发生在中国境内与在中国境内设立的机构、场所有实际联系的利润、利息、租金、特许权使用费和其他所得

　　D. 发生在中国境外与在中国境内设立的机构、场所有实际联系的股金、利息、租金、特许权使用费和其他所得

二、多项选择题

1. 根据企业所得税法的规定,下列收入属于征税收入的是(　　)。

　　A. 特许权使用费收入　　　　B. 财产转让收入

　　C. 劳务收入　　　　　　　　D. 国债利息收入

2. 根据企业所得税法的规定,下列关于企业所得税扣除项目的说法中,正确的有(　　)。

　　A. 企业按规定为自有小汽车缴纳保险费,准予扣除

　　B. 企业扩大经营租入机器设备的租赁费,按照租赁期限均匀扣除

　　C. 企业发生的公益性捐赠支出,不超过销售(营业)收入总额12%的部分,准予扣除

　　D. 企业转让固定资产发生的费用,允许扣除

3. 下列项目中,不可以从应纳税所得额中扣除的有(　　)。

　　A. 企业支付的违约金

　　B. 企业之间支付的管理费

　　C. 企业内营业机构之间支付的租金

　　D. 非银行企业内营业机构之间支付的利息

4. 根据企业所得税法的规定,下列关于固定资产计税基础的说法中,正确的有(　　)。

　　A. 盘盈的固定资产,以同类固定资产的重置完全价值为计税基础

　　B. 通过债务重组方式取得的固定资产,以该资产的账面价值为计税基础

　　C. 外购的固定资产,以购买价款和支付的相关税费以及直接归属于使该资产达到预定用途发生的其他支出为计税基础

　　D. 融资租入的固定资产,以租赁合同约定的付款总额和相关费用为计税基础

5. 根据企业所得税法的规定,下列说法正确的有(　　)。

　　A. 对在中国境内未设立机构、场所的居民企业应缴纳的所得税,由纳税人自行申报缴纳

B. 对非居民企业在中国境内取得劳务所得应缴纳的所得税,税务机关可以指定劳务费的支付人为扣缴义务人
C. 扣缴义务人每次代扣的税款,应当自代扣之日起 7 日内缴入国库
D. 应当扣缴的所得税,扣缴义务人未依法扣缴或无法履行扣缴义务的,由企业在所得发生地缴纳

三、计算题

1. 某运输公司2009年度全年取得营运收入1 800万元,当年各项营运费用支出1 200万元,缴纳营业税等税金及附加130万元,支付工资总额300万元,提取职工工会经费6万元、职工福利费52万元和职工教育经费4.5万元,全年未使用。该公司全年平均职工人数200人,支付财产保险费和运输保险费共计16万元,因运输事故得到保险公司赔偿50万元(该项事故损失已全额计入相关成本费用)。

要求:计算该公司2009年应纳企业所得税。

2. 2009年度某企业会计报表上的利润总额为100万元,已累计预缴企业所得税25万元。该企业2009年度其他有关情况如下:

(1) 发生的公益性捐赠支出18万元。
(2) 开发新技术的研究开发费用20万元(未形成资产)。
(3) 直接向某足球队捐款35万元。
(4) 支付诉讼费2.3万元。
(5) 支付违反交通法规罚款0.8万元。

要求:
(1) 计算该企业公益性捐赠支出所得税前纳税调整额。
(2) 计算该企业研究开发费用所得税前扣除数额。
(3) 计算该企业2009年度应纳税所得额。
(4) 计算该企业2009年度应纳所得税税额。
(5) 计算该企业2009年度应汇算清缴的所得税税额。

3. 某企业从2001年起10年的盈利情况如下:

年度	1	2	3	4	5	6	7	8	9	10
盈利	-10	-70	-60	-40	50	40	60	90	40	50

要求:计算该企业10年间应缴纳的企业所得税额。

四、业务题

某企业有一项固定资产,按照税法规定使用10年,按照会计规定为5年。该项固定资产原价为500万元(不考虑净残值因素)。假设该企业每年实现税前会计利润1 000万元。第6年起该项固定资产折旧已提满,则每年实现税前利润1 100万元。

要求:作出该企业所得税的会计处理。

第八章 个人所得税会计

 引导案例

案例内容:张某受雇于某公司,月工资 4 500 元,2010 年 1 月,公司发给其上年度奖金 12 000 元。公司当月代扣代缴其个人所得税费用计算为:

当月工资收入应交个人所得税费用=(4 500-2 000)×15%-125=250(元)

当月奖金收入应交个人所得税费用的计算为:

12 000 元的奖金单独作为 1 个月的工资计算纳税,则

其应纳税额=12 000×20%-375=2 025(元)

该职工当月合计应交个人所得税费用=250+2 025=2 275(元)

讨论题:该公司的计算是否正确?如不正确,应如何计算?

第一节 个人所得税概述

一、个人所得税的概念、特点及作用

(一)个人所得税的概念

个人所得税是以个人(自然人)取得的各项应税所得为征税对象所征收的一种税。

党的十一届三中全会以后,随着对外经济交往的不断扩大,来华工作、取得收入的外籍人员日益增多。为了维护国家的税收权益,第五届全国人民代表大会于 1980 年 9 月通过了《中华人民共和国个人所得税法》,开征个人所得税,统一适用于中国公民和在我国取得收入的外籍人员。此外,1986 年和 1987 年,国务院分别发布了《中华人民共和国城乡个体工商业户所得税暂行条例》和《中华人民共和国个人收入调节税暂行条例》。这种多类个人所得税并存的局面极不规范,并带来了一系列问题。因此,第八届全国人民代表大会常务委员会对原三部个人所得课税的法律法规进行修改、合并,于 1993 年 10 月 31 日公布了修改后的《中华人民共和国个人所得税法》(以下简称《个人所得税法》),自 1994 年 1 月 1 日起施行。国务院于 1994 年 1 月 28 日发布了《中华人民共和国个人所得税法实施条例》(以下简称《个人所得税实施条

例》)。之后,根据我国国民经济和社会发展的情况,全国人大常委会于 1999 年 8 月 30 日、2005 年 10 月 27 日、2007 年 6 月 29 日、2007 年 12 月 29 日对《个人所得税法》进行了四次修订,国务院相应对《个人所得税法实施条例》进行了修订,并于 2008 年 2 月 18 日进行了第二次修订。

(二) 个人所得税的特点

个人所得税是世界各国普遍征收的一个税种,我国个人所得税主要有以下特点:

1. 分类征收

世界各国实行的个人所得税制度一般有三种类型,即分类所得税制、综合所得税制、混合所得税制。这三种税制各有所长,各国在设计税制时均需根据具体情况加以运用。我国现行的个人所得税采用的是分类所得税制,即将个人取得的各种所得划分为 11 类,分别适用不同的费用减除规定和高低不等的税率及优惠办法。分类征收可以广泛采用源泉扣缴的征收办法,方便征纳双方,堵塞漏洞,同时可以对不同的所得实行不同的税收待遇,便于体现国家的政策。

2. 累进税率与比例税率并用

分类所得税制一般采用比例税率,而综合所得税制通常采用累进税率。我国现行的个人所得税利用两种税率的优点,即累进税率体现公平,比例税率体现效率;累进税率调节收入水平,比例税率实现普遍纳税,将其恰当地运用到个人所得税制中。对工资、薪金所得,个体工商户生产、经营所得,对企事业单位的承包、承租经营所得,采用超额累进税率,实行量能负担。对劳务报酬、稿酬等其他所得,采用比例税率,实行等比负担。

3. 采用定额和定率两种方法减除费用

各国征收的个人所得税均有费用减除的规定,只是减除的方法及额度不尽相同。我国目前采用定额和定率两种方法减除费用。对工资、薪金所得,每月减除费用 2 000 元(2008 年 3 月 1 日前,减除费用为 1 600 元);对劳务报酬所得,每次收入不超过 4 000 元的减除 800 元,每次收入 4 000 元以上的减除 20% 的费用。

4. 计算简便

由于我国现行个人所得税的费用扣除采取总额扣除法,免去了按个人实际生活费用支出项目逐项计算的麻烦,而且各种所得项目分类计算,各有明确的减除费用规定,减除项目及方法易于掌握。因此,计算比较简便,既符合目前的国情,也符合税制建立的简便原则。

5. 采取课源制和申报制两种征纳方法

我国个人所得税法规定,纳税人的应纳税额分别采取由支付单位或个人源泉扣缴和纳税人自行申报两种方法。对于凡是可以在应税所得的支付环节扣缴个人所得税税款的,均由扣缴义务人履行代扣代缴税额的义务。对于没有扣缴义务人的,个人在两处以上取得工资、薪金所得的,以及个人所得超过国务院规定数额(即年所得 12

万元以上)的,由纳税人自行申报纳税。同时,对于其他不便于扣缴的情况,亦规定由纳税人自行申报纳税,有利于逐渐培养公民的纳税意识和观念,努力提高个人纳税的自觉性。

(三) 个人所得税的作用

我国现行个人所得税具有以下几个方面的作用:

1. 调节收入分配,体现社会公平

随着经济的发展,我国人民的生活水平不断提高,一部分人已达到较高的收入水平。因此,有必要对个人收入进行适当的税收调节。在保证人们基本生活费用支出不受影响的前提下,高收入者多纳税,中等收入者少纳税,中等或低收入者不纳税,以此缓解社会分配不公的矛盾,在不损害分配效率的前提下体现社会公平,保持社会稳定。

2. 增强纳税意识,树立义务观念

长期以来,我国公民的纳税意识普遍较为淡薄,义务观念也比较缺乏。通过宣传个人所得税税法,建立个人所得税的纳税申报、源泉扣缴制度,通过强化个人所得税的征收管理和对违反税法行为的处罚等措施,可以逐步培养、普及全民依法履行纳税义务的观念,有利于提高全体人民的公民意识和法制意识。

3. 扩大聚财渠道,增加财政收入

目前我国个人总体收入水平还不高,个人所得税收入比重还较低,但征收个人所得税扩大了国家聚财的渠道。随着社会主义市场经济体制的建立与完善,我国人民的收入水平将逐年提高,个人所得税收入占国家税收收入总额的比重将逐年增加,最终将成为我国的主体税种之一。

二、个人所得税的基本法律内容

(一) 个人所得税的纳税人

个人所得税的纳税人是指在中国境内有住所,或无住所但在境内居住满1年,以及无住所又不居住或居住不满1年但有从中国境内取得所得的个人,具体包括中国公民、个体工商业户以及在中国境内有所得的外籍人员(包括无国籍人员,下同)和香港、澳门、台湾同胞等。自2000年1月1日起,个人独资企业和合伙企业也为个人所得税的纳税义务人。

个人所得税的纳税人可以泛指取得所得的自然人,包括居民纳税人和非居民纳税人。

1. 居民纳税人与非居民纳税人的判定标准

(1) 住所标准。

住所通常指公民长期生活和活动的主要场所。住所分为永久性住所和习惯性住所。《个人所得税法实施条例》第二条将在中国境内有住所的个人,界定为"因户籍、家庭、经济利益关系而在中国境内习惯性居住的个人"。可见,我国目前采用的住所标准实际是习惯性住所标准。所谓习惯性居住或住所,是在税收上判断居民和非居民的一个法律意义上的标准,不是指实际居住或在某一特定时期内的居住地。例如,个人因学习、工作、探亲、旅游等而在中国境外居住的,当其在境外居住的原因消除之后,则必须回到中国境内居住。那么,即使该人并未居住在中国境内,仍应将其判定为在中国习惯性居住。

(2) 居住时间标准。

居住时间是个人在一国境内实际居住的日数。判断居民身份的居住时间各国不尽一致。我国《个人所得税法》规定的时间是一个纳税年度内在中国境内居住满365日,即以居住满1年为时间标准,达到这个标准的个人即为居民纳税人。在居住期间内临时离境的,即在一个纳税年度中一次离境不超过30日或多次离境累计不超过90日的,不扣减日数,连续计算。

上述两个判定标准是判定居民身份的两个并列性标准,个人只要具备或达到其中任何一个标准,就可以被认定为居民纳税人。

2. 居民纳税人和非居民纳税人的纳税义务范围

(1) 居民纳税人的纳税义务范围。

根据两个判定标准确定为中国居民的个人,即在中国境内有住所,或无住所而在境内居住满1年的个人,属于我国的居民纳税人,需就其来源于中国境内和境外的所得,向我国政府履行全面纳税义务,依法缴纳个人所得税。

为了便于人员的国际交流,本着从宽、从简的原则,对于在中国境内无住所,但居住1年以上而未超过5年的个人,其来源于中国境内的所得应全部依法缴纳个人所得税。对其来源于中国境外的各种所得,经主管税务机关批准,可以只就由中国境内公司、企业以及其他经济组织或个人支付的部分缴纳个人所得税。如果上述个人在居住期间临时离境,在临时离境工作期间的工资、薪金所得,仅就由中国境内企业或个人雇主支付的部分纳税。

对于居住满5年的个人,从第6年起,以后的各年度中,凡在境内居住满1年的,就其来源于中国境内、境外的全部所得缴纳个人所得税。

(2) 非居民纳税人的纳税义务范围。

根据两个判定标准确定为非中国居民的个人,即在中国境内无住所又不居住,或无住所而在境内居住不满1年的个人,属于我国的非居民纳税人,只就其来源于中国境内的所得向我国政府履行有限纳税义务,缴纳个人所得税。

3. 所得来源的确定

对于来源于中国境内的所得,《个人所得税法》及其实施条例作了规定。下列所得,不论支付地点是否在中国境内,均为来源于中国境内的所得:

(1) 在中国境内任职、受雇而取得的工资、薪金所得。

(2) 在中国境内从事生产、经营活动而取得的生产经营所得。

(3) 因任职、受雇、履约等而在中国境内提供各种劳务取得的劳务报酬所得。

(4) 将财产出租给承租人在中国境内使用而取得的所得。

(5) 转让中国境内的建筑物、土地使用权等财产,以及在中国境内转让其他财产取得的所得。

(6) 提供专利权、非专利技术、商标权、著作权,以及其他特许权在中国境内使用的所得。

(7) 因持有中国的各种债券、股票、股权而从中国境内的公司、企业或其他经济组织及个人取得的利息、股息、红利所得。

4. 扣缴义务人

我国个人所得税实行代扣代缴和个人申报纳税相结合的征收管理制度。税法规定,凡支付应纳税所得的单位或个人,都是个人所得税的扣缴义务人。扣缴义务人在向纳税人支付各项应纳税所得(个体工商户的生产、经营所得除外)时,必须履行代扣代缴税款的义务。

(二) 个人所得税的征税对象

个人所得税的征税对象是个人取得的各种应税所得。具体征税项目和征税范围如下:

1. 工资、薪金所得

工资、薪金所得,是指个人因任职或受雇而取得的工资、薪金、奖金、年终加薪、劳动分红、津贴、补贴以及与任职或受雇有关的其他所得。但下列收入不属于工资、薪金所得:独生子女补贴;执行公务员工资制度未纳入基本工资总额的补贴、津贴差额和家属成员的副食品补贴;托儿补助费;差旅费津贴、误餐补助。

2. 个体工商户的生产、经营所得

个体工商户的生产、经营所得,包括:

(1) 个体工商户从事工业、手工业、建筑业、交通运输业、商业、饮食业、服务业、修理业以及其他行业生产、经营取得的所得。

(2) 个人经政府有关部门批准,取得执照,从事办学、医疗、咨询以及其他有偿服务活动取得的所得。

(3) 上述个体工商户和个人取得的与生产、经营有关的各项应税所得。

(4) 其他个人从事个体工商业生产、经营取得的所得。

个体工商户和从事生产经营的个人,取得与生产、经营活动无关的其他各项应税所得,应分别按照有关规定,计算征收个人所得税。如取得银行存款的利息所得、对外投资取得的股息所得,应按"利息、股息、红利所得"税目的规定单独计征个人所得税。

3. 对企事业单位的承包、承租经营所得

对企事业单位的承包、承租经营所得,是指个人承包经营、承租以及转包、转租取得的所得,包括个人按月或按次取得的工资、薪金性质的所得。个人对企事业单位的承包、承租经营所得在形式上大体可分为以下两类:

(1) 个人对企事业单位承包、承租经营后,工商登记改变为个体工商户的。这类承包、承租经营所得,实际上属于个体工商户的生产、经营所得,应按个体工商户的生产、经营所得项目征收个人所得税,不再征收企业所得税。

(2) 个人对企事业单位承包、承租经营后,工商登记仍为企业的。不论其分配方式如何,均应先按照企业所得税的有关规定缴纳企业所得税,然后根据承包、承租经营者按合同规定取得的所得,依照有关规定缴纳个人所得税。具体为:

① 承包、承租人对企业经营成果不拥有所有权,仅按合同规定取得一定所得的,应按工资、薪金所得项目征收个人所得税。

② 承包、承租人按合同规定只向发包方、出租人缴纳一定的费用,缴纳承包、承租费后的企业的经营成果归承包人、承租人所有的,其取得的所得,按对企业事业单位的承包、承租经营所得项目征收个人所得税。

4. 劳务报酬所得

劳务报酬所得,是指个人从事各种非雇佣的各种劳务取得的所得。具体包括设计、装潢、安装、制图、化验、测试、医疗、法律、会计、咨询、讲学、新闻、广播、翻译、审稿、书画、雕刻、影视、录音、录像、演出、表演、广告、展览、技术服务、介绍服务、经纪服务、代办服务以及其他劳务取得的所得。

5. 稿酬所得

稿酬所得,是指个人因其作品以图书、报刊形式出版、发表而取得的所得。作品包括文学作品、书画作品、摄影作品以及其他作品。作者去世后,财产继承人取得的遗作稿酬,亦应征收个人所得税。

稿酬所得具有特许权使用费、劳务报酬等的性质。修改后的个人所得税将稿酬单独列为一个独立征税项目,有利于单独制定征税办法,体现国家的优惠、照顾政策。

6. 特许权使用费所得

特许权使用费所得,是指个人提供专利权、商标权、著作权、非专利技术以及其他特许权的使用权取得的所得。

根据税法规定,提供著作权的使用权取得的所得,不包括稿酬所得。对于作者将自己的文字作品手稿原件或复印件公开拍卖(竞价)取得的所得,属于提供著作权的使用所得,故应按特许权使用费所得项目征收个人所得税。

个人取得特许权的经济赔偿收入,应按"特许权使用费所得"应税项目缴纳个人所得税,税款由支付赔款的单位或个人代扣代缴。

从2002年5月1日起,编剧从电视剧的制作单位取得的剧本使用费,不再区分剧本的使用方是否为其任职单位,统一按特许权使用费所得项目计征个人所得税。

7. 利息、股息、红利所得

利息、股息、红利所得,是指个人拥有债权、股权而取得的利息、股息、红利所得。利息一般是指存款、贷款和债券的利息。按税法规定,个人取得的利息所得,除国债和国家发行的金融债券利息外,均应当依法缴纳个人所得税。股息、红利是指个人拥有股权取得的公司、企业分红。按照一定的比率派发的每股息金,称为股息;根据公司、企业应分配的、超过股息部分的利润,称为红利。

个人在个人银行结算账户的存款自 2003 年 9 月 1 日起孳生的利息,应按"利息、股息、红利所得"项目计征个人所得税,税款由办理个人银行结算账户业务的储蓄机构在结付利息时代扣代缴(注:自 2008 年 10 月 9 日起,个人银行结算账户利息视同储蓄存款利息,暂免个人所得税)。

8. 财产租赁所得

财产租赁所得,是指个人出租建筑物、土地使用权、机器设备、车船以及其他财产取得的所得。

9. 财产转让所得

财产转让所得,是指个人转让有价证券、股权、建筑物、土地使用权、机器设备、车船以及其他财产取得的所得。

对个人取得的各项财产转让所得,除股票转让所得外,都要征收个人所得税。

为促进我国居民住宅市场的健康发展,经国务院批准,对个人出售住房所得征收个人所得税的有关问题规定如下:

(1) 个人出售除已购公有住房以外的其他自有住房,其应纳税所得额按照《个人所得税法》的有关规定确定。

(2) 个人出售已购公有住房,其应纳税所得额为个人出售已购公有住房的销售价,减除住房面积标准的经济适用房价款、原支付超过住房面积标准的房价款、向财政或原产权单位缴纳的所得收益以及税法规定的合理费用后的余额。

(3) 职工以成本价(或标准价)出资的集资合作建房、安居工程住房、经济适用住房以及拆迁安置住房,比照已购公有住房确定应纳税所得额。

(4) 为鼓励个人换购住房,对出售自有住房并拟在现住房出售后 1 年内按市场价重新购房的纳税人,其出售现住房所应缴纳的个人所得税,视其重新购房的价值可全部或部分予以免税。

(5) 对个人转让自用 5 年以上,并且是家庭唯一生活用房取得的所得,继续免征个人所得税。

10. 偶然所得

偶然所得,是指个人得奖、中奖、中彩以及其他偶然性质的所得。除了实施条例规定的得奖、中奖、中彩等所得外,其他偶然性的所得征税问题,还需要由税务机关具体认定。

11. 经国务院、财政部门确定征税的其他所得

上述 10 个方面的个人所得是按不同所得性质划分的。除此以外,对于今后可能出现的需要征税的新项目,以及个人取得的难以界定应税项目的个人所得,由国务院财政部门确定征收个人所得税。

(三)个人所得税的税率

个人所得税的税率按不同的个人所得项目分别规定了超额累进税率和比例税率两种形式。

(1)工资、薪金所得,适用 5%~45%的 9 级超额累进税率,如表 8-1 所示。

表 8-1　　　　　　　工资、薪金所得个人所得税税率表

级数	全月应纳税所得额(含税)	税率/%	速算扣除数/元
1	不超过 500 元的部分	5	0
2	超过 500 元至 2 000 元的部分	10	25
3	超过 2 000 元至 5 000 元的部分	15	125
4	超过 5 000 元至 20 000 元的部分	20	375
5	超过 20 000 元至 40 000 元的部分	25	1 375
6	超过 40 000 元至 60 000 元的部分	30	3 375
7	超过 60 000 元至 80 000 元的部分	35	6 375
8	超过 80 000 元至 100 000 元的部分	40	10 375
9	超过 100 000 元的部分	45	15 375

(2)个体工商户的生产、经营所得,对企事业单位的承包、承租经营所得,个人独资企业和合伙企业的生产、经营所得,均适用 5%~35%的 5 级超额累进税率,如表 8-2 所示。

表 8-2　　　　　　　个体工商户的生产、经营所得和
对企事业单位的承包、承租经营所得个人所得税税率表

级数	全年应纳税所得额	税率/%	速算扣除数/元
1	不超过 5 000 元的部分	5	0
2	超过 5 000 元至 10 000 元的部分	10	250
3	超过 10 000 元至 30 000 元的部分	20	1 250
4	超过 30 000 元至 50 000 元的部分	30	4 250
5	超过 50 000 元的部分	35	6 750

(3)稿酬所得,劳务报酬所得,特许权使用费所得,利息、股息、红利所得,财产租

赁所得,财产转让所得,偶然所得和其他所得,适用20%的比例税率,如表8-3所示。

表8-3　　　　　　　　劳务报酬所得个人所得税税率表

级数	每次应纳税所得额	税率/%	速算扣除数/元
1	不超过20 000元的部分	20	0
2	超过20 000元至50 000元的部分	30	2 000
3	超过50 000元的部分	40	7 000

对储蓄存款利息,从2007年8月15日起减按5%的税率征收,自2008年10月9日(含)起,暂免征收储蓄存款利息所得税。

(四) 减征和加成征税的规定

个人所得税法为了体现国家政策,有效调节收入分配,对有关所得项目规定了减征或加成征收规定。

1. 减征的规定

(1) 对稿酬所得,规定在适用20%税率征税时,按应纳税额减征30%,即只征收70%的税额,其实际税率为14%。这主要是考虑作者写作或制作一件作品往往需要投入较长的时间和较多的精力,有必要给予适当的税收照顾,体现对稿酬这种知识性勤劳所得的特殊政策。

(2) 为了配合国家住房制度改革,支持住房租赁市场的健康发展,从2008年3月1日起,对个人出租住房取得的所得暂减按10%的税率征收个人所得税。

2. 加成征税的规定

对劳务报酬所得,规定在适用20%税率征税时,对一次收入畸高的,实行加成征税办法。个人一次取得劳务报酬的应纳税所得额超过20 000元至50 000元的部分,依照税法规定计算应纳税所得额后,再按照应纳税额加征五成;超过50 000元的部分加征十成。这等于对应税所得额超过20 000元和50 000元的部分分别适用30%和40%的税率,实际上属于一种特殊的超额累进税率。

(五) 减、免税的规定

1. 免税的规定

《个人所得税法》规定,对下列各项个人所得,免征个人所得税:

(1) 省级人民政府、国务院部委和中国人民解放军以上单位,以及外国组织、国际组织颁发的科学、教育、技术、文化、卫生、体育、环境保护等方面的奖金。

(2) 国债和国家发行的金融债券利息。

(3) 按照国家统一规定发给的补贴、津贴。

(4) 福利费、抚恤金、救济金。

(5) 保险赔款。

(6) 军人的转业安置费、复员费。

(7) 按照国家统一规定发给干部、职工的安家费、退职费、退休工资、离休工资、离休生活补助费。

(8) 依照我国有关法律规定应予免税的各国驻华使馆、领事馆的外交代表、领事官员和其他人员的所得。

(9) 中国政府参加的国际公约、签订的协议中规定免税的所得。

(10) 对外籍个人取得的探亲费免征个人所得税。可以享受免征个人所得税优惠待遇的探亲费,仅限于外籍个人在我国的受雇地与其家庭所在地(包括配偶或父母居住地)之间搭乘交通工具且每年不超过两次的费用。

(11) 对学生个人参与"长江小小科学家"活动并获得的奖金,免征个人所得税。

(12) 按照国家有关城镇房屋拆迁管理办法规定的标准,被拆迁人取得的拆迁补偿款,免征个人所得税。

(13) 生育妇女按照县级以上人民政府根据国家有关规定制定的生育保险办法,取得的生育津贴、生育医疗费或其他属于生育保险性质的津贴、补贴,免征个人所得税。

(14) 经国务院财政部门批准免税的所得。

2. 减税的规定

有下列情形之一的,经批准可以减征个人所得税:

(1) 残疾、孤老人员和烈属的所得。

(2) 因严重自然灾害造成重大损失的。

(3) 其他经国务院、财政部门批准减税的。

上述减税项目的减征幅度和期限,由省、自治区、直辖市人民政府规定。

3. 暂免征税项目

对下列所得,暂免征收个人所得税:

(1) 个人举报、协查各种违法、犯罪行为而获得的奖金。

(2) 个人办理代扣代缴手续,按规定取得的扣缴手续费。

(3) 个人转让自用达5年以上,并且是唯一的家庭生活用房取得的所得。

(4) 对个人购买体育彩票、福利彩票、赈灾彩票,一次中奖收入不超过1万元的,暂免征收个人所得税,超过1万元的,按全额计税(20%)。

(5) 达到离休、退休年龄,但却因工作需要,适当延长离休、退休年龄的高级专家(指享受国家发放的政府特殊津贴的专家、学者),其在延长离休、退休期间的工资、薪金所得,视同离休、退休工资免征个人所得税。

(6) 城镇企业事业单位及其职工个人按照《失业保险条例》规定的比例,实际缴付的失业保险费,均不计入职工个人当期的工资、薪金收入,免征个人所得税。

(7) 企业和个人按照国家或地方政府规定的比例，提取并向指定金融机构实际缴付的住房公积金、医疗保险金、基本养老保险金，免征个人所得税。

个人领取原提存的住房公积金、医疗保险金、基本养老保险金，以及具备《失业保险条例》规定条件的失业人员领取的失业保险金，免征个人所得税。

(8) 个人取得的教育储蓄存款利息所得和按照国家或省级地方政府规定的比例缴付的住房公积金、医疗保险金、基本养老保险金、失业保险金存入银行个人账户所取得的利息所得，免征个人所得税。

(9) 自 2008 年 10 月 9 日（含）起，对储蓄存款利息所得暂免征收个人所得税。

(10) 经财政部、国家税务总局批准暂免征收个人所得税的其他所得。

第二节 个人所得税计算

一、工资、薪金所得的计税方法

（一）计税依据的一般规定

工资、薪金所得实行按月计征的办法，以个人每月收入额固定减除 2 000 元费用后的余额为应纳税所得额。其计算公式为：

$$应纳税所得额＝月工资、薪金收入－2\ 000$$

从 2008 年 3 月 1 日起，每月扣除固定费用由 1 600 元调整为 2 000 元。

（二）计税依据的特殊规定

1. 附加减除费用

《个人所得税法》对工资、薪金所得规定的普遍适用的减除费用标准为每月 2 000 元。但是对在中国境内无住所而在中国境内取得工资、薪金所得的纳税义务人和在中国境内有住所而在中国境外取得工资、薪金所得的纳税义务人，根据其平均收入水平、生活水平以及汇率变化情况，确定每月再附加减除费用 2 800 元。上述应纳税所得额计算公式为：

$$应纳税所得额＝月工资、薪金收入－2\ 000－2\ 800$$

附加减除费用适用的具体范围是：

(1) 在中国境内的外商投资企业和外国企业中工作的外籍人员。

(2) 应聘在中国境内的企业、事业单位、社会团体、国家机关中工作的外籍专家。

(3) 在中国境内有住所而在中国境外任职或受雇取得工资、薪金所得的个人。

(4) 财政部确定的其他人员。

第八章 个人所得税会计

此外,附加减除费用也适用于华侨和香港、澳门、台湾同胞。

2. 境内、境外分别取得工资、薪金所得的费用扣除

纳税人在境内、境外同时取得工资、薪金所得,应首先判断其境内、境外取得的是否是来源于一国的所得,如果因任职、受雇、履约等而在中国境内提供劳务取得所得,无论支付地点是否在中国境内,均为来源于中国境内的所得。纳税人能够提供在境内、境外同时任职或受雇及其工资、薪金标准的有效证明文件,可判定其所得是分别来自境内和境外的,应分别减除费用后计税。如果纳税人不能提供上述证明文件,则应视为来源于一国所得。若其任职或受雇单位在中国境内,应为来源于中国境外的所得;若其任职或受雇单位在中国境外,应视为来源于中国境外的所得,依照有关规定计税。

(三) 应纳税额的计算方法

1. 一般工资、薪金所得应纳个人所得税的计算

工资、薪金所得适用9级超额累进税率,按每月收入定额扣除2 000元或4 800元,就其余额作为应纳税所得额,按适用税率计算应纳税额。其计算公式为:

$$应纳税额 = 应纳税所得额 \times 适用税率 - 速算扣除数$$

由于个人所得税适用税率表中的各级距为扣除费用后的应纳税所得额,因此,在确定适用税率时,不能以每月全部工资、薪金收入为依据,而只是以扣除规定费用后的余额为依据,找出对应级次的税率。

【例 8-1】 在某公司任职的中国公民王某,于2008年8月在该公司取得工资、薪金收入6 000元。试计算王某8月份应纳的个人所得税。

解 应纳税所得额=6 000-2 000=4 000(元)
应纳税额=4 000×15%-125=475(元)

【思考题 8-1】 假定例8-1中王某属来华的外籍公民,其8月份应纳税额为多少?

2. 雇主为其雇员负担个人所得税额的计算

雇主为雇员全额负担税款时,应将纳税义务人取得的不含税收入换算为应纳税所得额,即含税收入,然后再计算应纳税额。换算及计算公式为:

$$应纳税所得额 = (不含税收入额 - 费用扣除标准 - 速算扣除数) \div (1 - 税率) \quad (1)$$

$$应纳税额 = 应纳税所得额 \times 适用税率 - 速算扣除数 \quad (2)$$

公式(1)中的税率,是指不含税所得所对应的税率(见表8-4);公式(2)中的税率,是含税所得(应纳税所得额)对应的税率。

表 8-4　　　　　　　　工资、薪金不含税所得适用税率表

级数	全月不含税级距	税率/%	速算扣除数/元
1	不超过 475 元的	5	0
2	超过 475～1 825 元的部分	10	25
3	超过 1 825～4 375 元的部分	15	125
4	超过 4 375～16 375 元的部分	20	375
5	超过 16 375～31 375 元的部分	25	1 375
6	超过 31 375～45 375 元的部分	30	3 375
7	超过 45 375～58 375 元的部分	35	6 375
8	超过 58 375～70 375 元的部分	40	10 375
9	超过 70 375 元的部分	45	15 375

【例 8-2】 境内某公司代其雇员(中国公民)缴纳个人所得税,2010 年 5 月支付给王某的不含税工资为 16 400 元。试计算该公司为王某代扣代缴的个人所得税。

解 应纳税所得额=(16 400-2 000-375)÷(1-20%)=17 531.25（元）

应纳税额=17 531.25×20%-375=3 131.25（元）

3. 对个人取得全年一次性奖金等计算征收个人所得税的方法

全年一次性奖金是指行政机关、企事业单位等扣缴义务人根据其全年经济效益和对雇员全年工作业绩的综合考核情况,向雇员发放的一次性奖金。一次性奖金也包括年终加薪、实行年薪制和绩效工资办法的单位根据考核情况兑现的年薪和绩效工资。

纳税人取得全年一次性奖金,单独作为一个月工资、薪金所得计算纳税,自 2005 年 1 月 1 日起按以下计税办法,由扣缴义务人发放时代扣代缴:

(1) 先将雇员当月内取得的全年一次性奖金,除以 12 个月,按其商数确定适用税率和速算扣除数。

如果在发放年终一次性奖金的当月,雇员当月工资薪金所得低于税法规定的费用扣除额,应将全年一次性奖金减除"雇员当月工资薪金所得与费用扣除额的差额"后的余额,按上述办法确定全年一次性奖金的适用税率和速算扣除数。

(2) 将雇员个人当月内取得的全年一次性奖金,按上述第一条确定的适用税率和速算扣除数计算征税。

如果雇员当月工资薪金所得高于(或等于)税法规定的费用扣除额的,适用公式为:

应纳税额=雇员当月取得全年一次性奖金×适用税率-速算扣除数

如果雇员当月工资薪金所得低于税法规定的费用扣除额的,适用公式为:

$$应纳税额 = \left(雇员当月取得全年一次性奖金 - 雇员当月工资薪金所得与费用扣除额的差额\right) \times 适用税率 - 速算扣除数$$

(3) 在一个纳税年度内,对每一个纳税人,该计税办法只允许采用一次。

(4) 实行年薪制和绩效工资的单位,个人取得年终兑现的年薪和绩效工资按上述第二条、第三条规定执行。

(5) 雇员取得除全年一次性奖金以外的其他各种名目奖金,如半年奖、季度奖、加班奖、先进奖、考勤奖等,一律与当月工资、薪金收入合并,按税法规定缴纳个人所得税。

【例 8-3】 假定中国公民马某受聘于境内某公司,每月工资性收入 3 000 元,2010 年 1 月公司又为其发放年终奖金(兑现的绩效工资)12 000 元。试计算马某 2010 年 1 月工资和奖金应缴纳的个人所得税。

解 工资应纳个人所得税额=(3 000-2 000)×10%-25=75(元)

年终奖金适用的税率和速算扣除数为:

按 12 个月分摊后,每月的奖金=12 000÷12=1 000(元),适用的税率和速算扣除数为 10%、25。

年终奖金应缴纳个人所得税=12 000×10%-25=1 175(元)

2010 年 1 月工资和奖金应纳个人所得税额=75+1 175=1 250(元)

二、个体工商户生产、经营所得的计税方法

(一) 计税依据

对于实行查账征收的个体工商户,其生产、经营所得以每一纳税年度的收入总额,减除成本、费用以及损失后的余额,为应纳税所得额。这是采用会计核算办法归集或计算得出的应纳税所得额。其计算公式为:

应纳税所得额=全年生产、经营收入总额-(成本+费用+损失+准予扣除的税金)

其中,成本、费用,是指纳税人为从事生产、经营所发生的各项直接支出和分配计入成本的间接费用以及销售费用、管理费用、财务费用;损失,是指纳税人在生产、经营过程中发生的各项营业外支出;税金,是指个体工商户按规定缴纳的消费税、营业税、城市维护建设税、资源税、土地使用税、土地增值税、房产税、车船税、印花税、耕地占用税,以及教育费附加。成本、费用、损失的列支范围及标准,按国家统一的财务、会计制度执行。

如果纳税人不能提供有关的收入、成本、费用、损失等的完整、准确的纳税资料,不能正确计算应纳税所得额的,则应由主管税务机关核定其应纳税所得额。

(二) 应纳税额的计算方法

个体工商户的生产、经营所得适用 5 级超额累进税率,以其应纳税所得额按适用

税率计算应纳税额。其计算公式为：

$$应纳税额＝应纳税所得额×适用税率－速算扣除数$$

【例 8-4】 某市大兴酒家是个体经营户，账证齐全，2009 年 12 月取得营业额 240 000 元，购进肉、菜、蛋、面粉、大米、花生油等原料费 120 000 元，缴纳水费、电费、房租、煤气费等 30 000 元，缴纳其他税费合计 13 200 元。当月支付给 8 名雇员工资共 9 600 元，业主个人费用扣除 2 000 元。1~11 月累计应纳税所得额为 110 000 元，1~11 月累计已预缴个人所得税为 30 000 元。试计算该个体经营户 12 月份应缴纳的个人所得税。

解 12 月份应纳税所得额＝240 000－120 000－30 000－13 200－9 600－2 000
　　　　　　　　　　　＝65 200（元）

全年累计应纳税所得额＝65 200＋110 000＝175 200（元）

12 月份应缴纳个人所得税＝175 200×35％－6 750－30 000＝24 570（元）

三、对企事业单位承包、承租经营所得的计税方法

（一）计税依据

对企事业单位承包、承租经营所得是以每一纳税年度的收入总额，减除必要费用后的余额，为应纳税所得额。其计算公式为：

$$应纳税所得额＝个人承包、承租经营收入总额－必要费用$$

（二）应纳税额的计算方法

对企事业单位承包、承租经营所得适用 5 级超额累进税率，以其应纳税所得额按适用税率计算应纳税额。其计算公式为：

$$应纳税额＝应纳税所得额×适用税率－速算扣除数$$

【例 8-5】 2009 年 1 月 1 日，某个人与事业单位签订承包合同经营招待所，承包期为 1 年。2009 年招待所实现承包经营利润 94 600 元，按合同规定，承包人每年应从承包经营利润中上交承包费 20 000 元。试计算承包人 2009 年应纳个人所得税税额。

解 年应纳税所得额＝承包经营利润－上交费用－每月必要费用扣减合计
　　　　　　　　　＝94 600－20 000－2 000×12＝50 600（元）

应纳税额＝年应纳税所得额×适用税率－速算扣除数
　　　　＝50 600×35％－6 750＝10 960（元）

【思考题 8-2】 某人于 2008 年 3 月 1 日起承包某单位门市部，经营期限为 10 个月，取得经营收入总额 150 000 元，准许扣除的与经营收入相关的支出总额 102 000

四、劳务报酬所得的计税方法

(一) 计税依据

劳务报酬所得以个人每次收入定额或定率减除规定费用后的余额为应纳税所得额。每次收入不超过4 000元,定额减除费用为800元;每次收入在4 000元以上的,定率减除20%的费用。其计算公式为:

(1) 每次收入不超过4 000元的:

$$应纳税所得额 = 每次收入额 - 800$$

(2) 每次收入在4 000元以上的:

$$应纳税所得额 = 每次收入额 \times (1 - 20\%)$$

劳务报酬所得因其一般具有不固定、不经常性,不便于按月计算,所以,规定凡属于一次性收入的,以取得该项收入为一次,按次确定应纳税所得额;凡属于同一项目连续性收入的,以一个月内取得的收入为一次,据以确定应纳税所得额。

应注意的是,劳务报酬所得中的"同一项目"是指劳务报酬所得列举的29项具体劳务项目中的某一单项,如果个人兼有不同的劳务报酬所得,应当分别按不同的项目所得定额或定率减除费用。

此外,获得劳务报酬所得的纳税人从其收入总额中支付给中介人和相关人员的报酬,除另有规定外,在定率扣除20%的费用后,一律不再扣除。对中介人和相关人员取得的报酬,应分别计征个人所得税。

【思考题8-3】 范先生是一家大型装修公司的技术指导,利用业余时间承揽了王姓人家别墅装修的技术顾问和监督的工作,装修材料由用户出。装修初期,户主支付范先生2万元,中期支付1万元,装修完毕,又支付1万元。范先生的劳务报酬所得如何确定次数?

(二) 应纳税额的计算方法

劳务报酬所得适用20%的比例税率,其应纳税额的计算公式为:

$$应纳税额 = 应纳税所得额 \times 适用税率$$

如果纳税人的每次应税劳务报酬所得额超过20 000元,应实行加成征税,其应纳税总额应依据相应税率和速算扣除数计算。计算公式为:

$$应纳税额 = 应纳税所得额 \times 适用税率 - 速算扣除数$$

【例8-6】 某歌星于本年10月外出参加营业性演出一次,取得劳务报酬60 000元。试计算其应纳的个人所得税。

解 应纳税所得额=60 000×(1-20%)=48 000(元)

应纳税额=48 000×30%-2 000=12 400(元)

(三)为纳税人代付税款的计算方法

如果单位或个人为纳税人代付税款,应当将单位或个人支付给纳税人的不含税支付额换算为应纳税所得额,然后按规定计算应代付的个人所得税款。

(1) 不含税收入额不超过3 360元的:

$$应纳税所得额=(不含税收入额-800)\div(1-税率)$$

$$应纳税额=应纳税所得额\times 适用税率$$

(2) 不含税收入额超过3 360元的:

$$应纳税所得额=\frac{[(不含税收入额-速算扣除数)\times(1-20\%)]}{[1-税率\times(1-20\%)]}$$

$$应纳税额=应纳税所得额\times 适用税率-速算扣除数$$

相应税率和速算扣除数如表8-5所示。

表8-5　　　　　　　　劳务报酬所得适用

级数	不含税劳务报酬收入额	税率/%	速算扣除数/元
1	未超过3 360元的部分	20	0
2	超过3 360元至21 000元的部分	20	0
3	超过21 000元至49 500元的部分	30	2 000
4	超过49 500元的部分	40	7 000

【例8-7】 某歌星参加一次演出,出场费为税后收入18 000元,即由演出主办单位代付税款。代付税款的计算为:

应纳税所得额=18 000×(1-20%)÷[1-20%×(1-20%)]
　　　　　　=17 142.86(元)

应纳税额=17 142.86×20%=3 428.57(元)

按上述计算结果,单位为歌星代付税款,除向歌星支付18 000元报酬外,还应向税务机关纳税3 428.57元。单位实际支付了21 428.57元。

【思考题8-4】 假定例8-7中,该歌星出场费为税后收入45 000元,其他条件不变,请计算演出主办单位代付的税款。

五、稿酬所得的计税方法

(一)计税依据的一般方法

稿酬所得以个人每次取得的收入,定额或定率减除规定费用后的余额为应纳税所得额。每次收入不超过4 000元的,定额减除费用800元;每次收入在4 000元以上的,定率减除20%的费用。费用扣除计算方法与劳务报酬所得相同。

每次取得的收入,是指以每次出版、发表作品取得的收入为一次,确定应纳税所得额。

(二) 计税依据的特殊规定

在实际生活中,稿酬的取得形式是多种多样的,比较复杂。为公平税负,合理确定不同形式、不同情况、不同条件下稿酬的税收负担,对稿酬收入特殊规定如下:

(1) 个人每次以图书、报刊方式出版、发表同一作品,不论出版单位是预付还是分笔支付稿酬,或加印作品后再付稿酬,均应合并为一次征税。在两处或两处以上出版、发表或再版同一作品而取得的稿酬,则可分别各处取得的稿酬所得或再版稿酬所得分次征税。

(2) 个人的同一作品在报刊上连载的个人,应合并其因连载而取得的所得为一次。连载之后又出书取得稿酬的,或先出书后连载取得稿酬的,应视同再版稿酬分次征税。

(3) 作者去世后,对取得其遗作稿酬的个人,按稿酬所得征税。

【思考题 8-5】 某大学教授 2009 年度稿酬收入如下:(1) 公开发表论文两篇,分别取得 500 元和 1 800 元稿费。(2) 2007 年 4 月出版一本专著,取得稿酬 12 000 元。2009 年重新修订后再版,取得稿酬 13 500 元。(3) 2009 年 3 月编著一本教材出版,取得稿酬 5 600 元,同年 10 月添加印数,取得追加稿酬 5 200 元。该大学教授 2009 年度稿酬收入如何确定次数?

(三) 应纳税额的计算方法

稿酬所得适用20%的比例税率,并按规定对应纳税额减征30%,即实际缴纳税额中应纳税额的70%。其计算公式为:

$$应纳税额 = 应纳税所得额 \times 适用税率 \times (1-30\%)$$

【例 8-8】 某大学教授 2009 年度 2 月份因其编著的教材出版,获得稿酬 8 500 元,当年 6 月因教材加印又得到稿酬 4 000 元。试计算该教授稿酬收入应纳的个人所得税。

解 该纳税人稿酬所得按规定应属于一次收入,需合并计算应纳税额(实际缴纳税额)。

应纳税额 =(8 500+4 000)×(1−20%)×20%×(1−30%)=1 400(元)

因其所得是先后取得,实际计税时应分两次缴纳税款:

第一次计税实际缴纳税额 = 8 500×(1−20%)×20%×(1−30%)=952(元)

第二次计税实际缴纳税额 = 1 400−952=448(元)

六、特许权使用费所得的计税方法

(一) 计税依据

特许权使用费所得以个人每次取得的收入,定额或定率减除规定费用后的余额为应纳税所得额。每次收入不超过4 000元的,定额减除费用800元;每次收入在4 000元以上的,定率减除20%的费用。费用扣除计算方法与劳务报酬相同。由于一个纳税人可能拥有一项或多项特许权,每一项特许权可能不止一次向他人提供。因此,对特许权使用费所得的"次"的界定,明确为每一项使用权的每次转让所取得的收入为一次。如果该次转让取得的收入是分笔支付的,则应将各笔收入合计为一次的收入,计征个人所得税。

对个人从事技术转让中所支付的中介费,若能提供有效合法凭证,允许从所得中扣除。

(二) 应纳税额的计算方法

特许权使用费所得适用20%的比例税率,其应纳税额的计算公式为:

$$应纳税额＝应纳税所得额 \times 适用税率$$

七、利息、股息、红利所得的计税方法

(一) 计税依据

利息、股息、红利所得以个人每次收入额为应纳税所得额,不得扣除任何费用。即除特殊规定外,每次收入额直接就是应纳税所得额。上述的每次收入,是指支付单位或个人每次支付利息、红利时个人所取得的收入。对于股份制企业在分配股息、红利时,以股票形式向股东个人支付应得的股息、红利,应以派发红股的股票票面金额为收入额,计算征收个人所得税。

对个人投资者从上市公司取得的股息、红利所得,自2005年6月13日起暂减按50%计入个人应纳税所得额,依照现行规定计征个人所得税。

对证券投资基金从上市公司分配取得的股息、红利所得,按照财税[2005]02号文件规定,扣缴义务人在代扣代缴个人所得税时,减按50%计算应纳税所得额。

(二) 应纳税额的计算方法

利息、股息、红利所得适用20%的比例税率,其应纳税额的计算公式为:

$$应纳税额＝应纳税所得额(每次收入额) \times 适用税率$$

八、财产租赁所得的计税方法

(一) 计税依据的一般规定

财产租赁所得一般以个人每次收入定额或定率减除规定费用后的余额为应纳税所得额。每次收入不超过4 000元的,定额减除费用800元;每次收入在4 000元以上的,定率减除20%的费用。财产租赁所得以一个月内取得的收入为一次。

第八章 个人所得税会计

(二) 计税依据的特殊规定

纳税人在出租财产过程中缴纳的税金和教育费附加,可持完税(缴款)凭证,从其财产租赁收入中扣除。

纳税人出租财产取得财产租赁收入,在计算征税时,除可依法减除规定费用和有关税、费外,还准予扣除能够提供有效、准确凭证,证明由纳税人负担的该财产出租时实际发生的修缮费用。允许扣除的修缮费用,以每次 800 元为限。一次扣除不完的,准予在下一次继续扣除,直至扣完为止。

应纳税所得额的计算公式为:

(1) 每次(月)收入不超过 4 000 元的:

$$应纳税所得额 = 每次(月)收入额 - 准予扣除项目 - 修缮费用(800元为限) - 800$$

(2) 每次(月)收入在 4 000 元以上:

$$应纳税所得额 = \left[每次(月)收入额 - 准予扣除项目 - 修缮费用(800元为限)\right] \times (1 - 20\%)$$

(三) 应纳税额的计算方法

财产租赁所得适用 20% 的比例税率。但对个人按市场价格出租的居民住房取得的所得,自 2001 年 1 月 1 日起暂减按 10% 的税率征收个人所得税,其应纳税额的计算公式为:

$$应纳税额 = 应纳税所得额 \times 适用税率$$

【例 8-9】 某居民于本年 1 月将自有房屋出租给一个体业主作为商店使用,租期 1 年。该居民每月取得的租金收入扣除与出租活动相关税费后的收入为 2 000 元,全年共计 24 000 元。试计算该居民全年租金收入应缴纳的个人所得税。

解 每月应纳税额 = (2 000 - 800) × 20% = 240(元)

全年共计应纳税额 = 240 × 12 = 2 880(元)

上例中,如果当年 2 月份因下水道堵塞找人修理,发生修理费用 400 元,有维修部门开具的正式收据,则 2 月份的应纳税额则变为:

应纳税额 = (2 000 - 400 - 800) × 20% = 160(元)

全年共计应纳税额 = 240 × 11 + 160 = 2 800(元)

【思考题 8-6】 例 8-9 中,如果该居民将自有房屋出租给李某居住,其他条件不变,则该居民全年租金收入应缴纳的个人所得税为多少?

在实际征税过程中,有时会出现财产租赁所得纳税人不明确的情况。对此,在确定财产租赁所得纳税人时,应以产权凭证为依据。无产权凭证的,由主管税务机关根据实际情况确定纳税人。如果产权所有人死亡,在未办理产权继承手续期间,该财产出租且有租金收入的,以领取租金的个人为纳税人。

九、财产转让所得的计税方法

(一) 计税依据

财产转让所得以个人每次转让财产取得的收入额减除财产原值和相关税、费后的余额为应纳税所得额。其中,"每次"是指以一件财产的所有权一次转让取得的收入为一次。

纳税人如未提供完整、准确的财产原值凭证,不能正确计算财产原值的,由主管税务机关核定其财产原值。

财产转让所得应纳税所得额的计算公式为:

$$应纳税所得额=每次收入额-财产原值-合理费用$$

(二) 应纳税额的计算方法

财产转让所得适用20%的比例税率,其应纳税额的计算公式为:

$$应纳税额=应纳税所得额\times 适用税率$$

【例8-10】 某居民于本年2月转让私有住房一套,取得转让收入320 000元。其购进时原价为100 000元,转让时支付有关税费10 000元。试计算该居民应纳的个人所得税。

解 应纳税所得额=320 000-100 000-10 000=210 000(元)
应纳税额=210 000×20%=42 000(元)

十、偶然所得的计税方法

(一) 计税依据

偶然所得以个人每次收入额为应纳税所得额,不扣除任何费用。除有特殊情况规定外,每次收入额就是应纳税所得额,以每次取得该项收入为一次。

(二) 应纳税额的计算方法

偶然所得适用20%的比例税率,其应纳税额的计算公式为:

$$应纳税额=应纳税所得额(每次收入额)\times 适用税率$$

十一、个人所得税的特殊计税方法

(一) 扣除捐赠款的计税方法

个人将其所得对教育事业和其他公益事业捐赠的部分,按照国务院有关规定从应纳税所得额中扣除。上述捐赠具体是指个人将其所得通过中国境内的社会团体、国家机关向教育和其他社会公益事业以及遭受严重自然灾害地区、贫困地区捐赠。规定对教育和公益事业的捐赠给予扣除,不仅体现国家的政策,也符合国际惯例。

一般捐赠额的扣除以不超过纳税人申报应纳税所得额的 30% 为限。有关计算公式为:

$$捐赠扣除限额 = 应纳税所得额 \times 30\%$$

实际捐赠额小于捐赠扣除限额时,按实际捐赠额予以扣除;实际捐赠额大于捐赠扣除限额时,只能按捐赠扣除限额扣除。

$$应纳税额 = (应纳税所得额 - 允许扣除的捐赠额) \times 适用税率 - 速算扣除数$$

【例 8-11】 某歌星参加某单位举办的演唱会,取得出场费收入 90 000 元,将其中 20 000 元通过当地教育机构捐赠给某希望小学。试计算该歌星取得的出场费收入应缴纳的个人所得税。

解 未扣除捐赠的应纳税所得额 = 90 000 × (1 - 20%) = 72 000(元)

捐赠的扣除标准 = 72 000 × 30% = 21 600(元)

实际捐赠额小于捐赠的扣除标准,因此应按 20 000 元扣除。

应纳个人所得税 = (72 000 - 20 000) × 40% - 7 000 = 13 800(元)

(二)两个以上的纳税人共同取得同一项所得的计税问题

两个或两个以上的纳税义务人共同取得同一项所得的,如共同写作一部著作,参加同一场演出等,应当对每个人取得的收入分别减除费用,并计算各自应纳的税款,即实行"先分、后扣、再税"的办法。

【思考题 8-7】 甲、乙两人合著一本书,共得稿费收入 6 000 元。甲分得 5 000 元,乙分得 1 000 元,请计算甲、乙两人应缴纳的个人所得税。

(三)在外商投资企业、外国企业和外国驻华机构工作的中方人员取得的工资、薪金所得的征税问题

在外商投资企业、外国企业和外国驻华机构工作的中方人员取得的工资、薪金收入,凡是由雇佣单位和派遣单位分别支付的,支付单位应按税法规定代扣代缴个人所得税。同时,按税法规定,纳税义务人应以每月全部工资、薪金收入减除规定费用后的余额为应纳税所得额。为了有利于征管,对雇佣单位和派遣单位分别支付工资、薪金的,采取由支付者中的一方减除费用的方法,即只由雇佣单位在支付工资、薪金时,按税法规定减除费用,计算扣缴个人所得税;派遣单位支付的工资、薪金不再减除费用,以支付金额直接确定适用税率,计算扣缴个人所得税。

上述纳税义务人,应持两处支付单位提供的原始明细工资、薪金单(书)和完税凭

证原件,选择并固定到一地税务机关申报每月工资、薪金收入,汇算清缴其工资、薪金收入的个人所得税,多退少补。具体申报期限,由各省、自治区、直辖市税务机关确定。

【例 8-12】 王某为一外商投资企业雇佣的中方人员,2010 年 5 月,该外商投资企业支付给王某的薪金为 7 200 元,同月,王某还收到其所在的派遣单位发给的工资 900 元。则该外商投资企业、派遣单位应如何扣缴个人所得税?王某实际应缴纳多少个人所得税?

解 (1)外商投资企业应为王某扣缴的个人所得税:
扣缴税额=(每月收入额－2 000)×适用税率－速算扣除数
　　　　=(7 200－2 000)×20%－375=665(元)
(2)派遣单位应为王某扣缴的个人所得税:
扣缴税额=每月收入额×适用税率－速算扣除数
　　　　=900×10%－25=65(元)
(3)王某实际应缴的个人所得税:
应纳税额=(每月收入额－2 000)×适用税率－速算扣除数
　　　　=(7 200+900－2 000)×20%－375=845(元)
因此,在王某到税务机关申报时,还应补缴 115 元(845－665－65)。

(四)境外已缴纳税额抵免的计税方法

在中国境内有住所,或虽无住所但在中国境内居住满 1 年以上的个人,从中国境内和境外取得的所得,都应缴纳个人所得税。实际上,纳税人的境外所得一般均已缴纳或负担了有关国家的所得税额。为了避免发生国家间对同一所得的重复征税,同时维护我国的税收权益,《个人所得税法》第七条规定,纳税人从中国境外取得的所得,准予其在应纳税额中扣除已在境外实际缴纳的个人所得税税额,但扣除额不得超过该纳税人境外所得依照本法规定计算的应纳税额。

1. 抵免限额

准予抵免的实缴境外税款最多不能超过境外所得按我国税法计算的抵免限额。我国个人所得税的抵免限额采用分国限额法,即分别来自不同国家或地区和不同应税项目,依照税法规定的费用减除标准和适用税率计算抵免限额。对于同一国家或地区的不同应税项目,以其各项的抵免限额之和作为来自该国或该地区所得的抵免限额。其计算公式为:

$$\text{来自该国或该地区的抵免限额} = \sum \left(\text{来自某国或地区某一应税项目的所得} - \text{费用减除标准} \right) \times \text{适用税率} - \text{速算扣除数}$$

2. 允许抵免额

允许在纳税人应纳我国个人所得税税额中扣除的税额,即允许抵免额要分国确定,即比较抵免限额与实缴税额,以数额较小者作为允许抵免额。

3. 超限额与不足限额结转

在某一纳税年度,如发生实缴境外税款超过抵免限额,即发生超限额时,超限额部分不允许在应纳税额中抵扣,但可以在以后纳税年度仍来自该国家或地区的不足限额中补扣。这一做法称为限额的结转或轧抵。下一年度结转后仍有余额的,可继续结转,但结转期最常不得超过5年。

4. 应纳税额的计算

应纳税额的计算公式为:

$$应纳税额 = \sum \left(\begin{array}{c} 来自某国或 \\ 地区的所得 \end{array} - \begin{array}{c} 费用减 \\ 除标准 \end{array} \right) \times \begin{array}{c} 适用 \\ 税率 \end{array} - \begin{array}{c} 速算扣 \\ 除数 \end{array} - \begin{array}{c} 允许抵 \\ 免额 \end{array}$$

【例8-13】 某外籍人士已在中国境内居住6年。本年8月取得美国一家公司支付的薪金所得净额20 800元(折合人民币,下同),已被扣缴所得税1 200元。同月还从加拿大取得股息所得净额8 500元,已被扣缴所得税1 500元。经核查,境外完税凭证无误。试计算该外籍人士应在我国补缴的个人所得税。

解 来自美国所得的抵免限额=[(20 800+1 200)-4 800]×20%-375
　　　　　　　　　　　　=3 065(元)

来自加拿大所得的抵免限额=(8 500+1 500)×20%=2 000(元)

由于该纳税人在美国和加拿大已被扣缴的所得税额均未超过分国计算的抵免限额,故来自美国和加拿大所得的允许抵免额分别为1 200元和1 500元。

应补缴个人所得税=(3 065-1 200)+(2 000-1 500)=2 365(元)

第三节　个人所得税会计处理

一、支付工资、薪金代扣代缴所得税费用的会计处理

企业作为个人所得税费用的扣缴义务人,应按规定扣缴该职工应缴纳的个人所得税费用。代扣个人所得税费用时,借记"应付职工薪酬"账户,贷记"应交税费——代扣代缴个人所得税费用"账户。

【例8-14】 某企业为王某每月发工资4 400元,且合同约定,由王某自己负担个人所得税费用。月末发工资时,企业会计处理为:

(1) 王某应纳个人所得税费用=(4 400-2 000)×15%-125=235(元)

支付工资时,应作会计分录:

借:应付职工薪酬　　　　　　　　　　　4 400
　　贷:库存现金　　　　　　　　　　　　　　4 165

应交税费——代扣代缴个人所得税费用	235

(2) 公司上交税金时：

借：应交税费——代扣代缴个人所得税费用	235
贷：银行存款	235

二、承包、承租经营所得应交所得税费用的会计处理

承包、承租经营有两种情况，个人所得税费用也分别涉及两个项目：

（1）承包、承租人对企业经营成果不拥有所有权，仅是按合同（协议）规定取得一定所得的，其所得按工资、薪金所得项目征税。

（2）承包、承租人按合同（协议）的规定只向发包、出租方支付一定的费用后，企业经营成果归其所有的，承包、承租人取得的所得，按对企事业单位的承包、承租经营所得项目，适用5%～35%的超额累进税率。

第一种情况的会计处理方法同工薪所得扣缴所得税费用的会计处理；第二种情况，应由承包、承租人自行申报缴纳个人所得税费用，发包、出租方不作扣缴所得税费用的会计处理。

【例8-15】 2009年5月1日张某与事业单位签订承包合同经营招待所，承包期1年，该人全年上缴费用30 000元，年终招待所实现利润总额75 800元。

该人应纳个人所得税费用计算如下：

应纳税所得额＝承包经营利润－上缴费用－每月扣缴费用合计
　　　　　　＝75 800－30 000－2 000×12＝21 800（元）

应纳税额＝全年应纳税所得额×适用税率－速算扣除数
　　　　＝21 800×20%－1 250＝3 110（元）

三、支付劳务报酬、特许权使用费、稿酬、财产租赁费、利息、股息、红利等代扣代缴所得税费用的会计处理

企业在支付上述费用时，借记"管理费用"、"财务费用"、"销售费用"、"应付利润"等账户，贷记"应交税费——代扣代缴个人所得税费用"、"库存现金"等账户；实际缴纳时，借记"应交税费——代扣代缴个人所得税费用"账户，贷记"银行存款"账户。

【例8-16】 李某向一家公司提供一项专利权，一次取得收入60 000元。

李某应缴纳个人所得税费用＝60 000×(1－20%)×20%＝9 600（元）

该公司的会计处理如下：

借：管理费用	60 000
贷：应交税费——代扣代缴个人所得税费用	9 600
库存现金	50 400
借：应交税费——代扣代缴个人所得税费用	9 600

第八章 个人所得税会计

  贷:银行存款   9 600

四、向个人购买财产代扣代缴所得税费用的会计处理

  通常,企业向个人购买财产属于购建企业的固定资产项目,支付的税金应作为企业购建固定资产的价值组成部分。其会计处理为:
  借:固定资产
    贷:银行存款
      应交税费——代扣代缴个人所得税费用

五、向股东支付股利代扣代缴所得税费用的会计处理

  公司向个人支付现金股利时,应代扣代缴的个人所得税费用可从应付现金中直接扣除。其会计处理为:
  借:利润分配——未分配利润
    贷:应付股利
  借:应付股利
    贷:库存现金
      应交税费——代扣代缴个人所得税费用

第四节 个人所得税纳税申报

一、个人所得税的纳税申报

  个人所得税的纳税办法,有自行申报纳税和代扣代缴两种方法。
  (一)自行申报
  自行申报纳税,是由纳税人自行在税法规定的纳税期限内,向税务机关申报取得的应纳税所得项目和数额,如实填写个人所得税纳税申报表,并按照税法规定计算应纳税额,据此缴纳个人所得税的一种方法。
  自行申报纳税的范围包括:
  (1)年所得12万元以上的。
  (2)在两处或两处以上取得工资、薪金所得的。
  (3)从中国境外取得所得的。
  (4)取得应纳税所得,没有扣缴义务人的,如个体工商户从事生产、经营的所得。
  (5)国务院规定的其他情形。
  (二)代扣代缴
  代扣代缴,是指按照税法规定负有扣缴税款义务的单位或个人,在向个人支付应

纳税所得时,应计算应纳税额,从其所得中扣出并缴入国库,同时向税务机关报送扣缴个人所得税报告表。这种方法有利于控制税源,防止漏税和逃税。

扣缴义务人应按时将代扣的税款缴入国库,对扣缴义务人可按所扣的税款,支付2%的手续费。税务机关根据计算的扣缴手续费按月填开收入退还书发给扣缴义务人,扣缴义务人持收入退还书向指定的银行办理退库手续。

二、个人所得税的纳税期限

除特殊情况外,纳税人应在取得应税收入的次月7日内向主管税务机关申报所得并缴纳税款。具体规定如下:

(1) 工资、薪金所得的应纳税款,按月计征,由纳税人在次月7日内缴入国库,并向税务机关报送个人所得税申报表。采掘业、远洋运输业、远洋捕捞业等特定行业的纳税人,其工资、薪金所得应纳的税款,考虑其工作的特殊性,可以实行按年计算、分月预缴的方式计征,自年度终了之日起30日内,合计全年工资、薪金所得,再按12个月平均并计算实际应纳的税款,多退少补。

(2) 账册健全的个体工商户的生产、经营所得应纳的税款,按年计算,分月预缴,由纳税人在次月7日内申报预缴,年度终了后3个月内汇算清缴,多退少补。账册不健全的个体工商户的生产、经营所得应纳的税款,由各地税务机关依据《中华人民共和国税收征收管理法》(以下简称《征管法》)及其实施细则的有关规定,自行确定征收方式。

(3) 纳税人年终一次性取得承包、承租经营所得的,自取得收入之日起30日内申报纳税;在1年内分次取得承包、承租经营所得的,应在取得每次所得后的7日内申报预缴,年度终了后3个月内汇算清缴,多退少补。

(4) 个人独资企业和合伙企业投资者应纳的个人所得税税款,按年计算,分月或分季预缴,由投资者在每月或每季度终了后7日内预缴,年度终了后3个月内汇算清缴,多退少补。

(5) 从中国境外取得所得的纳税人,其来源于中国境外的应纳税所得,如在境外以纳税年度计算缴纳个人所得税的,应在所得来源国的纳税年度终了、结清税款后的30日内,向中国主管税务机关申报纳税;如在取得境外所得时结清税款的,或在境外按所得来源国税法规定免予缴纳个人所得税的,应在次年1月1日起30日内向中国主管税务机关申报纳税。

本章复习题

一、简答题

1. 个人所得税的纳税人是如何规定的?

2. 列举一些应纳个人所得税的所得。
3. 简述个人所得税中各项应纳税所得额是如何确定的。

二、单项选择题

1. 确定为非居民纳税人的,只负有限纳税义务,即就其来源于中国(　　)的所得在我国缴纳个人所得税。
   A. 境内　　　　　　　　　　　B. 境外
   C. 中国境内、外全部所得　　　D. 部分所得

2. 李某2009年取得特许权使用费两次,一次收入3 000元,另一次收入8 000元,其应纳个人所得税共计(　　)元。
   A. 1 280　　B. 1 720　　C. 1 760　　D. 1 960

3. 下列属于非居民纳税人的自然人有(　　)。
   A. 在中国境内无住所且不居住,但有来源于中国境内所得的居民
   B. 在中国境内无住所的居民
   C. 在中国境内无住所的居民,但居住时间满一个纳税年度
   D. 在中国境内有住所,但目前未居住的居民

4. 来源于中国境内、外的全部所得在中国缴纳个人所得税的我国居民纳税人应负(　　)纳税义务。
   A. 有限纳税义务　　　　　　　B. 无限纳税义务
   C. 有限、无限双重的纳税义务　D. 视具体情况而定

5. 稿酬所得,适用(　　)税率,税率为(　　),并按应纳税额减征(　　)。
   A. 比例,20%,30%
   B. 固定,20%,30%,14%
   C. 比例,30%,20%,24%
   D. 固定,30%,20%,24%

6. 对购买体育彩票取得的中奖收入不超过(　　)的,暂免征收个人所得税。
   A. 1 000元　　B. 800元　　C. 10 000元　　D. 5 000元

7. 个人独资企业和合伙企业投资者作为个人所得税纳税义务人,其生产经营所得应比照(　　)应税项目征收个人所得税。
   A. 个体工商户生产经营所得　　B. 工资、薪金所得
   C. 劳务报酬所得　　　　　　　D. 特许权使用费所得

8. 下列说法正确的是(　　)。
   A. 根据现行政策,应对个人独资企业和合伙企业征收企业所得税
   B. 合伙企业是以企业作为纳税义务人
   C. 个人独资企业和合伙企业投资者及其家庭发生的生活费用不允许在税前扣除
   D. 个人独资企业和合伙企业投资者的工资可以在税前扣除

9. 下列项目中,不征收个人所得税的所得是(　　)。

A. 股票转让所得 B. 股息、红利所得
C. 偶然所得 D. 特许权使用费所得

10. 按税法规定,向个人支付(　　)时,不用代扣代缴个人所得税。

   A. 偶然所得

   B. 其他所得

   C. 对企业、事业单位的承包经营所得

   D. 个体工商户的生产经营所得

11. 下列人员为个人所得税的非居民纳税义务人的是(　　)。

   A. 在中国境内居住不满1年的外籍人员

   B. 中国国内公民

   C. 在中国境内有住所的个人

   D. 在中国境内定居的外国侨民

12. 一次取得劳务报酬30 000元,应纳个人所得税为(　　)元。

   A. 6 000　　　B. 5 200　　　C. 2 800　　　D. 7 000

13. 下列所得一次收入畸高,可以实行加成征收的是(　　)。

   A. 劳务报酬所得 B. 利息所得

   C. 稿酬所得 D. 偶然所得

14. 某歌星一次获得表演收入40 000元,其应纳个人所得税额为(　　)元。

   A. 8 760　　　B. 9 000　　　C. 7 600　　　D. 6 500

三、多项选择题

1. 下列所得中,应按偶然所得征收个人所得税的有(　　)。

   A. 存款利息所得 B. 参加有奖销售所得奖金

   C. 转让股票所得 D. 购买福利彩票所得奖金

2. 个人所取得的下列所得中,在不超过4 000元收入额,费用扣除为800元的有(　　)。

   A. 特许权使用费所得 B. 财产租赁所得

   C. 财产转让所得 D. 个体工商户生产经营所得

3. 根据《中华人民共和国个人所得税法》的有关规定,经批准可以减征个人所得税的有(　　)。

   A. 残疾、孤老人员和烈属所得

   B. 因严重自然灾害造成重大损失的

   C. 其他经国务院财政部门批准减免的

   D. 转让个人唯一生活用房取得的所得

4. 将个人所得税的纳税义务人区分为居民纳税义务人和非居民纳税义务人,依据的标准有(　　)。

A. 境内有无住所　　　　　　B. 境内时间
C. 取得收入的工作地　　　　D. 境内居住时间。

5. 下列各项中,属于个人所得税居民纳税人的有(　　)。
   A. 在中国境内无住所,但一个纳税年度中在中国境内居住满1年的个人
   B. 在中国境内无住所且不居住的个人
   C. 在中国境内无住所,而在境内居住超过6个月不满1年的个人
   D. 在中国境内有住所的个人

6. 个人所得税适用税率为5%～45%(9级超额累进税率)及5%～35%(5级超额累进税率)的分别属于下列(　　)项目。
   A. 工资薪金所得
   B. 劳务报酬所得
   C. 个体工商户的生产、经营所得
   D. 对企事业单位的承包、承租经营所得

7. 计算工资薪金所得应纳税款时,可扣除(　　)。
   A. 按规定标准提取的养老保险金
   B. 按规定标准提取的住房公积金
   C. 从个人工资中扣除的家用电费
   D. 按规定标准提取的失业保险金

8. 下列所得中,属于劳务报酬所得的有(　　)。
   A. 在报纸上发表文章取得的收入　　B. 取得的技术咨询费
   C. 讲课费　　　　　　　　　　　　D. 转让专利技术收入

9. 下列所得中,属于来源于中国境内所得的有(　　)。
   A. 外国人出租在中国境内的房产取得的所得
   B. 某英国人在中国境内三资企业任职而其工薪由英国总公司支付
   C. 北大教授写成一本书,在日本出版并由日本支付的稿酬
   D. 中国某科学家的一项专利,由境外某公司使用,专利权使用费由该外国公司的境内办事处支付

10. 以下享受附加减除费用的个人有(　　)。
    A. 华侨和港澳台同胞　　　　　　B. 在国外打工的中国居民
    C. 在我国工作的外籍专家　　　　D. 在外企工作的中方人员

11. 劳务报酬实际适用三级超额累进税率,三级税率为(　　)。
    A. 20%　　　B. 30%　　　C. 45%　　　D. 40%

12. 下列所得中,属于稿酬所得的有(　　)。
    A. 个人图书被出版取得的收入
    B. 翻译资料取得的收入

C. 个人作品在杂志上连载取得的收入
D. 剧本被使用取得的收入

四、判断题

1. 对个人取得的退职费,不论是否符合退职条件,也不论其数额大小,均可享受免征个人所得税。( )
2. 军人的转业费、复员费,应按规定减征部分个人所得税。( )
3. 个人所获得的保险赔款应给予免征个人所得税。( )
4. 因严重自然灾害造成重大损失的,可以减征个人所得税。( )
5. 个人举报各种违法行为而获得的奖金,可以适当减征个人所得税。( )
6. 对个人所得的股息、红利,均可免征个人所得税。( )
7. 对股票转让所得,也应征收个人所得税。( )
8. 在中国境内的外商投资企业工作的外籍人员,其附加减除费用的标准为2 800元。( )
9. 财产租赁所得应以每次取得的收入为一次计税。( )
10. 同一事项连续取得收入的,应以一个月内取得的收入为一次计税。( )

五、计算题

1. 有一中国公民王某,2010年1月从中国境内取得工资、薪金收入5 800元,取得上年奖金12 000元;王某与李某共同出版一本书,共取得稿酬收入4 000元,其中王某分得3 000元;取得特许权使用费收入10 000元,并从中拿出3 000元通过我国的社会团体向遭受自然灾害地区进行捐赠。

要求:计算王某1月份应纳个人所得税税额。

2. 甲某于2009年1月1日与某事业单位签订承包合同经营招待所。据合同协议,承包期为1年,其个人全年上交费用30 000元,年末招待所实现利润总额120 000元。

要求:计算甲某应纳个人所得税税额。

3. 甲某于2009年1月将其自有的五间共180平方米的房屋出租给乙某作为商店使用,租期1年,甲某每月取得租金收入5 000元,全年租金收入60 000元,在租用期间,甲某于5月份支付房屋修理费800元(有发票收据)。

要求:计算甲某全年应纳个人所得税税额。

4. 甲某是我国地矿研究所的专家,其每月工资收入5 500元。在2009年缴税年度,甲某向某地矿局提供一项专用技术,一次取得特许权使用费80 000元,出版专著一本,获稿酬18 000元。

要求:根据上述资料计算甲某2009年度个人所得税税额。

第九章 其他税种会计

 引导案例：购买房产时，应缴纳哪几种税？

购买房产时涉及的税共有7种，包括营业税、城市维护建设税、教育费附加、房产税、印花税、城镇土地使用税和契税，个人购买住宅要缴纳的税是印花税和契税。我们通过本章的学习来看一下以上几种税如何核算。

第一节 资源税会计

一、资源税概述

（一）资源税的概念

资源税是对我国境内开采应税矿产品和生产盐的单位和个人，就其应税矿产品的销售数量或自用数量而征收的一种税。资源税是对部分资源性企业的流转环节征收的税。

（二）资源税的征税范围

我国现行资源税的征税对象是《资源税暂行条例》规定的自然资源产品。资源税确定具体征税范围的原则是：纳入征税范围的资源必须具有商品属性，即具有使用价值和交换价值。基于这个考虑，资源税只将原油、天然气、煤炭、其他非金属矿原矿、黑色金属矿原矿、有色金属矿原矿和盐列入了征税范围。这些应税资源大体上可以分为矿产品和盐两大类。

（1）原油。指开采的天然原油，不包括人造石油。

（2）天然气。指专门开采或与原油同时开采的天然气，暂不包括煤矿生产的天然气。

（3）煤炭。指原煤，不包括洗煤、选煤及其他煤炭制品。

（4）其他非金属矿原矿。指原油、天然气、煤炭和井矿盐以外的非金属矿原矿，既包括在《资源税税目税额明细表》中列举名称的原矿，如宝石、玉石、耐火黏土、石灰石、石英砂、石棉、石墨、天然碱等，也包括未列举名称的原矿，如河沙、建筑用黏土、矿泉水等。

（5）黑色金属矿原矿。指纳税人开采后自用或销售的，用于直接入炉冶炼或作为主产品先入选精矿、制造人工矿，再最终入炉冶炼的金属矿石原矿，包括铁矿石、锰矿石、铬矿石。

（6）有色金属矿原矿。包括铜矿石、铅锌矿石、铝土矿石、钨矿石、锡矿石、锑矿石、铝矿石、镍矿石、黄金矿石等。

（7）盐。包括固体盐和液体盐。固体盐是指用海水、湖水晒制和加工出来成固体颗粒状态的盐，具体包括海盐原盐、湖盐原盐和井矿盐。液体盐，俗称卤水，是指氯化钠达到一定程度的溶液，是用于生产碱和其他产品的原料。

（三）资源税的纳税义务人和扣缴义务人

《资源税暂行条例》第一条规定，在中华人民共和国境内开采应税矿产品或生产盐的单位和个人，为资源税的纳税义务人。

上述单位是指国有企业、集体企业、私营企业、股份制企业、其他企业和行政单位、事业单位、军事单位、社会团体及其他单位。个人是指个体经营者及其他个人。

除上述单位和个人以外，进口矿产品或盐以及经营已税矿产品或盐的单位和个人均不缴纳资源税。

为了加强对资源税零散税源的源泉控管，堵塞漏洞，节约征税费用，税法规定有代扣代缴制度。其扣缴义务人是收购未税矿产品的单位。

收购未税矿产品的单位是指独立矿山、联合企业和其他单位。独立矿山是指只有采矿或只有采矿和选矿并实行独立核算、自负盈亏的单位，其生产的原矿和精矿主要用于对外销售；联合企业是指采矿、选矿、冶炼（或加工）连续生产的企业或采矿、冶炼（或加工）连续生产的企业，其采矿单位一般是该企业的二级或二级以下核算单位；其他单位中还包括收购未税矿产品的个体户。

扣缴义务人履行代扣代缴的适用范围是：收购的除原油、天然气、煤炭以外的资源税未税矿产品。

对进口应税资源产品的单位或个人不征收资源税，相应的，对出口应税产品也不退（免）已纳的资源税。

中外合作开采石油、天然气，按照现行规定，只征收矿区使用费，暂不征收资源税。

（四）资源税的税率（税额）

资源税采用定额税率，以应税资源的计量单位"吨"或"千立方米"确定税额（见表9-1），并通过《资源税税目税额明细表》和《几个主要品种的矿山资源等级表》，对各品种、各等级矿山的单位税额作了具体规定。

表 9-1　　　　　　　　　　　资源税税目、税额幅度表

税目	税额幅度
一、原油	14～30 元/吨
二、天然气	7～15 元/千立方米
三、煤炭	0.3～5 元/吨
四、其他非金属矿原矿	0.5～20 元/吨、克拉或立方米
五、黑色金属矿原矿	2～30 元/吨
六、有色金属矿原矿	0.4～30 元/吨
七、盐	
固体盐	10～60 元/吨
液体盐	2～10 元/吨

《资源税税目税额明细表》中未列举名单的纳税人(指在已列举的部分纳税人名单中,尚未列举到的纳税人)所适用的税额,由各省、自治区、直辖市人民政府根据纳税人的资源状况,参照该表中确定的邻近矿山的税额标准,在上下浮动 30% 的幅度内核定,并报财政部和国家税务总局备案。

独立矿山、联合企业收购未税矿产品,按照本单位应税产品税额标准,依据收购的数量代扣代缴资源税。其他收购单位收购的未税矿产品,按主管税务机关核定的应税资源产品税额标准,依据收购的数量代扣代缴资源税。

(五)资源税的改革

自 2010 年 6 月 1 日起,新疆先行试点,按照《新疆原油天然气资源税改革若干问题的规定》,规定原油、天然气资源税实行从价计征,税率为 5%。纳税人开采的原油、天然气,自用于连续生产原油、天然气的,不缴纳资源税;自用于其他方面的,视同销售,依照本规定计算缴纳资源税。由于资源价格不断上涨,如果资源税从量计征会造成资源所在地政府税收减少,并且考虑到环境的保护等因素,资源税的改革是大势所趋。

(六)资源税的减免税

凡有下列情形之一的,减征或免征资源税:

(1) 开采原油过程中用于加热、修井的原油,免税。

(2) 纳税人开采或生产应税产品过程中,因意外事故或自然灾害等原因遭受重大损失的,由省、自治区、直辖市人民政府酌情决定减税或免税。

(3) 自 2007 年 2 月 1 日起,北方海盐资源税暂减按每吨 15 元征收;南方海盐、湖盐、井矿盐资源税暂减按每吨 10 元征收;液体盐资源税暂减按每吨 2 元征收。

(4) 国务院规定的其他减税、免税项目。具体包括:

① 自 2002 年 4 月 1 日起,对冶金联合矿山(含 1993 年 12 月 31 日后从联合企业

矿山中独立出来的铁矿山企业)铁矿石资源税,减按规定税额标准的40%征收。对于由此造成的地方财政减少的收入,中央财政将予以适当补助。

② 对有色金属矿的资源税在规定税额的基础上减征30%,按规定税额标准的70%征收。

③ 在新疆试点地区有下列情形之一的,免征或减征资源税:

A. 油田范围内运输稠油过程中用于加热的原油、天然气,免征资源税。

B. 稠油、高凝油和高含硫天然气资源税减征40%。稠油,是指地层原油黏度大于或等于50毫帕/秒,或原油密度大于或等于0.92克/立方厘米的原油。高凝油,是指凝固点大于40℃的原油。高含硫天然气,是指硫化氢含量大于或等于30克/立方米的天然气。

C. 三次采油资源税减征30%。三次采油,是指二次采油后继续以聚合物驱、三元复合驱、泡沫驱、二氧化碳驱、微生物驱等方式进行采油。

上述所列项目的标准或条件如需要调整,由财政部、国家税务总局根据国家有关规定标准及实际情况的变化作出调整。

纳税人开采的原油、天然气,同时符合本条第二、三款规定的减税情形的,纳税人只能选择其中一款执行,不能叠加适用。

为便于征管,对开采稠油、高凝油、高含硫天然气和三次采油的纳税人按以下办法计征资源税:根据纳税人以前年度符合本规定规定的减税条件的油气产品销售额占其全部油气产品总销售额的比例,确定其资源税综合减征率及实际征收率,计算资源税应纳税额。其计算公式为:

$$综合减征率 = \sum(减税项目销售额 \times 减征幅度 \times 5\%) \div 总销售额$$

$$实际征收率 = 5\% - 综合减征率$$

$$应纳税额 = 总销售额 \times 实际征收率$$

综合减征率和实际征收率由财政部和国家税务总局确定,并根据原油、天然气产品结构的实际变化情况每年进行调整。

(5) 对地面抽采煤层气(煤矿瓦斯)暂不征收资源税。

纳税人的减税、免税项目,应当单独核算课税数量,未单独核算或不能准确提供课税数量的,不予减税或免税。

(七) 资源税的征收与缴纳

1. 资源税的纳税义务发生时间

(1) 纳税人采取分期收款结算方式的,其纳税义务发生时间为销售合同规定的收款日期的当天。

(2) 纳税人采取预收货款结算方式的,其纳税义务发生时间为发出应税产品的当天。

(3) 纳税人采取其他结算方式的,其纳税义务发生时间为收讫销售款或取得索取销售款凭据的当天。

(4) 纳税人自产自用应税产品的,其纳税义务发生时间为移送使用应税产品的当天。

(5) 扣缴义务人代扣代缴税款的,其纳税义务发生时间为支付首笔货款或开具应支付货款凭据的当天。

2. 资源纳的纳税环节

纳税人将自产应税资源产品对外销售,规定在销售环节缴纳资源税。

纳税人自产自用的应税资源产品,应于移送使用环节缴纳资源税。

3. 资源税的纳税地点

纳税人应纳的资源税,应当向应税产品的开采或生产所在地的主管税务机关缴纳。纳税人在本省、自治区、直辖市范围内开采或生产应税产品,其纳税地点需要调整的,由省、自治区、直辖市税务机关决定。

纳税人跨省开采资源税应税产品,其下属生产单位与核算单位不在同一省、自治区、直辖市的,对其开采的矿产品,一律在开采地纳税,其应纳税款由独立核算、自负盈亏的单位,按照开采地的实际销售量(或自用量)及适用的单位税额计算划拨。

扣缴义务人代扣代缴的资源税,应当向收购地主管税务机关缴纳。

4. 资源税的纳税期限

资源税的纳税期限由主管税务机关根据纳税人(扣缴义务人)应纳(应缴)税额的多少,分别核定 1 日、3 日、5 日、10 日、15 日或 1 个月,纳税人的纳税期限由主管税务机关根据实际情况具体核定。不能按固定期限计算纳税的,可以按次计算纳税。纳税人以 1 个月为纳税期限的,自期满之日起 10 日内申报纳税;以 1 日、3 日、5 日、10 日、15 日为纳税期限的,自期满之日起 5 日内申报纳税。

二、资源税的计算

(一) 一般计算方法

资源税的应纳税额,按照应税资源产品的课税数量和规定的单位税额计算。应纳税额的计算公式为:

$$应纳税额 = 课税数量 \times 单位税额$$
$$代扣代缴税额 = 收购的未税矿产品数量 \times 适用的单位税额$$

从量征收时,应纳税额的计算必须正确核定课税数量,即计税依据。根据有关规定,课税对象的规定分为以下两种情况:

(1) 各种应税产品,凡直接对外销售的,均以实际销售数量为课税数量。

纳税人不能准确提供应税产品销售数量或移送使用数量的,以应税产品的产量或主管税务机关确定的折算比换算成的数量为计税依据。

【例 9-1】 某油田 2009 年 1 月生产原油 20 万吨,当月销售 19.5 万吨,加热、修井用 0.5 万吨;开采天然气 1 000 万立方米,当月销售 900 万立方米,待售 100 万立方米。若原油、天然气的单位税额分别为 30 元/吨和 15 元/千立方米。试计算该油田该月应缴资源税。

解 适用税额:原油,30 元/吨;天然气,15 元/千立方米。

900 万立方米=9 000 千立方米

应纳资源税=19.5×30+(9 000×15)÷10 000=598.5(万元)

(2) 各种应税产品,凡自产自用的,均以自用数量为课税数量,但对不同产品的具体规定又有所不同。

自产自用产品,包括用于连续生产和用于非生产两个方面。用于连续生产的,如果纳税人提供的是连续生产产品的数量,需折合为原资源产品计税。

【例 9-2】 某北方海盐场某月生产销售原盐 1 万吨,此外,用生产的原盐加工成粉洗盐 1.5 万吨、粉精盐 2 万吨、精制盐 2 万吨。已知该场 1 吨海盐原盐可加工 0.8 吨的粉洗盐,或可加工 0.65 吨的粉精盐,或可加工 0.5 吨的精制盐。试计算该月盐场应缴资源税(北方海盐单位税额为 25 元/吨)。

解 适用税额:25 元/吨。

应纳税额=(1×25)+(1.5÷0.8×25)+(2÷0.65×25)+(2÷0.5×25)
=248.80(万元)

(二) 计税方法的特殊规定

1. 未分别核算或不能准确提供不同税目产品数量的

纳税人开采或生产不同税目应税产品的,应当分别核算不同税目应税产品的课税数量。未分别核算或不能准确提供不同税目应税产品课税数量的,从高适用税额计税。

2. 不能准确提供应税产品销售数量或移送使用数量的

纳税人不能准确提供应税产品销售数量或移送使用数量的,以应税产品的产量或主管税务机关确定的折算比换算成的数量为课税数量。

纳税人自产自用应税产品,因无法准确提供移送使用数量而采取折算比换算课税数量办法的,具体规定如下:

(1) 煤炭,对于连续加工前无法正确计算原煤移送使用量的,可按加工产品的综合回收率,将加工产品实际销量和自用量折算成原煤数量作为课税数量。

(2) 金属和非金属矿产品原矿,因无法准确掌握纳税人移送使用原矿数量的,可将其精矿按选矿比折算成原矿数量作为课税数量。其中:

选矿比=精矿数量÷耗用原矿数量

【例 9-3】 某铜矿 6 月份销售铜矿石原矿 40 000 吨,移送入选精矿石 4 000 吨,选矿比为 20%,该矿山铜矿按其等级适用 1.2 元/吨的单位税额。试计算该铜矿 6 月份应纳资源税税额。

解 外销铜矿石原矿应纳资源税税额=40 000×1.2=48 000(元)

移送入选精矿应纳资源税税额=4 000÷20%×1.2=24 000(元)

3. 应税产品划分不清或不易划分的

主要指原油中的稠油、高凝油与稀油划分不清或不易划分的,一律按原油的数量课税。

4. 以液体盐加工固体盐的

纳税人以自产的液体盐加工固体盐,按固体盐税额征税,以加工的固体盐数量为课税数量。纳税人以外购的液体盐加工固体盐,其加工固体盐所耗用液体盐的已纳税额准予抵扣。

三、资源税的会计处理

(一)资源税会计账户的设置

为反映和监督资源税的计算和缴纳,纳税人应设置"应交税费——应交资源税"账户,贷方记本期应交资源税,借方记企业实际缴纳或抵扣的资源税额,贷方余额表示企业应交而未交的资源税。

(二)资源税的会计处理

企业按规定计算出对外销售应税产品应纳资源税时,借记"营业税金及附加"账户,贷记"应交税费——应交资源税"账户;企业计算出自产自用应税矿产品应缴纳的资源税时,借记"生产成本"账户或"制造费用"账户,贷记"应交税费——应交资源税"账户;独立矿山、联合企业收购未税矿产品,按实际支付的收购款,借记"材料采购"等账户,贷记"银行存款"等账户,按代扣代缴的资源税,借记"材料采购"等账户,贷记"应交税费——应交资源税"账户。按规定上交资源税时,借记"应交税费——应交资源税"账户,贷记"银行存款"账户。

企业外购液体盐加工成固体盐,在购入液体盐时,按允许抵扣的资源税,借记"应交税费——应交资源税"账户,按外购价款扣除允许抵扣资源税的数额,借记"材料采购"等账户;企业加工成固体盐销售时,按计算出的销售固体盐应交的资源税,借记"营业税金及附加"账户,贷记"应交税费——应交资源税"账户,而将销售固体盐应纳资源税扣抵液体盐已纳资源税后的差额上缴时,借记"应交税费——应交资源税"账户,贷记"银行存款"账户。

上月税款结算,补缴时,借记"应交税费——应交资源税"账户,贷记"银行存款"账户;退回税款时,借记"银行存款"账户,贷记"应交税费——应交资源税"账户。

【例 9-4】 北方某盐场本月将原盐 1 250 吨加工成精盐 1 000 吨,根据税法规定企业自用原盐单位税额为 25 元/吨,应缴资源税 31 250 元,则相关会计处理为:

(1) 计提资源税时：
借：生产成本   31 250
    贷：应交税费——应交资源税   31 250
(2) 缴纳资源税时：
借：应交税费——应交资源税   31 250
    贷：银行存款   31 250

【例 9-5】 某炼铁厂收购某铁矿开采厂矿石 10 000 吨，每吨收购价为 125 元（其中资源税 25 元），购进价总计 1 250 000 元，增值税进项税额 162 500 元，价税合计 1 412 500 元，企业代扣代缴资源税款后，用银行存款支付收购款。则相关会计处理为：

借：材料采购   1 250 000
    应交税费——应交增值税（进项税额）   162 500
    贷：银行存款   1 162 500
        应交税费——应交资源税   250 000

【例 9-6】 某盐厂本月外购液体盐 2 000 吨，每吨含增值税价款 58.5 元，液体盐资源税税额为 3 元/吨，该盐厂将全部液体盐加工成固体盐 500 吨，每吨含增值税售价为 468 元，固体盐适用资源税税额为 25 元/吨。则相关会计处理为：

(1) 购入液体盐时：
借：材料采购   94 000
    应交税费——应交资源税   6 000
           ——应交增值税（进项税额）   17 000
    贷：银行存款   117 000
(2) 验收入库时：
借：原材料——液体盐   94 000
    贷：材料采购   94 000
(3) 销售固体盐时：
借：银行存款   234 000
    贷：主营业务收入   200 000
        应交税费——应交增值税（销项税额）   34 000
(4) 计提固体盐应缴的资源税：
借：营业税金及附加   12 500
    贷：应交税费——应交资源税   12 500
(5) 本月应纳资源税 = 12 500 − 6 000 = 6 500（元）
次月初缴纳资源税时：
借：应交税费——应交资源税   6 500
    贷：银行存款   6 500

第二节　城镇土地使用税会计

一、城镇土地使用税概述

（一）城镇土地使用税的概念

城镇土地使用税是以城镇土地为征税对象，以实际占用的土地面积为计税依据，按规定税额对拥有土地使用权的单位和个人征收的一种税。

城镇土地使用税是资源税类，属地方性税种，由地方税务局征收。我国现行城镇土地使用税的基本规范是1988年9月27日国务院颁布的，并于1988年11月1日开征。2006年12月31日，国务院发布了《国务院关于修改〈中华人民共和国城镇土地使用税暂行条例〉的决定》，对部分内容作了修改并重新公布，于2007年1月1日起开始实施。

（二）城镇土地使用税的征税范围

城镇土地使用税的征税范围包括城市、县城、建制镇和工矿区内的所有的土地。

城市是指国务院批准设立的市。县城是指县级人民政府所在地。建制镇是指经省、自治区、直辖市人民政府批准设立的建制镇。工矿区是指工商业比较发达，人口比较集中，符合国务院规定的建制镇标准，但尚未设立建制镇的大中型工矿企业所在地。工矿区须经省、自治区、直辖市人民政府批准。

从2007年7月1日起，外商投资企业、外国企业和在华机构的用地也要缴纳城镇土地使用税。

自2009年1月1日起，公园、名胜古迹内的索道公司经营用地，应按规定缴纳城镇土地使用税。

（三）城镇土地使用税的纳税人

城镇土地使用税的纳税人是征税地域范围内使用土地的单位和个人。具体包括：

（1）拥有土地使用权的单位和个人。

（2）拥有土地使用权的单位和个人不在土地所在地的，以土地的实际使用人或代管人为纳税人。

（3）土地使用权未确定或权属纠纷未解决的，以实际使用人为纳税人。

（4）土地使用权共有的，由共有各方分别纳税。

单位包括国有企业、集体企业、私营企业、股份制企业、外商投资企业、外国企业以及其他企业和事业单位、社会团体、国家机关、军队以及其他单位；个人包括个体工商户以及其他个人。

(四) 城镇土地使用税的计税依据

城镇土地使用税以纳税人实际占用的土地面积为计税依据,土地面积以平方米为计量标准。

纳税人实际占用的土地面积按下列办法确定:

(1) 凡由省、自治区、直辖市人民政府确定的部门组织测定的土地面积,以测定的面积为准。

(2) 尚未组织测量但纳税人持有政府土管部门核发的土地使用证书的,以证书确认的土地面积为准。

(3) 尚未核发土地使用证书的,应由纳税人申报土地面积据以纳税,待核发土地使用证后再作调整。

(五) 城镇土地使用税的税率

城镇土地使用税采用定额税率,由于全国城镇经济发展水平千差万别,城镇土地使用税又是地方税,所以国家只是规定了一个幅度差别税额。具体规定如表9-2所示。

表 9-2　　　　　　　　　城镇土地使用税税率表

级　别	人　口	每平方米税额/元
大城市	50万以上	1.5～30
中等城市	20万～50万	1.2～24
小城市	20万以下	0.9～18
县城、建制镇、工矿区		0.6～12

各省、自治区、直辖市人民政府可根据市政建设情况和经济繁荣程度在规定税额幅度内确定所辖地区的适用税额幅度。经济落后地区土地使用税的适用税额标准可适当降低,但降低额不得超过上述规定最低税额的30%。经济发达地区的适用税额标准可以适当提高,但须报财政部批准。

(六) 城镇土地使用税的纳税期限和地点

城镇土地使用税实行按年计算、分期缴纳的征收办法,具体纳税期限由省、自治区、直辖市人民政府确定。一般按月、季或半年征收一次。

新征用的耕地,自批准征用之日起满1年时,开始申报缴纳城镇土地使用税(征用耕地第一年缴纳耕地占用税);新征用的土地属非耕地(即无需缴纳耕地占用税的),自批准征用次月起申报纳税。征用土地当年(或开始征取城镇土地使用税当年),不是12个月的,其应纳税额为按年应纳税额除以12乘以实际使用月数求得。

城镇土地使用税一般应当向土地所在地主管地方税务机关缴纳。纳税人使用的应税土地属于不同省(自治区、直辖市)管辖范围的,应分别按实际占用面积向土地所在地税务机关申报缴纳。在同一省(自治区、直辖市)管辖范围内,纳税人跨地区使用的土地,由省级税务机关确定纳税地点。

(七)城镇土地使用税的税收优惠

1.《城镇土地使用税暂行条例》或其他法规中规定的统一免税项目

(1)国家机关、人民团体、军队自用的土地,但如果是对外出租、经营用则还要交城镇土地使用税。

(2)由国家财政部门拨付事业经费的单位自用的土地。

(3)宗教寺庙、公园、名胜古迹自用的土地,经营用地则不免。

(4)市政街闭道、广场、绿化地带等公共用地。

(5)直接用于农、林、牧、渔业的生产用地。

(6)经批准开山填海整治的土地和改造的废弃土地,从使用的月份起免缴城镇土地使用税5至10年。

(7)对非营利性医疗机构、疾病控制机构和妇幼保健机构等卫生机构自用的土地,免征城镇土地使用税。对营利性医疗机构自用的土地自2000年起免征城镇土地使用税3年。

(8)企业办的学校、医院、托儿所、幼儿园,其用地能与企业其他用地明确区分的,免征城镇土地使用税。

(9)免税单位无偿使用纳税单位的土地(如公安、海关等单位使用铁路、民航等单位的土地),免征城镇土地使用税。纳税单位无偿使用免税单位的土地,纳税单位应照章缴纳城镇土地使用税。纳税单位与免税单位共同使用、共有使用权的土地上的多层建筑,对纳税单位可按其占用的建筑面积占建筑总面积的比例计征城镇土地使用税。

(10)对行使国家行政管理职能的中国人民银行总行(含国家外汇管理局)所属分支机构自用的土地,免征城镇土地使用税。

2.根据有关政策规定,可减免城镇土地使用税的单位或个人

(1)中国航空、航天、船舶工业总公司所属军工企业,其军品的科研生产专用的厂房、车间、仓库等建筑物用地和周围专属用地,及其相应的供水、供电、供气、供暖、供煤、供油、专用公路、专用铁路等附属设施用地,免征城镇土地使用税。为满足军工产品性能实验所需的靶场、试验场、调试物、危险品销毁物等用地及安全要求所需的安全距离用地,免征城镇土地使用税。

(2)对林业系统林区的有林道、运材道、防火设施用地,免征城镇土地使用税。

(3)对于各类危险品仓库、厂房所需的防火、防爆、防毒等安全防范用地,按有关规定的标准面积免征城镇土地使用税。

(4)交通部门的港口及其码头(即泊位,包括岸边码头、伸入水中的浮码头、堤岩、堤坝、栈桥等)用地免征城镇土地使用税。

(5)对盐场的盐滩、盐矿的矿井用地,免征城镇土地使用税。

(6) 司法部所属劳改劳教单位，其少年犯管教所的用地和由国家财政部门支付事业经费的劳改单位自用的土地，免征城镇土地使用税；其劳改单位及经费实行自收自支的劳教单位的工厂、农场等，凡属于管教或生活用地（包括周围用地），免征城镇土地使用税。对监狱关押犯人用地免征城镇土地使用税。

(7) 煤炭企业的矸石山、排土场用地、防排水沟用地、矿区办公、生活区以外的公路、铁路专用线、轻便道和输变电路线路用地、火炸药库库房外安全用地、向社会开放的公园及公共绿化用地，免征城镇土地使用税；煤炭企业的塌陷地、荒地在未利用前，免征城镇土地使用税。

(8) 对矿山的采石场、排土场、尾矿库、炸药区的安全区、采区运矿及运岩公路、尾矿输送管道及回水系统用地，免征城镇土地使用税；对矿山企业采掘地下矿造成的塌陷地以及荒山占地，在未利用前，免征城镇土地使用税。

(9) 对军队、武警部队工厂凡生产军品的用地，免征城镇土地使用税；从事武器修理的，其所需的靶场、试验场、危险品销毁场用地及周围的安全用地，免征城镇土地使用税；专为军人和军人家属服务的军人服务社用地免征城镇土地使用税。

(10) 对兵工企业生产或储存火炸药、弹药、火工品的厂房、仓库之间由于防爆等安全要求所需的安全距离用地，为满足各种火炮、坦克、轻武器、枪炮弹、火炸药、火工品等军工产品性能实验所需的靶场、试验场、危险品销毁场用地，免征城镇土地使用税。

(11) 对民航机场飞行区（包括跑道、滑行道、停机坪、安全带、夜航灯火区）用地，场内外通信导航设施用地和飞机区四周排水防洪设施用地，免征城镇土地使用税。

(12) 对核工业企业生产核系列产品的厂矿，除生活、办公区以外的土地，暂免征收城镇土地使用税；对核电站应税土地，在基建期内减半征收城镇土地使用税。

(13) 对水利设施及其管护用地（如水库库区、大坝、堤防、灌渠、泵站等），免征城镇土地使用税。

(14) 对火电厂厂区围墙外的灰场输灰管、输油（气）管道、铁路线用地，免征城镇土地使用税；对水电站除发电厂房、生产、办公、生活用地外的其他用地，免征城镇土地使用税。

(15) 对民政福利企业安置残疾人员占生产人员总数35%（含35%）以上的企业用地，免征城镇土地使用税。

(16) 对企业厂区以外的公共绿化用地和向社会开放的公园用地，暂免征收城镇土地使用税。

3. 由省、自治区、直辖市地方税务局确定的减免税项目

(1) 对个人所有的居住房屋及院落用地，免征城镇土地使用税。

(2) 房产管理部门在房租调整改革前已经租的居民住房用地，免征城镇土地使用税。

(3) 免税单位职工家属的宿舍用地,免征城镇土地使用税。

(4) 民政部门举办的安置残疾人占一定比例的福利工厂用地,免征城镇土地使用税。

(5) 集体和个人办的各类学校、医院、托儿所、幼儿园用地,免征城镇土地使用税。

(6) 对向居民供热并向居民收取采暖费的供热企业,暂免征收城镇土地使用税。

(7) 其他减免税规定。

4. 纳税人纳税有困难的,经申请可定期减征或免征城镇土地使用税

(1) 遭受自然灾害纳税有困难的企业,需给予减免税照顾的,可写出书面报告送当地主管地方税务局审核。

(2) 其他单位和个人按规定缴纳土地使用税确有困难的,需给予减免税照顾的,可写出书面报告送当地主管地方税务局审核。

二、城镇土地使用税的计算

城镇土地使用税按纳税人实际占用的土地面积和规定的税额按年计算,分期纳税。其计算公式为:

$$年度应纳税额 = 应税土地实际占用面积 \times 适用单位税额$$

$$月(或季、半年)度应纳税额 = 年度应纳税额 \div 12(或 4、2)$$

【例 9-7】 某城市的一家公司实际占用的土地面积为 23 000 平方米,由于经营规模扩大,年初该公司又受让了一块尚未办理土地使用证的土地 3 000 平方米,公司按其当年开发使用的 2 000 平方米土地面积进行申报纳税,当地政府规定的城镇土地使用税适用税额标准为每平方米 2 元,该公司全年应纳城镇土地使用税税额的计算方法为:

应纳税额 = (23 000 + 2 000) × 2 = 50 000(元)

【例 9-8】 某公司与政府机关共同使用一栋共有土地使用权的建筑物,该建筑物占用土地面积 2 000 平方米,建筑物面积 10 000 平方米(公司与机关的占用比例为 4∶1),当地政府规定的城镇土地使用税适用税额标准为每平方米 5 元,该公司全年应纳城镇土地使用税税额的计算方法为:

应纳税额 = 2 000 × 4 ÷ 5 × 5 = 8 000(元)

【例 9-9】 某供热企业占地面积 80 000 平方米,其中厂房 63 000 平方米(有一间 3 000 平方米的车间无偿提供给公安消防队使用),行政办公楼 5 000 平方米,厂办子弟学校 5 000 平方米,厂办招待所 2 000 平方米,厂办医院和幼儿园各 1 000 平方米,厂区内绿化用地 3 000 平方米;2009 年度该企业取得供热总收入 5 000 万元,其中 2 000 万元为向居民供热取得的收入。城镇土地使用税单位税额为每平方米 3 元。

该企业2009年度应缴纳的城镇土地使用税
=(80 000-3 000-5 000-1 000×2)×3×3 000÷5 000=126 000（元）

三、城镇土地使用税的会计处理

缴纳城镇土地使用税的单位,应于会计年度终了时预计应纳税额,记入当期"长期待摊费用"或"管理费用"、"销售费用"等账户;月终后,再与税务机关结算。

（1）预计税额时：
借：长期待摊费用、管理费用、销售费用
　　贷：应交税费——应交城镇土地使用税
（2）上缴税款时：
借：应交税费——应交城镇土地使用税
　　贷：银行存款

【例9-10】 某工厂实际占用土地20 000平方米,其中厂办托儿所占地500平方米,该企业位于中等城市,当地人民政府核定该企业的土地使用税单位税额为8元/平方米。计算该企业应纳土地使用税,并作会计分录如下：

应纳税额=(20 000-500)×8=156 000（元）

借：管理费用	156 000
贷：应交税费——应交城镇土地使用税	156 000
借：应交税费——应交城镇土地使用税	156 000
贷：银行存款	156 000

【例9-11】 某商业企业占用土地20 000平方米,其中企业办的学校自用地为3 000平方米,当地政府核定的土地使用税税额为3元/平方米。计算该企业应纳的土地使用税,并作会计分录如下：

应纳税额=(20 000-3 000)×3=51 000（元）

借：销售费用	51 000
贷：应交税费——应交城镇土地使用税	51 000
借：应交税费——应交城镇土地使用税	51 000
贷：银行存款	51 000

第三节　土地增值税会计

一、土地增值税概述

（一）土地增值税的概念

土地增值税是对有偿转让国有土地使用权及地上建筑物和其他附着物产权,取得增值收入的单位和个人征收的一种税。

(二)土地增值税的纳税人与征税范围

土地增值税的纳税人是指转让国有土地使用权、地上建筑物及其附着物(可简称"转让房地产")并取得收入的单位和个人,包括内外资企业、行政事业单位、中外籍个人等。区分土地增值税的纳税人与非纳税人的关键在于是否因转让房地产的行为而取得了收益,只要以出售或其他方式有偿转让房地产而取得收益的单位和个人,就是土地增值税的纳税人。

土地增值税的征税范围包括:

(1)转让国有土地使用权。"转让"不同于"出让",国家出让国有土地使用权不用征税。

(2)地上建筑物及其附着物连同国有土地使用权一并转让。

"转让"是指以出售或其他方式的有偿转让,不包括以继承、赠与方式的无偿转让。出租房地产行为和受托代建工程,由于产权没有转移,不属于纳税范围。

(三)土地增值税的税率

土地增值税实行4级超率累进税率,如表9-3所示。

表9-3　　　　　　　　　　土地增值税税率表

级次 项目	增值额占扣除项目金额比例	税率	速算扣除系数
1	50%以下(含50%)	30%	0
2	超过50%～100%(含100%)	40%	5%
3	超过100%～200%(含200%)	50%	15%
4	200%以上	60%	35%

(四)土地增值税的税收优惠

(1)纳税人建造普通标准住宅出售,增值额未超过扣除项目金额20%的,暂免缴土地增值税。

(2)因国家建设需要依法征用收回的房地产,暂免缴土地增值税。

(3)因城市实施规划、国家建设的需要而搬迁,由纳税人自行转让原房地产的,暂免缴土地增值税。

(4)个人因工作调动或改善居住条件而转让原有自用住房,经向税务机关申报审核,凡居住满5年或5年以上的,暂免缴土地增值税;居住满3年未满5年的,减半缴税;居住未满3年的,按规定缴纳土地增值税。

以房地产进行投资、联营的,投资、联营一方以土地(房地产)作价入股进行投资作为联营条件,将房地产转让到所投资、联营的企业时,可免缴土地增值税;一方出地,一方出资金,双方合作建房,建成后按比例分房自用的,免缴土地增值税;企业兼并中,对被兼并企业将房地产转让到兼并企业中的,暂免缴土地增值税。

二、土地增值税的计算

(一)增值额的确定

$$应纳土地增值税额 = 增值额 \times 适用税率$$
$$增值额 = 转让房地产收入 - 扣除项目金额$$

1. 转让房地产取得的收入

纳税人转让房地产取得的收入,包括转让房地产的全部价款及有关的经济收益;从收入的形式来看,包括货币收入、实物收入和其他收入。

纳税人隐瞒、虚报房地产成交价格或转让房地产的成交价格低于房地产评估价格又无正当理由的,应由评估机构参照同类房地产的市场交易价格进行评估,税务机关根据或参照评估价格确定纳税人转让房地产的收入。

2. 扣除项目金额的确定

(1) 取得土地使用权所支付的金额,指纳税人为了取得土地使用权所支付的地价款和按国家统一规定缴纳的有关费用。凡是通过行政划拨方式无偿取得土地使用权的企业和单位,则以转让土地使用权时按规定补交的出让金及有关费用,作为取得土地使用支付的金额。

(2) 开发土地和新建房及配套设施的成本,简称房地产开发成本,指纳税人开发房地产项目实际发生的成本。这些成本允许按实际发生数扣除,主要包括土地征用拆迁补偿费、前期工程费、建筑安装工程费、基础设施费、公共配套设施费、开发间接费用等。

(3) 开发土地和新建房及配套设施的费用,简称房地产开发费用,指与房地产开发项目有关的销售费用、管理费用、财务费用。会计制度规定,与房地产开发有关的费用直接计入当年损益,不按房地产项目进行归集或分摊。税法对有关费用的扣除标准规定如下:

① 纳税人能够按转让房地产项目计算分摊利息支出,并能提供金融机构的贷款证明的,其允许扣除的房地产开发费用为:

$$允许扣除的房地产开发费用 = 利息 + (取得土地使用权所支付金额 + 房地产开发成本) \times 5\% 以内$$

② 纳税人不能按转让房地产项目计算分摊利息支出或不能提供金融机构贷款证明的,其允许扣除的房地产开发费用为:

$$允许扣除的房地产开发费用 = (取得土地使用权所支付的金额 + 房地产开发成本) \times 10\% 以内$$

上述计算扣除的具体比例,由各省、自治区、直辖市人民政府规定。

(4) 与转让房地产有关的税金,指在转让房地产时已缴纳的营业税、城市维护建设税、印花税及教育费附加也可视同税金扣除。房地产开发企业转让房地产缴纳的印花税因列入管理费用中,故在此不允许单独再扣除。

(5) 财政部规定的其他扣除项目。财政部规定,对专门从事房地产开发的纳税人,可以按取得土地使用权所支付的金额和房地产开发成本的金额之和,加计20%的扣除。

(6) 旧房及建筑物的评估价格。税法规定,转让旧房的,应按房屋及建筑物的评估价格、取得土地使用权支付的地价款和按国家统一规定缴纳的有关费用以及在转让环节缴纳的税金作为扣除项目金额,计征土地增值税。

"旧房及建筑物的评估价格",是指转让已使用过的房屋及建筑物时,由政府批准设立的房地产评估机构评定的重置成本乘以成新度折扣率后的价格。评估价格须经当地税务机关确认。

对取得土地使用权时未支付地价款或不能提供已支付的地价款凭据的,不允许扣除取得土地使用权时所支付的金额。

纳税人转让旧房及建筑物时,因计算纳税需要对房地产进行评估,其支付的评估费用允许在计算土地增值税时予以扣除。但是,对纳税人因隐瞒、虚报房地产成交价格等情形而按房地产评估价格计算征收土地增值税时所发生的评估费用,则不允许在计算土地增值税时予以扣除。

(二) 应纳税额的计算

土地增值税的计算公式为:

$$应纳税额 = \sum (每级距的土地增值额 \times 适用的税率)$$

为了简便土地增值税的计算,一般可采用速算扣除法计算。速算扣除法的计算公式为:

$$应纳税额 = 增值额 \times 适用税率 - 扣除项目金额 \times 速算扣除系数$$

三、土地增值税的会计处理

(一) 主营房地产业务的企业土地增值税的会计处理

主营房地产业务的企业,是指在企业的经营业务中,房地产业务是企业的主要经营业务,其经营收入在企业的经营收入中占有较大比重,并且直接影响企业的经济效益。主营房地产业务的企业,既有房地产开发企业,也有对外经济合作企业、股份制企业和外商投资房地产企业等。

由于土地增值税是在转让房地产的流转税环节纳税,并且是为了取得当期营业收入而支付的费用,因此,土地增值税应同营业税的会计处理相同,借记"营业税金及附加"等账户,贷记"应交税费——应交土地增值税"账户。实际缴纳土地增值税时,借记"应交税费——应交土地增值税"账户,贷记"银行存款"等账户。

1. 现货房地产销售

在现货房地产销售情况下,采用一次性收款、房地产移交使用、发票账单提交买主、钱货两清的,应于房地产已经移交和发票账单提交买主时作为销售实现,借记"银行存款"等账户,贷记"主营业务收入"等账户。同时,计算应由实现的营业收入负担的土地增值税,借记"营业税金及附加",贷记"应交税费——应交土地增值税"账户。

在现货房地产销售情况下,采取赊销、分期收款方式销售房地产的,应以合同规定的收款时间作为销售实现,分次结转收入。同时,计算应由实现的营业收入负担的土地增值税。会计处理同上。

【例 9-12】 某房地产公司转让高级公寓一栋,获得货币收入 7 500 万元,获得购买方原准备盖楼的钢材 2 100 吨,每吨 2 500 元。公司为取得土地使用权支付 1 450 万元,开发土地、建房及配套设施等支出 2 110 万元,支付开发费用 480 万元(其中:利息支出 295 万元,未超过承认标准),支付转让房地产有关的税金 47 万元。税额计算及会计处理如下:

(1) 税额计算:

收入额 = 7 500 + 2 100 × 0.25 = 8 025(万元)

开发费用可扣除额 = 295 + (1 450 + 2 110) × 5% = 473(万元)

扣除项目金额 = (1 450 + 2 110) × (1 + 20%) + 473 + 47 = 4 792(万元)

增值额 = 8 025 - 4 792 = 3 233(万元)

增值额与扣除项目的比例 = 3 233 ÷ 4 792 = 67.5%

该比例超过 50% 未超过 100%,故税率为 40%,速算扣除系数为 5%,则

应纳税额 = 3 233 × 40% - 4 792 × 5% = 1 053.6(万元)

(2) 会计处理:

收入实现时:

借:银行存款	75 000 000	
原材料	5 250 000	
贷:主营业务收入		80 250 000

应缴土地增值税:

借:营业税金及附加	10 536 000	
贷:应交税费——应交土地增值税		10 536 000

缴纳税款时:

借:应交税费——应交土地增值税	10 536 000	
贷:银行存款		10 536 000

2. 商品房预售

在商品房预售的情况下,商品房交付使用前采取一次性收款或分次收款的,收到

购房款，借记"银行存款"账户，贷记"预收账款"账户；按规定预交税款时，借记"应交税费——应交土地增值税"账户，贷记"银行存款"等账户；待该商品房交付使用后，开具发票结算账单交给买主时，收入实现，借记"应收账款"账户，贷记"主营业务收入"等账户，同时将"预收账款"转入"应收账款"，并计算由实现的营业收入负担的土地增值税，借记"营业税金及附加"，贷记"应交税费——应交土地增值税"账户。按照税法的规定，该项目全部竣工，预决算后进行清算，企业收到退回多交的土地增值税时，借记"银行存款"等账户，贷记"应交税费——应交土地增值税"账户。补缴土地增值税时，则作相反的会计分录。

【例 9-13】 某房地产开发公司在某项目竣工前，预先售出部分房地产而取得收入 400 万元，假设应预缴土地增值税 20 万元；项目竣工后，工程全部收入 600 万元，按税法规定计算，该项目应交土地增值税为 90 万元。会计处理如下：

(1) 收到预售款时：

 借：银行存款　　　　　　　　　　　　4 000 000
  贷：预收账款　　　　　　　　　　　　　　　4 000 000

(2) 预缴土地增值税时：

 借：应交税费——应交土地增值税　　　　200 000
  贷：银行存款　　　　　　　　　　　　　　　200 000

(3) 实现收入并办理结算时：

 借：预收账款　　　　　　　　　　　　4 000 000
  银行存款　　　　　　　　　　　　2 000 000
  贷：主营业务收入　　　　　　　　　　　　　6 000 000

(4) 按土地增值税规定，计算整个工程项目收入应交土地增值税时：

 借：营业税金及附加　　　　　　　　　　900 000
  贷：应交税费——应交土地增值税　　　　　　900 000

(5) 清缴土地增值税时：

 借：应交税费——应交土地增值税　　　　700 000
  贷：银行存款　　　　　　　　　　　　　　　700 000

（二）兼营房地产业务的企业土地增值税的会计处理

兼营房地产业务的企业，是指虽然经营房地产业务，但不是以此为主，而是兼营或附带经营房地产业务的企业。

兼营房地产业务的企业，转让房地产取得收入，计算应由当期营业收入负担的土地增值税时，应同营业税一样，计入"营业税金及附加"账户。企业按规定计算出应交纳的土地增值税，借记"营业税金及附加"账户，贷记"应交税费——应交土地增值税"账户。企业实际缴纳土地增值税时，借记"应交税费——应交土地增值税"账户，贷记"银行存款"等账户。

【例 9-14】 兼营房地产业务的某金融公司按 5 000 元/平方米的价格购入一栋

两层楼房,共计 200 平方米,支付价款 10 000 000 元,经过开发改造后,以 9 000 元/平方米的价格售出,取得转让收入 18 000 000 元,交纳营业税等流转税 990 000 元。该公司不能按转让房地产项目计算分摊利息。土地增值税的计算及会计处理如下:

(1) 计算土地增值税税额:

扣除项目金额 = 10 000 000 × (1 + 10%) + 990 000 = 11 990 000 (元)

土地增值额 = 18 000 000 − 11 990 000 = 6 010 000 (元)

增值额占扣除项目金额的比例 = 6 010 000 ÷ 11 990 000 = 50.125%

增值额占扣除项目金额的比例大于 50% 小于 100%,故税率为 40%,速算扣除系数为 5%。

应纳税额 = 96 010 000 × 40% − 11 990 000 × 5% = 1 804 500 (元)

(2) 会计处理:

计提土地增值税时:

借:营业税金及附加　　　　　　　　　　1 804 500
　　贷:应交税费——应交土地增值税　　　　　1 804 500

实际缴纳土地增值税时:

借:应交税费——应交土地增值税　　　　1 804 500
　　贷:银行存款　　　　　　　　　　　　　　1 804 500

(三) 销售旧房的会计处理

旧房是企业已使用过的房屋,一般在"固定资产"账户中反映。销售旧房时,首先将旧房从"固定资产"账户转入"固定资产清理"账户,借记"固定资产清理"、"累计折旧",贷记"固定资产"账户。取得收入时,借记"银行存款"、"应收账款"等账户;应交纳的土地增值税,借记"固定资产清理"账户,贷记"应交税费——应交土地增值税"账户。

【例 9-15】 某企业将旧车间出售,取得收入 80 万元,该车间账面原值为 30 万元,已提折旧 14 万元,评估价值为 40 万元,交纳营业税及城建税、教育费附加共 44 000 元,发生其他清理费用 8 000 元。土地增值税及相关会计处理如下:

(1) 计算应纳土地增值税:

扣除项目金额 = 400 000 + 44 000 = 444 000 (元)

土地增值额 = 800 000 − 444 000 = 356 000 (元)

增值额占扣除项目的比例 = 356 000 ÷ 444 000 = 80.18%

应纳税额 = 356 000 × 40% − 444 000 × 5% = 120 200 (元)

(2) 会计处理:

① 旧车间转入清理:

借:固定资产清理　　　　　　　　　　　160 000
　　累计折旧　　　　　　　　　　　　　140 000

贷:固定资产　　　　　　　　　　　　　　　　300 000
② 取得转让收入：
借:银行存款　　　　　　　　　　　　800 000
　　贷:固定资产清理　　　　　　　　　　　　800 000
③ 计算营业税、土地增值税等：
借:固定资产清理　　　　　　　　　　164 200
　　贷:应交税费——应交土地增值税　　　　120 200
　　　　　　——应交营业税　　　　　　　　 40 000
　　　　　　——应交城建税　　　　　　　　　2 800
　　　　　　——应交教育费附加　　　　　　　1 200
④ 支付清理费用时：
借:固定资产清理　　　　　　　　　　　 8 000
　　贷:银行存款　　　　　　　　　　　　　　 8 000
⑤ 结转出售收益时：
借:固定资产清理　　　　　　　　　　 467 800
　　贷:营业外收入　　　　　　　　　　　　 467 800

四、土地增值税的申报缴纳

纳税人应当自转让房地产合同签订之日起7日内,向房地产所在地税务机关办理纳税申报。房地产的所在地是指房地产的坐落地。纳税人转让的房地产坐落在两个或两个以上地区的,应按房地产所在地分别申报缴纳土地增值税。

纳税人在申报纳税时,应如实填写"土地增值税纳税申报表"(见表9-4),并向税务机关提交房屋及建筑物产权、土地使用权证书,土地转让、房产买卖合同,房地产评估报告及其他与转让房地产有关的资料。

表 9-4　　　　　　　　土地增值税纳税申报表
（从事房地产开发的纳税人适用）

税款所属时间：　年　月　日　　　填表日期：　年　月　日
纳税人编码：　　　　　　　　　　　　　　　　金额单位:元(列至角分)

纳税人名称		项目名称		项目地址	
业　　别		经济性质		纳税人地址		邮政编码	
开户银行		银行账号		主管部门		电　话	
项　目				行次	金　额
一、转让房地产收入总额(1=2+3)				1	
其中	货币收入			2	
	实物收入及其他收入			3	
二、扣除项目金额合计(4=5+6+13+16+20)				4	

续表

项　目	行　次	金　额
1. 取得土地使用权所支付的金额	5	
2. 房地产开发成本(6＝7＋8＋9＋10＋11＋12)	6	
其中　土地征用及拆迁补偿费	7	
其中　前期工程费	8	
其中　建筑安装工程费	9	
其中　基础设施费	10	
其中　公共配套设施费	11	
其中　开发间接费用	12	
3. 房地产开发费用(13＝14＋15)	13	
其中　利息支出	14	
其中　其他房地产开发费用	15	
4. 与转让房地产有关的税金等(16＝17＋18＋19)	16	
其中　营业税	17	
其中　城市维护建设税	18	
其中　教育费附加	19	
5. 财政部规定的其他扣除项目	20	
三、增值额(21＝1－4)	21	
四、增值额与扣除项目金额之比/％(22＝21÷4)	22	
五、适用税率/％	23	
六、速算扣除系数/％	24	
七、应缴土地增值税税额(25＝21×23－4×24)	25	
八、已缴土地增值税税额	26	
九、应补(退)土地增值税税额(27＝25－26)	27	

授权代理人	（如果你已委托代理申报人，请填写下列资料）为代理一切税务事宜，现授权＿＿＿＿（地址）＿＿＿＿为本纳税人的代理申报人，任何与本报表有关的来往文件都可寄与此人。 授权人签字：	声明	我声明：此纳税申报表根据《中华人民共和国土地增值税暂行条例》及《实施细则》的规定填报的。我确信他是真实的、可靠的、完整的。 声明人签字：
纳税人（签章）	法定代表人签章		经办人员(代理申报人)签章

以下部分由主管税务机关填写			
主管税务机关收到日期	接收人	审核日期	税务审核人员签章
审核记录			主管税务机关盖章

第四节　房产税会计

一、房产税概述

(一) 房产税的概念

房产税是以房屋为征税对象，按照房屋的计税余值或出租房屋的租金收入向产权所有人征收的一种财产税。我国现行房产税的法律规范是1986年9月15日国务院颁布的《中华人民共和国房产税暂行条例》。

(二) 房产税的纳税人

房产税以房屋产权的所有人为纳税人。具体规定如下：产权属于国家所有的，由经营管理单位缴纳；产权属于集体和个人所有的，由集体单位和个人缴纳；产权出典的，由承典人缴纳；产权所有人、承典人不在房产所在地的，或产权未确定及租典纠纷未解决的，由房产代管人或使用人缴纳。无租使用其他房产的，由房产使用人纳税。自2009年1月1日起，外商投资企业、外国企业依照本条例缴纳房产税。

(三) 房产税的征税对象及征税范围

房产税的征税对象是房产。房产是以房屋形态表现的财产，是指有屋面和围护结构(有墙或两边有柱)，能遮风避雨，可供人们在其中生产、工作、学习、娱乐、居住或储藏物资的场所。与房屋不可分割的各种附属设施或不单独计价的配套设施如室内游泳池，也属于房屋，应一并征收房产税。但独立于房屋的建筑物如围墙、暖房、水塔、烟囱、室外游泳池等不属于房产，不征收房产税。

由于房地产开发企业开发的商品房在出售前，对房地产开发企业而言是一种产品，因此，对房地产开发企业建造的商品房，在售出前，不征收房产税；但对售出前房地产开发企业已使用或出租、出借的商品房应按规定征收房产税。

房产税的征税范围是位于城市、县城、建制镇和工矿区的房屋，但不包括农村的房屋。其中，城市是指经国务院批准建立的市，包括市区和郊区；县城是指未设立建制镇的县人民政府所在地；建制镇是指省人民政府批准设立的建制镇，征税范围为镇人民政府所在地，不包括所辖的行政村；工矿区是指工商业比较发达，人口比较集中，符合国务院的建制镇标准，但尚未设立镇建制的大中型工矿企业所在地。开征房产税的工矿区须经省、自治区、直辖市人民政府批准。

【思考题9-1】 房产税的征税对象是房产，那么工厂的围墙、变电塔、露天凉亭、仓库是房产税的征税对象吗？

(四) 房产税的计税依据和税率

1. 房产税的计税依据

房产税的计税依据为房产的计税价值和租金收入。

(1) 对于经营自用的房屋，以房产的余值为计税依据。房产余值是指房产原值一次减除10%～30%后的余值。具体减除幅度，由各省、自治区、直辖市人民政府确定。房产的原值是指纳税人按照会计制度规定，在账簿"固定资产"科目中记载的房屋原值。对纳税人未按会计制度规定记载的，在计征房产税时，应按照规定调整房产原值，对于没有房产原值或房产原值明显不合理的，由房产所在地的税务机关参照同类房屋核定其房产原值。纳税人对原有房屋进行改建、扩建的，要相应增加房屋的原值。

(2) 对于出租的房屋，以房屋租金收入为房产税的计税依据。租金包括货币收入和实物收入。对以劳务或其他形式作为报酬抵付房租的，应根据当地房地产的租金水平，确定一个标准租金额计征。

2. 房产税的税率

房产税采用比例税率，分别按从价计征和从租计征设置了两种税率：从价计征的，税率为1.2%；从租计征的，税率为12%。2008年3月1日起，对个人出租住房，不区分用途，按4%的税率征收房产税。对企事业单位、社会团体以及其他组织按市场价格向个人出租用于居住的住房，减按4%的税率征收房产税。

(五) 房产税的减免税

下列房产免征房产税：

(1) 国家机关、人民团体、军队自用的房产，是指这些单位本身的办公用房和公务用房。

(2) 由国家财政部门拨付事业经费的单位自用的房产。

(3) 宗教寺庙、公园、名胜古迹自用的房产。

(4) 个人拥有的非营业用的房产。

(5) 对行使国家行政管理职能的中国人民银行总行所属分支机构自用的房地产，免征房产税。

(6) 经财政部批准减免税的其他房产，具体包括：

① 老年服务机构自用的房产免税。

② 损坏不堪使用的房屋和危险房屋，经有关部门鉴定，在停止使用后，可免征房产税。

③ 纳税人因房屋大修导致连续停用半年以上的，在房屋大修期间免征房产税，免征税额由纳税人在申报缴纳房产税时自行计算扣除，并在申报表附表或备注栏中作相应说明。

④ 在基建工地为基建工地服务的各种工棚、材料棚、休息棚和办公室、食堂、茶炉房、汽车房等临时性房屋，在施工期间，一律免征房产税。但工程结束后，施工企业将这种临时性房屋交还或估价转让给基建单位的，应从基建单位减收的次月起纳税。

⑤ 为鼓励地下人防设施，暂不征收房产税。

⑥ 从 1988 年 1 月 1 日起,对房管部门经租的居民住房,在房租调整改革之前收取租金偏低的,可暂缓征收房产税。对房管部门经租的其他非营业用房,是否给予照顾,由各省、自治区、直辖市根据当地具体情况按税收管理体制的规定办理。

⑦ 对高校后勤实体免征房产税。

⑧ 对非营利性的医疗机构、疾病控制机构和妇幼保健机构等卫生机构自用的房产,免征房产税。

⑨ 从 2001 年 1 月 1 日起,对按照政府规定价格出租的公有住房和廉租住房,包括企业和自收自支的事业单位向职工出租的单位自有住房,房管部门向居民出租的私有住房等,暂免征收房产税。

⑩ 对邮政部门坐落在城市、县城、建制镇、工矿区范围内的房产,应当依法征收房产税;对坐落在城市、县城、建制镇、工矿区范围以外的尚在县邮政局内核算的房产,在单位财务账中划分清楚的,从 2001 年 1 月 1 日起不再征收房产税。

⑪ 向居民供热并向居民收取采暖费的供热企业的生产用房,暂免征收房产税。这里的"供热企业"不包括从事热力生产但不直接向居民供热的企业。

⑫ 自 2006 年 1 月 1 日起至 2008 年 12 月 31 日,对为高校学生提供住宿服务并按高教系统收费标准收取租金的学生公寓,免征房产税。

对从原高校后勤管理部门剥离出来而成立的进行独立核算并有法人资格的高校后勤经济实体自用的房产,免征房产税。

二、房产税的计算与征收

(一)房产税应纳税额的计算

从价计征房产税应纳税额的计算公式为:

$$应纳税额 = 房产余值 \times 1.2\%$$

$$房产余值 = 房产原值 \times (1 - 扣除比例)$$

从租计征房产税应纳税额的计算公式为:

$$应纳税额 = 房产租金收入 \times 12\%$$

【例 9-16】 某企业 2009 年 1 月 1 日的房产原值为 3 000 万元,4 月 1 日将其中价值 1 000 万元的临街房屋出租给某连锁商店,月租金 5 万元,其余房屋用于生产。房产原值一次扣除率为 20%,试计算该企业 2009 年应纳的房产税。

解 自身经营用房的房产税按房产余值从价计征,临街房 4 月 1 日才出租,1~3 月仍从价计征,出租的房屋按本年租金从租计征。

自用房屋应纳税额 $= (3\ 000 - 1\ 000) \times (1 - 20\%) \times 1.2\% + 1\ 000 \times (1 - 20\%)$
$\times 1.2\% \div 12 \times 3 = 19.2 + 2.4 = 21.6$(万元)

出租房屋应纳税额＝5×9×12％＝5.4（万元）

（二）房产税的征收管理

1. 纳税义务发生时间

（1）将原有房产用于生产经营的,从生产经营之月起计征房产税。

（2）自建的房屋用于生产经营的,自建成之日的次月起计征房产税。

（3）委托施工企业建设的房屋,从办理验收手续之日的次月起纳税。对纳税人在办理验收手续前已使用或出租、出借的新建房屋,应从使用或出租、出借的当月起按规定计征房产税。

（4）购置新建商品房,自房屋交付使用次月起计征房产税。

（5）购置存量房,自办理房屋权属转移、变更登记手续,房地产权属登记机关签发房屋权属证书之次月起计征房产税。

（6）出租、出借房产,自交付出租、出借房产之次月起计征房产税。

（7）房地产开发企业自用、出租、出借本企业建造的商品房,自房屋使用或交付之次月起计征房产税。

2. 纳税期限

房产税按年征收,分期缴纳,具体纳税期限由各省、自治区、直辖市人民政府确定。各地一般按季或半年征收。

3. 纳税地点

房产税在房产所在地缴纳,房产不在同一地方的纳税人,应按房产的坐落地点分别向房产所在地的税务机关缴纳。

三、房产税的会计处理

企业计算出应交纳的房产税时,借记"管理费用"账户,贷记"应交税费——应交房产税"账户;缴纳税金时,借记"应交税费——应交房产税"账户,贷记"银行存款"账户。

【例 9-17】 企业拥有房屋原值 600 万元,将其中一部分房产出租,原值 100 万元,年租金收入 12 万元,另有一部分房产用于幼儿园使用,原值 50 万元。当地政府规定,按原值一次减除 25％后的余值纳税。

从价计征年应纳税额＝(600－100)×(1－25％)×1.2％＝4.5（万元）

从租计征年应纳税额＝12×12％＝1.44（万元）

全年应纳税总额＝45 000＋14 400＝59 400（元）

企业季度应计提的房产税＝59 400÷4＝14 850（元）

借：管理费用 14 850

  贷：应交税费——应交房产税 14 850

借：应交税费——应交房产税 14 850

贷：银行存款　　　　　　　　　　14 850

第五节　印花税会计

一、印花税概述

(一) 印花税的概念

印花税是对经济活动和经济交往中书立、领受各种应税凭证的行为征收的一种税。由于纳税人主要是通过在应税凭证上粘贴印花税票来完成纳税义务的，故称为印花税。印花税是世界各国普遍征收的一个税种。我国现在执行的印花税政策是国务院于1988年8月6日公布的《中华人民共和国印花税暂行条例》。

(二) 印花税的特点

1. 征税范围广

印花税是以书立、领受的各种应税凭证为征税对象，随着市场经济的发展和经济法制的逐步完善，依法书立经济凭证的现象将会愈来愈普遍，因此，印花税所涉及的范围十分广泛，具有广泛的税源基础。

2. 税率低，税负轻

印花税遵循税负从轻的原则设计了两种税率形式，即比例税率和定额税率。比例税率最高为1‰，最低为0.05‰；按定额税率征税的，每件5元。与其他税种相比，印花税税率确实要低得多。

3. 纳税人自行贴花完税

印花税与其他税种不同，实行由纳税人自行计算应纳税额；自行购买印花税票；自行粘贴在应税凭证上；最后由纳税人在印花税票和凭证的骑缝处盖戳注销或画销。

4. 多缴不退不抵

(三) 印花税的纳税人

印花税的纳税人是在我国境内书立、领受应税凭证的单位和个人。根据书立和领受应税凭证的不同情况，对纳税人的规定如下：

(1) 立合同人。列举征税的各种合同及合同性质的凭证，以立合同人为纳税人。

(2) 立据人。产权转移书据，以立据人为纳税人。

(3) 立账簿人。营业账簿，以立账簿人为纳税人。

(4) 领受人。权利、许可证照，以领受人为纳税人。

(5) 使用人。在国外书立、领受，但在国内使用的应税凭证，以使用人为纳税人。

(6) 各类电子应税凭证的签订人。对应税凭证，凡是由两方或两方以上当事人共同书立的，其当事人各方都是印花税的纳税人，各就其所持凭证的计税金额纳税。这里的当事人，是指对凭证有直接权利义务关系的单位和个人，但不包括合同的担保人、证人、鉴定人。当事人的代理人有代理纳税的义务。

上述单位和个人,是指国内各类企业、事业、机关、团体、部队以及中外合资企业、中外合作企业、外资企业、外国公司企业和其他经济组织及其在华机构等单位和中、外籍个人。

(四)印花税的征税范围

印花税的征税范围,只对印花税暂行条例列举的各种凭证征税,没有列举的凭证不征税。印花税应税凭证的范围具体包括:

1. 各类经济合同或具有合同性质的凭证

包括购销、加工承揽、建设工程勘察设计、建筑安装工程承包、财产租赁、货物运输、仓储保管、借款、财产保险、技术等合同或具有合同性质的凭证。以上所说的合同,是根据《中华人民共和国经济合同法》、《中华人民共和国涉外经济合同法》和其他有关合同法规订立的合同;具有合同性质的凭证,是指具有合同效力的协议、契约、合约、单据、确认书及其他各种名称的凭证。

2. 产权转移书据

指单位和个人对产权的买卖、继承、赠与、交换、分割等所立的书据,包括财产所有权、版权、商标专用权、专利权、专有技术使用权等转移书据。其中,财产所有权转移书据是指经政府管理机关注册的动产、不动产所有权转移所书立的书据,以及企业股权转让所立的数据。

3. 营业账簿

指单位和个人记载生产经营活动的财务会计核算账簿,包括单位和个人从事生产经营活动所设立的各种账册。按照营业账簿反映内容的不同,可分为记载资金的账簿和其他营业账簿。

4. 权利、许可证照

指政府授予单位、个人某种法定权利和准予从事特定经济活动的各种证照的统称,包括房屋产权证、工商营业执照、商标注册证、专利证、土地使用证等。

5. 经财政部确定征税的其他凭证

【思考题 9-2】 买卖不动产是按照购销合同还是按照产权转移书据计算缴纳印花税?

(五)印花税的税目和税率

印花税根据各种应税凭证的性质和特点,采用列举凭证设置税目,共设置了 13 个税目(见表 9-5),分别采用比例税率和定额税率两种税率形式。

表 9-5 印花税税目税率表

税目	范围	税率	纳税义务人	说明
1. 购销合同	包括供应、预购、采购、购销结合及协作、调剂、补偿、易货等合同	按购销金额 0.3‰ 贴花	立合同人	

续表

税目	范　围	税率	纳税义务人	说明
2. 加工承揽合同	包括加工、定作、修缮、修理、印刷、广告、测绘、测试等合同	按加工或承揽收入0.5‰贴花	立合同人	
3. 建设工程勘察设计合同	包括勘察、设计合同	按收取费用0.5‰贴花	立合同人	
4. 建筑安装工程承包合同	包括建筑、安装工程承包合同	按承包金额0.3‰贴花	立合同人	
5. 财产租赁合同	包括租赁房屋、船舶、飞机、机动车辆、机械、器具、设备等合同	按租赁金额1‰贴花。税额不足1元的,按1元贴花	立合同人	
6. 货物运输合同	包括民用航空运输、铁路运输、海上运输、内河运输、公路运输和联运的合同	按运输费用0.5‰贴花	立合同人	单据作为合同使用的,按合同贴花
7. 仓储保管合同	包括仓储、保管合同	按仓储保管费用1‰贴花	立合同人	仓单或栈单作为合同使用的,按合同贴花
8. 借款合同	银行和其他金融组织与借款人(不包括银行同业拆借)所签订的借款合同	按借款金额0.05‰贴花	立合同人	单据作为合同使用的,按合同贴花
9. 财产保险合同	包括财产、责任、保证、信用等保险合同	按保费收入1‰贴花	立合同人	单据作为合同使用的,按合同贴花
10. 技术合同	包括技术开发、转让、咨询、服务等合同	按所载金额0.3‰贴花	立合同人	
11. 产权转移书据	包括财产所有权和版权、商标专用权、专利权、专有技术使用权等转移书据	按所载金额0.5‰贴花	立据人	
12. 营业账簿	生产经营用账册	记载资金的账簿,按实收资本和资本公积的合计金额0.5‰贴花。其他账簿按件贴花5元	立账簿人	
13. 权利、许可证照	包括政府部门发给的房屋产权证、工商营业执照、商标注册证、专利证、土地使用证	按件贴花5元	领受人	

此外,根据国家税务总局等的规定,股份制企业向社会公开发行的股票,因购买、继承、赠与所书立的股权转让书据,均依书立时证券市场当日实际成交价格计算的金额,从 2007 年 5 月 30 日起,由立据双方当事人分别按 3‰ 的税率缴纳印花税(包括 A 股和 B 股)。

2008 年 4 月 23 日,财政部宣布证券交易印花税税率从 4 月 24 日起由 3‰ 下调至 1‰。

2008 年 9 月 19 日起,证券交易印花税实行单边征收,对受让方不再征收。

(六)印花税的减免税

根据《印花税暂行条例》及其实施细则和其他有关税法的规定,下列凭证免纳印花税:

(1) 已缴纳印花税的凭证的副本或抄本。由于这种副本或抄本属于备查性质,对外不发生效力,所以对其不征收印花税。但以副本或抄本视同正本使用的,则应另贴印花。

(2) 财产所有人将财产赠给政府、社会福利单位、学校所立的书据。其中,社会福利单位是指扶养孤老伤残的社会福利单位。

(3) 国家指定的收购部门与村民委员会、农民个人书立的农副产品收购合同。

(4) 无息、贴息贷款合同。

(5) 外国政府或国际金融组织向我国政府及国家金融机构提供优惠贷款所书立的合同。

(6) 房地产管理部门与个人签订的用于生活居住的租赁合同。

(7) 农牧业保险合同。

(8) 军事物资运输凭证、抢险救灾物资运输凭证以及新建铁路的工程临管线运输等的特殊货运凭证。

(9) 企业因改制签订的产权转移书据。

二、印花税的计算与征收

(一)印花税应纳税额的计算

1. 按照比例税率计算应纳税额的方法

$$应纳税额 = 计税金额 \times 适用税率$$

2. 按照定额税率计算应纳税额的方法

$$应纳税额 = 计税凭证数量 \times 单位税额$$

计算印花税应纳税额时,应当注意以下几点:

(1) 按金额比例贴花的应税凭证,未标明金额的,应按照凭证所载数量及市场价格计算金额,依适用税率贴足印花。

(2) 应税凭证所载金额为外国货币的,按凭证书立当日国家外汇管理局公布的外汇牌价折合人民币,计算应纳税额。

(3) 同一凭证有两个或两个以上经济事项而适用不同税率的,如分别载有金额的,应分别计算应纳税额,相加后按合计税额贴花;如未分别记载金额的,按税率高的计税贴花。

(4) 同一凭证有两方或两方以上当事人签订并各执一份的,应当由各方所执的一份全额贴花。

(5) 记载资金的账簿按实收资本和资本公积的合计金额贴花后,以后年度资金总额比已贴花资金总额增加的,只就增加部分按规定贴花。

(6) 按比例税率计算纳税而应纳税额又不足1角的,免纳印花税;应纳税额在1角以上的,其税额尾数不满5分的不计,满5分的按1角计算纳税。对财产租赁合同的应纳税额超过1角但不足1元的,按1元贴花。

【例 9-18】 某企业 2009 年 1 月开业,当年发生以下有关业务:领受房屋产权证、工商营业执照、土地使用证各一件;与某科研单位签订一份技术开发合同,合同所载金额为 100 万元;与其他企业订立转让专用技术使用权书据 1 份,所载金额为 200 万元;订立产品购销合同 1 份,所载金额为 200 万元;与市银行订立借款合同 1 份,所载金额为 500 万元;企业记载资金的账簿,"实收资本"、"资本公积"为 1 000 万元;其他营业账簿 8 本。试计算该企业 2009 年应缴纳的印花税额。

解 (1) 企业领受权利、许可证照应纳税额=3×5=15(元)

(2) 企业订立产权转移书据应纳税额=2 000 000×0.5‰=1 000(元)

(3) 企业订立产品购销合同应纳税额=2 000 000×0.3‰=600(元)

(4) 企业订立借款合同应纳税额=5 000 000×0.05‰=250(元)

(5) 企业记载资金的账簿应纳税额=10 000 000×0.5‰=5 000(元)

(6) 企业订立技术开发合同应纳税额=1 000 000×0.3‰=300(元)

(7) 企业其他营业账簿应纳税额=8×5=40(元)

(8) 2009 年企业应纳印花税税额=15+1 000+600+250+5 000+300+40
=7 205(元)

(二) 印花税的征收管理

1. 纳税方法

(1) 自行贴花办法。这种办法一般适用于应税凭证较少或贴花次数较少的纳税人。

(2) 汇贴或汇缴办法。这种办法一般适用于应纳税额较大或贴花次数频繁的纳税人。

①"汇贴":一份凭证应纳税额超过 500 元的,应向当地税务机关申请填写缴款

书或完税证,将其中一联粘贴在凭证上或由税务机关在凭证上加注完税标记代替贴花。

②"汇缴":同一种类应纳税凭证,需频繁贴花的,应向当地税务机关申请按期汇总缴纳印花税。获准汇总缴纳印花税的纳税人,应持有税务机关发给的汇缴许可证。汇总缴纳的期限由当地税务机关确定,但最长期限不得超过1个月。

(3) 委托代征办法。这一办法主要是通过税务机关的委托,经由发放或办理应纳税凭证的单位代为征收印花税税款。税务机关应与代征单位签订代征委托书。所谓发放或办理应纳税凭证的单位,是指发放权利、许可证照的单位和办理凭证的签证、公证其他有关事项的单位。如按照印花税法规定,工商行政管理机关核发各类营业执照和商标注册证的同时,负责代售印花税票,征收印花税税款,并监督领受单位或个人负责贴花。

2. 纳税环节和纳税地点

(1) 纳税环节。印花税应当在书立或领受时贴花。具体是指在合同签订时、账簿启用时和证照领受时贴花。对已贴花的凭证,修改后所载的金额增加的,其增加的部分应当补贴印花税票。凡多贴印花税票者,不得申请退税或抵用。

(2) 纳税地点。印花税一般实行就地纳税。

3. 对违反税法规定行为的处罚

自2004年1月29日起,印花税纳税人有下列行为之一的,由税务机关根据情节轻重予以处罚:

(1) 在应纳税凭证上未贴或少贴印花税票的,或已粘贴在应纳税凭证上的印花税票未注销或未画销的,由税务机关追缴其不缴或少缴的税款、滞纳金,并处不缴或少缴税款50%以上5倍以下的罚款。

(2) 已贴用的印花税票揭下重用造成未缴或少缴印花税的,由税务机关追缴其不缴或少缴的税款、滞纳金,并处不缴或少缴税款50%以上5倍以下的罚款;构成犯罪的,依法追究刑事责任。

(3) 伪造印花税票的,由税务机关责令改正,处以2 000元以上1万元以下的罚款;情节严重的,处以1万元以上5万元以下的罚款;构成犯罪的,依法追究刑事责任。

(4) 按期汇总缴纳印花税的纳税人,超过税务机关核定的纳税期限,未缴或少缴印花税款的,由税务机关追缴其不缴或少缴的税款、滞纳金,并处不缴或少缴税款50%以上5倍以下的罚款;情节严重的,同时撤销其汇缴许可证;构成犯罪的,依法追究刑事责任。

(5) 纳税人违反以下规定的,由税务机关责令限期改正,可处以2 000元以下的罚款;情节严重的,处以2 000元以上1万元以下的罚款:

① 凡汇总缴纳印花税的凭证,应加注税务机关指定的汇缴戳记,编号并装订成

册后,将已贴印花或缴款书的一联粘附册后,盖章注销,保存备查。

② 纳税人对纳税凭证应妥善保存。凭证的保存期限,凡国家已有明确规定的,按规定办;没有明确规定的其余凭证,均应在履行完毕后保存1年。

三、印花税的会计处理

企业交纳的印花税,不会发生应付未付税款的情况,不需要预计应纳税金额,同时也不存在与税务机关结算或清算的问题,因此,企业交给的印花税不需要通过"应交税费"账户核算,于购买印花税票时,直接借记"管理费用"账户,贷记"银行存款"账户。

第六节 车船税会计

一、车船税概述

(一) 车船税的概念

车船税是对在我国境内车船管理部门登记的车辆、船舶,按照车船的种类和规定的税额计算征收的一种税。

我国对车船课税历史悠久。1951年,开征车船使用牌照税。1973年,把对国营企业和集体企业征收的车船使用牌照税并入工商税。1984年,恢复征收并改为车船使用税。1986年9月15日,国务院颁布了《中华人民共和国车船使用税暂行条例》,并于同年10月1日起在内资企业和个人中施行。对涉外企业和外籍人员仍施行车船使用牌照税。为了简化税制,统一税政,加强税收征收管理,2006年12月29日国务院颁布了《中华人民共和国车船税暂行条例》,自2007年1月1日起施行。《车船使用牌照税暂行条例》和《车船使用税暂行条例》同时废止。

(二) 车船税的征税对象及征税范围

车船税的征税对象是在我国境内的车辆和船舶。

车船税的征税范围为依法应当在车船管理部门登记的车船。车船管理部门是指公安、交通、农业、渔业、军事等依法具有车船管理职能的部门。在机场、港口以及其他企业内部场所行驶或作业,并在车船管理部门登记的车船,应当缴纳车船税。

(三) 车船税的纳税人

车船税的纳税人是在中华人民共和国境内拥有或管理车辆、船舶的单位和个人。车船的所有人或管理人未缴纳车船税的,使用人应当代为缴纳车船税。在通常情况下,车船拥有人和使用人同属一人,纳税人既是车船使用人,又是车船的拥有人。如果有租赁关系,拥有人与使用人不一致时,车辆拥有人未缴纳车船税的,使用人应代为缴纳车船税。

(四)车船税的计税标准和税率

车船税实行从量定额计税办法。根据车船的种类、性能情况不同,分别选择以辆、自重吨位和净吨位作为计税标准。

车船税采用定额税率。对车辆采用幅度定额税率,由各省、自治区、直辖市人民政府在规定的幅度内,确定本地区的适用税额;对船舶则规定采用统一的分级定额税率。如表9-6所示。

表9-6 车船税税目税额表

税 目	计税单位	每年税额	备 注
载客汽车	每辆	60～660元	包括电车
载货汽车专项作业车	按自重每吨	16～120元	包括半挂牵引车、挂车
三轮汽车低速货车	按自重每吨	24～120元	
摩托车	每辆	36～180元	
船舶	按净吨位每吨	3～6元	拖船和非机动驳船分别按船舶税额的50%计算

(五)车船税的减免税

1. 法定减免

(1)非机动车船(不包括非机动驳船)。

(2)拖拉机。

(3)捕捞、养殖渔船。

(4)军队、武警专用的车船。

(5)警用车船。

(6)按有关规定已经缴纳船舶吨税的船舶。

(7)依照我国有关法律和我国缔结或参加的国际条约的规定应当予以免税的外国驻华使馆、领事馆和国际组织驻华机构及其有关人员的车船。

2. 特定减免

(1)对尚未在车辆管理部门办理登记,属于应减免税的新购置车辆,车辆所有人或管理人可提出减免税申请,并提供机构或个人身份证明文件和车辆权属证明文件以及地方税务机关要求的其他相关资料。经税务机关审验符合车船税减免条件的,税务机关可为纳税人出具该纳税年度的减免税证明,以方便纳税人购买机动车交通事故责任强制保险。

新购置应予减免税的车辆所有人或管理人在购买机动车交通事故责任强制保险时已缴纳车船税的,在办理车辆登记手续后可向税务机关提出减免税申请,经税务机关审验符合车船税减免税条件的,税务机关应退还纳税人多缴的税款。

(2)省、自治区、直辖市人民政府可以根据当地的实际情况,对城市、农村公共交

第九章 其他税种会计

通车船给予定期减税、免税。

二、车船税的计算与征收

(一)车船税的计税依据

车船税根据车船的种类等情况,按辆、自重吨位、净吨位从量定额计征。载客汽车、电车、摩托车,以每辆为计税依据。载货汽车、三轮汽车、低速货车,以自重每吨为计税依据。船舶,以净吨位每吨为计税依据。具体内容如下:

(1)纳税人在购买机动车交通事故责任强制保险时,应当向扣缴义务人提供地方税务机关出具的本年度车船税的完税凭证或减免税证明。不能提供完税凭证或减免税证明的,应当在购买保险时按照当地的车船税税额标准计算缴纳车船税。

(2)拖船按照发动机功率每2马力折合净吨位1吨计算征收车船税。

(3)《车船税暂行条例》及其细则所涉及的核定载客人数、自重、净吨位、马力等计税标准,以车船管理部门核发的车船登记证书或行驶证书相应项目所载数额为准。纳税人未按照规定到车船管理部门办理登记手续的,上述计税标准以车船出厂合格证明或进口凭证相应项目所载数额为准;不能提供车船出厂合格证明或进口凭证的,由主管地方税务机关根据车船自身状况并参照同类车船核定。

(4)车辆自重尾数在0.5吨以下(含0.5吨)的,按照0.5吨计算;超过0.5吨的,按照1吨计算。船舶净吨位尾数在0.5吨以下(含0.5吨)的,不予计算;超过0.5吨的,按照1吨计算。1吨以下的小型船,一律按照1吨计算。

(5)《车船税暂行条例》及其细则所称的自重,是指机动车的整备质量。

(6)对于按照《车船税暂行条例实施细则》的规定,无法准确获得自重数值或自重数值明显不合理的载货汽车、三轮汽车、低速货车、专项作业车和轮式专用机械车,由主管税务机关根据车辆自身状况并参照同类车辆核定计税依据。对能够获得总质量和核定载质量的,可按照车辆的总质量和核定载质量的差额作为车辆的自重;无法获得核定载质量的专项作业车和轮式专用机械车,可按照车辆的总质量确定自重。

(二)车船税应纳税额的计算

1. 载客汽车和摩托车

$$应纳税额=应税车辆数量×单位税额$$

2. 载货汽车、三轮汽车、低速货车

$$应纳税额=自重吨位数×单位税额$$

3. 船舶

$$应纳税额=船舶净吨位数量×单位税额$$

4. 拖船和非机动驳船

$$应纳税额 = 净吨位数 \times 单位税额 \times 50\%$$

【例 9-19】 某企业有载货汽车 10 辆(每辆自重吨位为 40 吨),乘人的小型客车 6 辆。该省规定车船税年税额为:载货汽车每吨 60 元,乘人汽车年税额 400 元。试计算该公司应纳的车船税。

解 载货汽车全年应纳税额 $= 10 \times 40 \times 60 = 24\,000$(元)

乘人小客车应纳税额 $= 6 \times 400 = 2\,400$(元)

该企业全年应纳车船税 26 400 元。

(三)保险机构代收代缴车船税和滞纳金的计算

1. 特殊情况下车船税应纳税款的计算

(1)购买短期"交强险"的车辆。

对于境外机动车临时入境、机动车临时上道路行驶、机动车距规定的报废期限不足 1 年,而购买短期"交强险"的车辆,保单中"当年应缴"项目的计算公式为:

$$当年应缴 = 计税单位 \times 年单位税额 \times 应纳税月份数 \div 12$$

其中,应纳税月份数为"交强险"有效期起始日期的当月至截止日期当月的月份数。

(2)已向税务机关缴税的车辆或税务机关已批准减免税的车辆。

对于已向税务机关缴税或税务机关已经批准免税的车辆,保单中"当年应缴"项目应为 0;对于税务机关已批准减税的机动车,保单中"当年应缴"项目应根据减税前的应纳税额扣除依据减税证明中注明的减税幅度计算的减税额确定,计算公式为:

$$减税车辆应纳税额 = 减税前应纳税额 \times (1 - 减税幅度)$$

2. 欠缴车船税的车辆补缴税款的计算

从 2008 年 7 月 1 日起,保险机构在代收代缴车船税时,应根据纳税人提供的前次保险单,查验纳税人以前年度的完税情况。对于以前年度有欠缴车船税的,保险机构应代收代缴以前年度应纳税款。

(1)对于 2007 年 1 月 1 日前购置的车辆或曾经缴纳过车船税的车辆,保单中"往年补缴"项目的计算公式为:

$$往年补缴 = 计税单位 \times 年单位税额 \times (本次缴税年度 - 前次缴税年度 - 1)$$

其中,对于 2007 年 1 月 1 日前购置的车辆,纳税人从未缴纳车船税的,前次缴税年度设定为 2006 年。

(2)对于 2007 年 1 月 1 日以后购置的车辆,纳税人从购置时起一直未缴纳车船

第九章 其他税种会计

税的,保单中"往年补缴"项目的计算公式为:

$$往年补缴 = 购置当年欠缴的税款 + 购置年度以后欠缴税款$$

其中:

$$购置当年欠缴的税款 = 计税单位 \times 年单位税额 \times 应纳税月份数 \div 12$$

应纳税月份数为车辆登记日期的当月起至该年度终了的月份数。若车辆尚未到车船管理部门登记,则应纳税月份数为购置日期的当月起至该年度终了的月份数。

$$购置年度以后欠缴税款 = 计税单位 \times 年单位税额 \times \left(\frac{本次缴税年度}{车辆登记年度} - 1 \right)$$

3. 滞纳金的计算

对于纳税人在应购买"交强险"截止日期以后购买"交强险"的,或以前年度没有缴纳车船税的,保险机构在代收代缴税款的同时,还应代收代缴欠缴税款的滞纳金。

保单中"滞纳金"项目为各年度欠税应加收的滞纳金之和。

$$每一年度欠税应加收的滞纳金 = 欠税金额 \times 滞纳天数 \times 0.5‰$$

滞纳天数的计算自应购买"交强险"截止日期的次日起到纳税人购买"交强险"当日止。

纳税人连续两年以上欠缴车船税的,应分别计算每一年度欠税应加收的滞纳金。

(三)车船税的申报缴纳

1. 车船税的纳税期限

车船税实行按年申报缴纳,纳税年度自公历 1 月 1 日起至 12 月 31 日止。具体申报纳税期限由各省、自治区、直辖市人民政府确定。

2. 车船税的纳税地点

车船税的纳税地点,由各省、自治区、直辖市人民政府根据当地实际情况确定。跨省、自治区、直辖市使用的车船,纳税地点为车船的登记地。

3. 车船税的纳税义务发生时间

车船税的纳税义务发生时间为车船管理部门核发的车船登记证书或行驶证书所记载日期的当月。对于没有依法登记的车船,以车船购置发票所载开具的时间的当月作为车船税的纳税义务发生时间。对未办理车船登记手续且无法提供车船购置发票的,由主管地方税务机关核定纳税义务发生时间。

4. 车船税的征管

车船税由地方税务机关负责征收。从事机动车交通事故责任强制保险业务的保险机构为机动车车船税的扣缴义务人,应当依法代收代缴车船税。纳税人对扣缴义务人代收代缴税款有异议的,可以向纳税所在地的主管地方税务机关提出。纳税人在购买机动车交通事故责任强制保险时缴纳车船税的,不再向地方税务机关申报纳税。

三、车船税的会计处理

企业计算当期应纳车船税时,借记"管理费用"账户,贷记"应交税费——应交车船使用税"账户;当企业实际缴纳车船使用税时,应借记"应交税费——应交车船使用税"账户,贷记"银行存款"账户。

【例9-20】 某企业有载货汽车10辆(每辆自重吨位为60吨),大客车6辆。该省规定车船税年税额为:载货汽车每吨60元,乘人汽车年税额400元。试计算该公司应纳的车船税。

解 载货汽车全年应纳税额=10×60×60=36 000(元)

乘人小客车应纳税额=6×400=2 400(元)

该企业全年应纳车船税38 400元。

借:管理费用　　　　　　　　　　　　　38 400

　　贷:应交税费——应交车船使用税　　　38 400

第七节　契税会计

一、契税概述

(一)契税的概念

契税是对在我国境内转移土地使用权、房屋所有权权属时,依当事人所订契约,向产权承受人征收的一种财产税。

契税是一个古老的税种,最早起源于东晋的"古税"。新中国成立后颁布的第一个税收法规就是《中华人民共和国契税暂行条例》。1954年,财政部对其进行了修改。1997年7月7日国务院重新颁布了《中华人民共和国契税暂行条例》,并于同年10月1日起施行。

(二)契税的特点

契税与其他税种相比,具有如下特点:

1. 契税属于财产转移税

契税以发生转移的不动产,即土地和房屋为征税对象,具有对财产转移课税的性质。

2. 契税由产权承受人缴纳

契税由土地、房屋的买方纳税。对买方征税的目的,在于承认不动产转移生效,承受人纳税后,其所拥有转移过来的土地或房屋的权属要受到国家法律的保护。

(三) 契税的纳税人

在我国境内转移土地、房屋权属,承受的单位和个人为契税的纳税人。单位包括内外资企业、事业单位、国家机关、军事单位和社会团体,个人包括中国公民和外籍人员。

(四) 契税的征税对象及征税范围

契税的征税对象是发生土地使用权、房屋所有权权属转移的土地和房屋。

契税的征税范围包括单位和个人所有在我国境内转移土地、房屋权属的行为。具体有下列行为:

(1) 国有土地使用权出让。指土地使用者向国家支付土地使用权出让费用,国家将土地使用权在一定年限内让与土地使用者的行为。

(2) 土地使用权转让。指土地使用者以出售、赠与、交换或其他方式将土地使用权转移给其他单位和个人的行为。

(3) 房屋买卖。即以货币为媒介,出卖者向购买者过渡房产所有权的交易行为。以下几种特殊情况视同买卖房屋:

① 以房产抵债或实物交换房屋。

② 以房产作投资或作股权转让。

③ 买房拆料或翻建新房。

(4) 房屋赠与。指房屋所有者将其房屋无偿转给受赠人的行为。

(5) 房屋交换。指房屋住户、用户、所有人为了生活工作方便,相互之间交换房屋的使用权或所有权的行为。

(6) 承受国有土地使用权支付土地出让金,要计征契税,不得因减免土地出让金而减免契税。

(7) 房屋附属设施的有关契税政策。

对于承受与房屋相关的附属设施(包括停车位、汽车库、自行车库、顶层阁楼以及储藏室)所有权或土地使用权的行为,按照契税法律法规的规定征收契税;对于不涉及土地使用权和房屋所有权转移变动的,不征收契税。

随着经济形势的发展,以有些特殊方式转移土地、房屋权属的,也将视同土地使用权转让、房屋买卖或房屋赠与。一是以土地、房屋权属作价投资、入股;二是以土地、房屋权属抵债;三是以获奖方式承受土地、房屋权属;四是以预购方式或预付集资建房款方式承受土地、房屋权属。

(五) 契税的税率

契税实行幅度比例税率,税率为3%~5%。各地具体的适用税率,由各省、自治区、直辖市人民政府在国家规定的幅度内按照本地区的实际情况确定。从2008年11月1日起,对个人首次购买90平方米及以下普通住房的,契税税率暂统一下调到

1%。

(六) 契税的减免税

1. 契税减免的一般规定

(1) 国家机关、事业单位、社会团体、军事单位承受土地、房屋,用于办公、教学、医疗、科研和军事设施的,免征契税。

(2) 凡全民、城镇所有制单位,有当地正式城镇户口的职工,按省、自治区、直辖市人民政府批准的标准价,第一次购买本单位公有住房,在规定标准面积内的,免征契税。免税照顾每户只能享受一次。

(3) 因不可抗力灭失住房而重新购买住房的,酌情准予减征或免征契税。

(4) 土地、房屋被县级以上人民政府批准征用或占用后,重新承受土地、房屋权属的是否予以减免契税,由各省、自治区、直辖市人民政府确定。

(5) 承受荒山、荒沟、荒丘、荒滩土地使用权,用于农、林、牧、渔业生产的,免征契税。

(6) 依照我国有关法律规定以及我国缔结或参加的双边和多边条约或协定的规定,应当予以免税的外国驻华使馆、领事馆、联合国驻华机构及其外交代表、领事官员和其他外交人员承受土地、房屋权属的,经外交部确认,可以免征契税。

2. 契税的其他征免规定

(1) 企业改革中的有关契税政策。

① 企业公司制改造。非公司制企业,按照《中华人民共和国公司法》的规定,整体改建为有限责任公司(含国有独资公司)或股份有限公司,或有限责任公司整体改建为股份有限公司的,对改建后的公司承受原企业土地、房屋权属,免征契税。上述所称整体改建,是指不改变原企业的投资主体,并承继原企业权利、义务的行为。

非公司制国有独资企业或国有独资有限责任公司,以其部分资产与他人组建新公司,且该国有独资企业(公司)在新设公司中所占股份超过50%的,对新设公司承受该国有独资企业(公司)的土地、房屋权属,免征契税。

国有控股公司以部分资产投资组建新公司,且该国有控股公司占新公司股份85%以上的,对新公司承受该国有控股公司的土地、房屋权属,免征契税。上述所称国有控股公司,是指国家出资额占有限责任公司资本总额50%以上,或国有股份占股份有限公司股本总额50%以上的国有控股公司。

② 企业股权转让。在股权转让中,单位、个人承受企业股权,企业土地、房屋权属不发生转移,不征收契税。

③ 企业合并。两个或两个以上的企业,依据法律规定、合同约定,合并改建为一个企业,且原投资主体存续的,对其合并后的企业承受原合并各方的土地、房屋权属,免征契税。

④ 企业分立。企业依照法律规定、合同约定,分设为两个或两个以上投资主体

相同的企业,对派生方、新设方承受原企业土地、房屋权属,不征收契税。

⑤ 企业出售。国有、集体企业出售,被出售企业法人予以注销,并且买受人按照《劳动法》等国家有关法律法规政策妥善安置原企业全部职工,其中与原企业30％以上职工签订服务年限不少于3年的劳动用工合同的,对其承受所购企业的土地、房屋权属,减半征收契税;与原企业全部职工签订服务年限不少于3年的劳动用工合同的,免征契税。

⑥ 企业注销、破产。企业依照有关法律法规的规定实施注销、破产后,债权人(包括注销、破产企业职工)承受注销、破产企业土地、房屋权属以抵偿债务的,免征契税;对非债权人承受注销、破产企业土地、房屋权属,凡按照《劳动法》等国家有关法律法规政策妥善安置原企业全部职工,其中与原企业30％以上职工签订服务年限不少于3年的劳动用工合同的,对其承受所购企业的土地、房屋权属,减半征收契税;与原企业全部职工签订服务年限不少于3年的劳动用工合同的,免征契税。

⑦ 其他。经国务院批准实施债权转股权的企业,对债权转股权后新设立的公司承受原企业的土地、房屋权属,免征契税。

政府主管部门对国有资产进行行政性调整和划转过程中发生的土地、房屋权属转移,不征收契税。

企业改制重组过程中,同一投资主体内部所属企业之间土地、房屋权属的无偿划转,包括母公司与其全资子公司之间,同一公司所属全资子公司之间,同一自然人与其设立的个人独资企业、一人有限公司之间土地、房屋权属的无偿划转,不征收契税。

(2) 对拆迁居民因拆迁重新购置住房的,对购房成交价格中相当于拆迁补偿款的部分免征契税,成交价格超过拆迁补偿款的,对超过部分征收契税。

(3) 对廉租住房经营管理单位购买住房作为廉租住房、经济适用住房经营管理单位回购经济适用住房继续作为经济适用住房房源的,免征契税。对个人购买经济适用住房,在法定税率基础上减半征收契税。

(4) 已购公有住房经补缴土地出让金和其他出让费用成为完全产权住房的,免征土地权属转移的契税。

(5) 根据我国婚姻法的规定,夫妻共有房屋属共同共有财产。因夫妻财产分割而将原共有房屋产权归属一方,是房产共有权的变动而不是现行契税政策规定征税的房屋产权转移行为。因此,对离婚后原共有房屋产权的归属人不征收契税。

(6) 对于《中华人民共和国继承法》规定的法定继承人(包括配偶、子女、父母、兄弟姐妹、祖父母、外祖父母)继承土地、房屋权属,不征契税。

按照《中华人民共和国继承法》规定,非法定继承人根据遗嘱承受死者生前的土地、房屋权属,属于赠与行为,应征收契税。

二、契税的计算与征收

(一) 契税的计税依据

契税的计税依据按照转移土地、房屋权属的不同情况确定如下:

(1) 国有土地使用权出让、土地使用权出售和房屋买卖的计税依据为成交价格。成交价格,是指土地、房屋权属转移合同确定的价格,包括承受者交付的货币、实物、无形资产或其他经济利益。

(2) 土地使用权赠与、房屋赠与的计税依据由征收机关参照土地使用权出售、房屋买卖的市场价格核定。

(3) 土地使用权交换、房屋交换的计税依据为所交换的土地使用权、房屋的价格差额。即交换价格相等时,免征契税;交换价格不等时,由多交付的货币、实物、无形资产或其他经济利益的一方缴纳税款。

(4) 以划拨方式取得土地使用权,经批准转让房地产时,由房地产转让者补缴契税。其计税依据为补缴的土地使用权出让费用或土地收益。

此外,对于成交价格明显低于市场价格并无正当理由的,或所交换土地使用权、房屋价格的差额明显不合理并且无正当理由的,由征收机关参照市场价格核定计税依据。

(二) 契税应纳税额的计算

契税应纳税额按照规定的计税依据和税率计算,其计算公式为:

$$应纳税额 = 计税依据 \times 税率$$

应纳税额以人民币计算。转移土地、房屋权属以外汇结算的,应当按照纳税义务发生之日人民银行公布的人民币市场汇率中间价折合成人民币计算。

【例 9-21】 某公司 2009 年发生两次互换房产业务,并已办理了相关手续。第一次换出的房产价值为 300 万元,换进的房产价值为 800 万元;第二次换出的房产价值为 600 万元,换进的房产价值为 400 万元。已知当地政府规定的契税税率为 3%,试计算该公司应缴纳的契税。

解 应纳税额 = (800 − 300) × 3% = 15 (万元)

(三) 契税的征收管理

1. 契税的纳税义务发生时间

契税的纳税义务发生时间为纳税人签订土地、房屋权属转移合同的当天,或纳税人取得其他具有土地房屋权属转移合同性质凭证的当天。纳税人因改变土地、房屋的用途,应补交已减免契税的,其纳税义务发生时间为实际改变土地、房屋用途的当天。

2. 契税的纳税期限和纳税地点

纳税人应当自纳税义务发生之日起 10 日内，向土地、房屋所在地的契税征收机关办理纳税申报，并在征收机关核定的期限内缴纳税款。

纳税人缴纳契税后，应当持契税完税凭证和其他规定的文件材料，依法向土地管理部门、房产管理部门办理有关土地、房屋的权属变更登记手续。纳税人未出具契税完税凭证的，土地管理部门、房产管理部门不予办理有关土地、房屋的权属变更登记手续。

三、契税的会计处理

缴纳契税可通过"应交税费"账户核算，也可直接贷记"银行存款"账户。缴纳契税时，属受让土地使用权时，就应缴纳的契税，借记"在建工程"账户，贷记"银行存款"账户；属购房屋产权和受赠房屋等，就应缴纳的契税，借记"固定资产"账户，贷记"银行存款"账户。

【例 9-22】某公司购买一栋写字楼，成交价格为 8 000 000 元。契税税率为 3%。

则应纳税额 = 8 000 000 × 3% = 240 000（元）

借：固定资产　　　　　　　　　　　　　240 000
　　贷：应交税费——应交契税　　　　　　　　240 000

第八节　耕地占用税会计

一、耕地占用税概述

（一）耕地占用税的概念

耕地占用税是对占用耕地建房或从事其他非农业建设的单位和个人，就其实际占用的耕地面积征收的一种税，它属于对特定土地资源占用课税。为了合理利用土地资源，加强土地管理，保护耕地，征收此税。耕地占用税现行的法律规范是国务院于 2007 年 12 月 1 日修改公布的《中华人民共和国耕地占用税暂行条例》，财政部、国家税务总局于 2008 年 2 月 26 日公布的《中华人民共和国耕地占用税暂行条例实施细则》。

（二）耕地占用税的纳税义务人

耕地占用税的纳税义务人是占用耕地建房或从事非农业建设的单位和个人。

单位，包括国有企业、集体企业、私营企业、股份制企业、外商投资企业、外国企业以及其他企业和事业单位、社会团体、国家机关、部队以及其他单位；个人，包括个体工商户以及其他个人。

（三）耕地占用税的征税范围

耕地占用税的征税范围包括纳税人为建房或从事其他非农业建设而占用的国家所有和集体所有的耕地。

（四）耕地占用税的税收优惠

1. 免征耕地占用税

（1）军事设施占用耕地。

（2）学校、幼儿园、养老院、医院占用耕地。

2. 减征耕地占用税

（1）铁路线路、公路线路、飞机场跑道、停机坪、港口、航道占用耕地，减按每平方米2元的税额征收耕地占用税。

根据实际需要，国务院财政、税务主管部门商国务院有关部门并报国务院批准后，可以对前款规定的情形免征或减征耕地占用税。

（2）农村居民占用耕地新建住宅，按照当地适用税额减半征收耕地占用税。

农村烈士家属、残疾军人、鳏寡孤独以及革命老根据地、少数民族聚居区和边远贫困山区生活困难的农村居民，在规定用地标准以内新建住宅缴纳耕地占用税确有困难的，经所在地乡（镇）人民政府审核，报经县级人民政府批准后，可以免征或减征耕地占用税。

免征或减征耕地占用税后，纳税人改变原占地用途，不再属于免征或减征耕地占用税情形的，应当按照当地适用税额补缴耕地占用税。

（五）耕地占用税的税率

考虑到不同地区之间客观条件的差别以及与此相关的税收调节力度和纳税人负担能力方面的差别，耕地占用税在税率设计上采用了地区差别定额税率。税率规定如下：

（1）人均耕地不超过1亩（1公顷＝15亩）的地区（以县级行政区域为单位，下同），每平方米为10~50元。

（2）人均耕地超过1亩但不超过2亩的地区，每平方米为8~40元。

（3）人均耕地超过2亩但不超过3亩的地区，每平方米为6~30元。

（4）人均耕地超过3亩的地区，每平方米为5~25元。

经济特区、经济技术开发区和经济发达、人均耕地特别少的地区，适用税额可以适当提高，但最多不得超过上述规定税额的50%。

二、耕地占用税的计算与征收

（一）耕地占用税的计算

1. 耕地占用税的计税依据

耕地占用税以纳税人占用耕地的面积为计税依据，以每平方米为计量单位。

2. 耕地占用税应纳税额的计算

耕地占用税以纳税人实际占用的耕地面积为计税依据,以每平方米土地为计税单位,按适用的定额税率计税。其计算公式为:

$$应纳税额＝实际占用耕地面积(平方米)×适用定额税率$$

(二) 耕地占用税的征收

1. 耕地占用税的纳税期限

(1) 经批准占用耕地的,耕地占用税的纳税义务发生时间为纳税人收到土地管理部门办理占用农用地手续通知的当天。

(2) 未经批准占用耕地的,耕地占用税的纳税义务发生时间为实际占用耕地的当天。

2. 耕地占用税的征收管理

土地管理部门在通知单位或个人办理耕地手续时,应当同时通知耕地所在地同级财政机关。获准占用耕地的单位或个人应当在收到土地管理部门的通知之日起30日缴纳耕地占用税,土地管理部门凭耕地占用税完税凭证或免税凭证和其他有关文件发放建设用地批准书。耕地占用税的征收管理依照《中华人民共和国税收征收管理法》和耕地占用税条例的有关规定执行。

三、耕地占用税的会计处理

由于耕地占用税是在实际占用耕地之前一次性缴纳的,不存在与征税机关清算和结算的问题,因此,企业按规定缴纳的耕地占用税,可以不通过"应交税费"账户核算。企业为购建固定资产而缴纳的耕地占用税,作为固定资产价值的组成部分,记入"在建工程"账户。

【例 9-23】 某高尔夫球俱乐部经批准占用耕地 50 公顷(500 000 平方米),用于建设高尔夫球场。当地政府规定的耕地占用税税额为 5 元/平方米,则按照规定,占用耕地建高尔夫球场应按规定征收耕地占用税。

则应纳税额＝500 000×5＝2 500 000(元)

企业实际应向征收机关缴纳耕地占用税 2 500 000 元。

高尔夫球俱乐部按规定向征收机关进行纳税申报,并开出支票,缴纳耕地占用税 2 500 000 元。

根据实际缴纳的耕地占用税,作如下会计分录:

借:在建工程　　　　　　　　　　　　2 500 000
　　贷:银行存款　　　　　　　　　　　　　2 500 000

第九节 车辆购置税会计

一、车辆购置税概述

(一) 车辆购置税的概念

车辆购置税是以在中国境内购置规定车辆为课税对象,在特定的环节向车辆购置者征收的一种税。就其性质而言,属于直接税的范畴。

车辆购置税于 2001 年 1 月 1 日开始在我国实施,是一个新的税种,是在原交通部门收取的车辆购置附加费的基础上,通过"费改税"方式演变而来的。

(二) 车辆购置税的征税对象及征税范围

车辆购置税以列举的车辆作为征税对象,未列举的车辆不纳税。其征税范围包括汽车、摩托车、电车、挂车、农用运输车。

(三) 车辆购置税的纳税义务人

车辆购置税的纳税人是指在我国境内购置应税车辆的单位和个人。其中,购置是指购买使用行为、进口使用行为、受赠使用行为、自产自用行为、获奖使用行为以及以拍卖、抵债、走私、罚没等方式取得并使用的行为,这些行为都属于车辆购置税的应税行为。

(四) 车辆购置税的税率

车辆购置税实行统一比例税率,税率为 10%。

(五) 车辆购置税的税收优惠

1. 减免税的具体规定

(1) 外国驻华使馆、领事馆和国际组织驻华机构及其外交人员自用车辆免税。

(2) 中国人民解放军和中国人民武装警察部队列入军队武器装备订货计划的车辆免税。

(3) 设有固定装置的非运输车辆免税。

(4) 防汛部门和森林消防等部门购置的由指定厂家生产的指定型号的用于指挥、检查、调度、报汛、联络的专用车辆免税。

(5) 回国服务的留学人员用现汇购买 1 辆个人自用国产小汽车免税。

(6) 长期来华定居专家购买 1 辆自用小汽车免税。

(7) 自 2004 年 10 月 1 日起,对三轮农用运输车免征车辆购置税。

(8) 自 2009 年 1 月 20 日起,1.6 升排量的小轿车的车购税税率减半征收。

(9) 国务院规定的其他减免税。

2. 车辆购置税的退税

纳税人已经缴纳车辆购置税但在办理车辆登记注册手续前,因下列原因需要办

理退还车辆购置税的,由纳税人申请,征收机构审查后办理退还车辆购置税手续:

(1) 公安机关车辆管理机构不予办理车辆登记注册手续的,凭公安机关车辆管理机构出具的证明办理退税手续。

(2) 因质量等原因发生退回所购车辆的,凭经销商的退货证明办理退税手续。

二、车辆购置税的计算

(一) 车辆购置税的计税依据

1. 购买自用应税车辆计税依据的确定

纳税人购买自用的应税车辆的计税依据为纳税人购买应税车辆而支付给销售方的全部价款和价外费用(不含增值税)。

2. 进口自用应税车辆计税依据的确定

纳税人进口自用的应税车辆以组成计税价格为计税依据,组成计税价格的计算公式为:

$$组成计税价格＝关税完税价格＋关税＋消费税$$

3. 其他自用应税车辆计税依据的确定

现行政策规定,纳税人自产、受赠、获奖和以其他方式取得并自用的应税车辆的计税依据,凡不能或不能准确提供车辆价格的,由主管税务机关依国家税务总局核定的、相应类型的应税车辆的最低计税价格确定。因此,纳税人自产自用、受赠使用、获奖使用和以其他方式取得并自用的应税车辆一般以国家税务总局核定的最低计税价格为计税依据。

4. 最低计税价格作为计税依据的确定

现行车辆购置税条例规定:"纳税人购买自用或进口自用应税车辆,申报的计税价格低于同类型应税车辆的最低计税价格,又无正当理由的,按照最低计税价格征收车辆购置税。"也就是说,纳税人购买和自用的应税车辆,首先应分别按前述计税价格、组成计税价格来确定计税依据。当申报的计税价格偏低,又无正当理由的,应以最低计税价格作为计税依据。实际工作中,通常是当纳税人申报的计税价格等于或高于最低计税价格时,按申报的价格计税;当纳税人申报的计税价格低于最低计税价格时,按最低计税价格计税。

最低计税价格由国家税务总局依据全国市场的平均销售价格制定。根据纳税人购置应税车辆的不同情况,国家税务总局对以下几种特殊情形应税车辆的最低计税价格规定如下:

(1) 对已缴纳并办理了登记注册手续的车辆,其底盘和发动机同时发生更换,其最低计税价格按同类型新车最低计税价格的70%计算。

(2) 免税、减税条件消失的车辆,其最低计税价格的确定方法为:

$$\text{最低计税价格} = \text{同类型新车最低计税价格} \times [1-(\text{已使用年限} \div \text{规定使用年限})] \times 100\%$$

其中,规定使用年限为:国产车辆按10年计算;进口车辆按15年计算。超过使用年限的车辆,不再征收车辆购置税。

(3) 非贸易渠道进口车辆的最低计税价格,为同类型新车最低计税价格。

车辆购置税的计税依据和应纳税额应使用统一货币单位计算。纳税人以外汇结算应税车辆价款的,按照申报纳税之日中国人民银行公布的人民币基准汇价,折合成人民币计算应纳税额。

(二) 车辆购置税应纳税额的计算

车辆购置税实行从价定率的方法计算应纳税额,计算公式为:

$$\text{应纳税额} = \text{计税依据} \times \text{税率}$$

由于应税车辆的来源、应税行为的发生以及计税依据组成的不同,因而车辆购置税应纳税额的计算方法也有区别。

1. 购买自用应税车辆应纳税额的计算

在应纳税额的计算中,应注意以下费用的计税规定:

(1) 购买者随购买车辆支付的工具件和零部件价款应作为购车价款的一部分,并入计税依据中征收车辆购置税。

(2) 支付的车辆装饰费应作为价外费用并入计税依据中计税。

(3) 代收款项应区别征税。凡使用代收单位(受托方)票据收取的款项,应视作代收单位价外收费,购买者支付的价费款,应并入计税依据中一并征收;凡使用委托方票据收取,受托方只履行代收义务和收取代收手续费的款项,应按其他税收政策规定征税。

(4) 销售单位开给购买者的各种发票金额中包含增值税税款,因此,计算车辆购置税时,应换算为不含增值税的计税价格。

(5) 购买者支付的控购费,是政府部门的行政性收费,不属于销售者的价外费用范围,不应并入计税价格计税。

(6) 销售单位开展优质销售活动所开票收取的有关费用,应属于经营性收入。企业在代理过程中按规定支付给有关部门的费用,企业已作经营性支出列支核算,其收取的各项费用并在一张发票上难以划分的,应作为价外收入计算征税。

2. 进口自用应税车辆应纳税额的计算

纳税人进口自用的应税车辆应纳税额的计算公式为:

$$\text{应纳税额} = (\text{关税完税价格} + \text{关税} + \text{消费税}) \times \text{税率}$$

3. 其他自用应税车辆应纳税额的计算

纳税人自产自用、受赠使用、获奖使用和以其他方式取得并自用的应税车辆,凡不能取得该类型车辆的购置价格,或低于最低计税价格的,以国家税务总局核定的最低计税价格作为计税依据计算征收车辆购置税。其计算公式为:

$$应纳税额 = 最低计税价格 \times 税率$$

4. 特殊情形下自用应税车辆应纳税额的计算

(1) 减税、免税条件消失车辆应纳税额的计算。对减税、免税条件消失的车辆,纳税人应按现行规定,在办理车辆过户手续前或办理变更车辆登记注册手续前向税务机关缴纳车辆购置税。其计算公式为:

$$应纳税额 = 同类型新车最低计税价格 \times [1-(已使用年限 \div 规定使用年限)] \times 100\% \times 税率$$

其中,规定使用年限为:国产车辆按10年计算;进口车辆按15年计算。超过使用年限的车辆,不再征收车辆购置税。

(2) 未按规定纳税车辆应补税额的计算。纳税人未按规定纳税的,应按现行政策规定的计税价格,区分情况分别确定征税。不能提供购车发票和有关购车证明资料的,检查地税务机关应按同类型应税车辆的最低计税价格征税;如果纳税人回户籍地后提供的购车发票金额与支付的价外费用之和高于核定的最低计税价格的,户籍地主管税务机关还应对其差额计算补税。其计算公式为:

$$应纳税额 = 最低计税价格 \times 税率$$

5. 退税款的计算

(1) 因质量原因,车辆被退回的,自纳税人办理纳税申报之日起,按已缴纳税款每满1年扣减10%计算退税额。未满1年的,按已缴税款额退税。

(2) 对公安机关车辆管理机构不予办理车辆登记注册手续的车辆,退还全部已缴纳税款。

【例9-24】 某汽车制造厂2009年9月将自产轿车10辆向某汽车租赁公司进行投资,双方协议投资作价120 000元/辆,将自产轿车3辆转作本企业固定资产,将自产轿车4辆奖励给对企业发展有突出贡献的员工。该企业生产的上述轿车售价为180 000元/辆(不含增值税),国家税务总局对同类轿车核定的最低计税价格为150 000元/辆。

自产轿车用于本企业固定资产应缴纳车辆购置税。由于轿车的销售价格高于最低计税价格,所以计税依据应是轿车的销售价格。

应纳车辆购置税 = 180 000 × 3 × 10% = 54 000(元)

三、车辆购置税的会计处理

企业缴纳的车辆购置税应当作为所购置车辆的成本。由于车辆购置税是一次性缴纳，因此，它可以不通过"应交税费"账户进行核算。在具体进行会计核算时，对于企业实际缴纳的车辆购置税，应作如下会计分录：

借：固定资产
　　贷：银行存款

本章复习题

一、单项选择题

1. 《资源税暂行条例》规定，纳税人开采或生产应税产品销售的，以（　　）为课税数量。
　　A. 销售数量　　B. 开采数量　　C. 产数量　　D. 计划产量
2. 下列资源产品中，不征收资源税的有（　　）。
　　A. 原煤　　B. 盐　　C. 原木　　D. 原油
3. 城镇土地使用税是以城镇土地为征税对象，对拥有土地（　　）的单位和个人征收的一种税。
　　A. 所有权　　B. 使用权　　C. 占有权　　D. 经营权
4. 城镇土地使用税的税率采用（　　）。
　　A. 有幅度差别的比例税率　　　　B. 有幅度差别的定额税率
　　C. 全国统一定额　　　　　　　　D. 税务机关确定的定额
5. 土地增值税的计税依据是（　　）。
　　A. 转让房地产取得的收入额　　　B. 房地产开发总投资额
　　C. 转让房地产取得的利润额　　　D. 转让房地产取得的增值额
6. 纳税人建造普通标准住宅出售，增值额未超过扣除项目金额（　　）的，免征土地增值税。
　　A. 10%　　B. 20%　　C. 30%　　D. 40%
7. 纳税人将房产出租的，依照房产租金收入计征房产税，税率为（　　）。
　　A. 1.2%　　B. 12%　　C. 10%　　D. 30%
8. 某运输企业拥有载货汽车（自重吨位均为40吨）30辆，其中有2辆在厂内行驶，不领取行驶执照，也不上公路行驶；拥有通勤用大客车10辆。该企业所在省规定，载货汽车年税额为每吨50元；大客车年税额为每辆500元。该企业全年应纳车船税税额是（　　）。

A. 61 000元　　B. 58 000元　　C. 60 000元　　D. 65 000元

9. 按《印花税暂行条例》的规定，一份凭证应纳税额超过（　　）的，应向当地税务机关申请填写缴款书或完税证，将其中一联粘贴在凭证上，或由税务机关在凭证上加注完税标记代替贴花。

　　A. 50元　　　B. 500元　　　C. 5 000元　　　D. 50 000元

10. 契税的纳税人是（　　）。

　　A. 出典人　　B. 赠与人　　C. 出卖人　　D. 承受人

二、多项选择题

1. 根据《资源税暂行条例》规定，对下列资源产品中不征收资源税的有（　　）。

　　A. 天然气　　B. 天然矿泉水　　C. 盐　　D. 煤炭制品

2. 根据《城镇土地使用税暂行条例》规定，下列地区中，开征土地使用税的有（　　）。

　　A. 城市　　B. 县城建制镇　　C. 农村　　D. 工矿区

3. 下列各项中，不属于土地增值税征税范围的有（　　）。

　　A. 房地产评估增值　　　　B. 房地产的出租

　　C. 房地产的继承　　　　　D. 企业兼并转让房地产

4. 房产税的计税依据有（　　）。

　　A. 房产原值　　B. 房产租金收入　C. 房产售价　　D. 房产余值

5. 下列各项中，属于车船税征税范围的包括（　　）。

　　A. 汽车、无轨电车　　　　B. 自行车

　　C. 客轮、货船　　　　　　D. 火车

6. 下列应税凭证中，应采用定额税率计算缴纳印花税的有（　　）。

　　A. 产权转移书据　　　　　B. 工商营业执照

　　C. 商标注册证　　　　　　D. 技术合同

7. 下列应当征收契税的行为有（　　）。

　　A. 房屋赠与　　　　　　　B. 国有土地使用权出让

　　C. 等价房屋交换　　　　　D. 土地使用权出售

三、判断题

1. 资源税采取从量定额和从价定率的办法征收，实施"普遍征收，级差调节"的原则。（　　）

2. 资源税的征税范围仅限于在我国境内开采的应税矿产品和生产的盐，对进口的矿产品或盐不征资源税。（　　）

3. 城镇土地使用税采取有幅度的差别税额，按大、中、小城市和县城、建制镇、工矿区分别确定每平方米土地使用税年应纳税额。（　　）

4. 凡在中华人民共和国境内拥有土地使用权的单位和个人，均应依法缴纳城镇

土地使用税。（　）

5. 土地增值税的纳税义务人是转让国有土地使用权、地上建筑物及其附着物并取得收入的所有单位和个人，包括各类企业、事业单位、国家机关、社会团体及其他组织、个体经营者及其他个人。（　）

6. 房产税是按房产租金征收的一种税。（　）

7. 宗教寺庙、公园和名胜古迹中附设的营业单位使用或出租的房产，应照章征收房产税。（　）

8. 车船税的纳税义务发生时间，为车船管理部门核发的车船登记证书或行驶证书所记载日期的当月。（　）

9. 契税的纳税义务人是我国境内转移土地和房屋权属的单位和个人。（　）

四、案例分析题

1. 某油田某月份开采原油 8 000 吨，其中有 500 吨原油用于加热和修井；与原油同时开采天然气 40 000 千立方米，均已销售。该油田原油适用的单位税额为每吨 8 元，天然气每千立方米 4 元。

要求：计算该油田当月应纳资源税税额。

2. 万方超市与某娱乐中心共同使用一块面积为 1 800 平方米的土地，其中超市实际使用的土地面积占这块土地总面积的 2/3，另外 1/3 归娱乐中心使用。当地每平方米土地使用税年税额为 5 元，税务机关每半年征收一次城镇土地使用税。

要求：计算该超市每季度应纳城镇土地使用税税额，并作出会计处理。

3. 市区某企业 5 月份进口货物缴纳进口关税 50 万元，海关代征进口增值税 15 万元，进口消费税 17 万元。5 月份该企业除上述税金外实际缴纳增值税 25 万元，消费税 20 万元，营业税 8 万元，补缴上月应纳增值税 4 万元。

要求：计算该企业 5 月份应缴纳的城市维护建设税税额。

4. 宏达企业有 4 吨位的货运汽车 2 辆，乘人面包车 2 辆（10 座）。当地政府规定机动车税额按半年缴纳，每自重吨位年税额为 16 元，10 座以下面包车年税额为每辆 420 元。

要求：计算该企业半年应纳车船税，并作出会计处理。

5. 企业拥有房屋原值 600 万元，将其中一部分房产出租，原值 100 万元，年租金收入 12 万元，另有一部分房产用于幼儿园使用，原值 50 万元。当地政府规定，按原值一次减除 25% 后的余值纳税。

要求：计算该企业每季度应纳房产税额，并作出会计处理。

6. 某公司转让一栋 20 世纪 90 年代初期建造的砖混结构的楼房，转让收入为 1 640 万元。该楼房原值为 1 000 万元，已提折旧 400 万元。经房地产评估机构评定，该楼重置成本价为 1 800 万元，成新度折扣率为 60%。

要求：计算该公司应纳土地增值税。

7. 某企业 2009 年度有关资料如下:实收资本比上年增加 100 万元;与银行签订一年期借款合同,借款金额为 200 万元,年利率为 4‰;与 A 企业签订购货合同,购入金额为 85 万元的货物;与 B 公司签订受托加工合同,B 公司提供价值为 50 万元的原材料,本企业提供价值 10 万元的辅助材料并收取加工费 18 万元;与铁路部门签订运输合同,载明运输费及保险费共计 20 万元。

要求:计算该企业 2009 年应缴纳的印花税。